송준영 선시론

禪, 언어로 읽다

저자 송준영(宋俊永, Song, Jun-Young)은 1947년 경북 영주 출생. 법명 醉玄, 당호 越祖. 1995년 『월간문학』에 시로 등단하다. 18세 때 선문에 든 후, 동암 · 탄허 · 고송 · 성철 · 서옹 등 제조사를 참문하다. 서옹 선사에게 7년간 일곱 차례 西來密旨를 묻고 受法建幢하다. 시집『눈 속에 핀 하늘 보았니』,『습득』,『조실스님 지금 주무십니다』와 시론집『현대시의 이론과 실제』가 있다. 禪書 저술로는 『선의 시각으로 읽는 반야심경』과 한국선사열전인『황금털사자의 미미소』와 선문염송 강의록『현대언어로 읽는 선시의 세계』가 있으며, 제3회 불교문학상과 제6회 박인환문학상을 수상했다.

禪, 언어로 읽다 송준영 선시론

초판 인쇄 2010년 11월 20일 **초판 발행** 2010년 11월 25일
지은이 송준영 **펴낸이** 박성모 **펴낸곳** 소명출판 **출판등록** 제13-522호
주소 서울시 서초구 서초동 1621-18 란빌딩 1층
전화 02-585-7840 **팩스** 02-585-7848 **전자우편** somyong@korea.com **홈페이지** www.somyong.co.kr

ⓒ 2010, 송준영

값 23,000원
ISBN 978-89-5626-530-8 93220

송준영 선시론

禪, 언어로 읽다

Reading of The Korean Son in a Human Language:
by Son master Song, Jun Young

소명출판

序
참사람의 眞面目

송준영은 일찍이 조계종정 서옹문정西翁門庭에서 매두몰신埋頭沒身 대천상량攎薦商量하여 체대상승遞代相承하는 불조佛祖의 심인心印을 전수 받은 분이다. 따라서 일촉파삼관一鏃破三關, 선禪이라는 화살 하나로 교教의 관문關門, 선의 관문, 시의 관문을 투탈한 작가선장作家禪匠이다.

우리 주변에 단 한 번의 첨풍발초瞻風撥草도 없이 혼륜탄조渾崙吞棗 불조의 언구를 여과 없이 받아들여 그 미묘한 뜻을 알지 못하면서 선시禪詩라는 이름으로 시를 발표하는 당주조한噇酒糟漢들이 많다. 이 당주조한들은 수성축색隨聲逐色, 현상에만 사로잡혀 독자들의 눈을 멀게 할 뿐만 아니라 피가대쇄披枷帶鎖라. 곧 자기 자신이 칼과 족쇄에 얽매여 있는 줄 모른다. 비록 얻은 바가 있다 해도 '나는 깨달았다 이것이 선시다'하고 자임하면 자임 그것이 도리어 병이 되는 것. 각즉빙생覺則氷生이라, 즉 물에 얼음이 생기는 것과 같은 것이다.

송준영은 다 같은 언구를 사용해도 그 뜻은 범인의 그것과는 천지현격天地懸隔 그 경계가 다르다. 그는 천각비공穿却鼻孔하여 스스로 코를 꿰어 귀원료성歸源了性하였다. 곧 그 근원에 돌아가 본성을 보았을 때, 터져 나온 그의 화지일성吳地一聲에 연유한 그만이 갖고 있는 독창적인 체명무진구體明無盡句이기 때문이다.

그래서 송준영의 언구는 끝이 있어도 그 뜻은 끝이 없다. 새학전구塞壑塡溝이므로 곳곳에 두루하여 미치지 않은 곳이 없다. 그러나 그 어느 한 곳에도, 언사형절言思迥絶의 세계 은밀전진隱密全眞의 세계만 비치게 할 뿐, 진작 미친 곳이 없다. 사실상 송준영의 언구를 들어다 보면 극칙무로처極則無路處다. 그것이 궁극의 이치이면서 궁극의 이치라는 자취마저 없는 현묘한 몰종적沒蹤跡의 당처當處를 생각하게 한다. 소나기 지나가는 퇴산적악堆山積嶽의 한회고목寒灰枯木의 울음소리가 들리는가 하면 시장 바닥의 홍파호묘洪波浩渺 큰 파도 흰 물결을 일으키는 동해이어東海鯉魚의 숨소리도 아득히 들린다.

오늘 송준영은 저자거리에 손을 드리우고 있다. 성스러운 견해에도 머물지 않고 범속한 생각에서도 벗어나 책을 만들고 시를 쓰고 있다. 이것이 홍란저인紅爛底人의 참사람의 진면목이 아닌가!

검인상주劍刃上走라, 칼날 위를 달리는 이여!
대용현전大用現前에 부존궤칙不存軌則이로다. 할, 일할.喝 一喝

庚寅年 夏安居 解制日에
雪嶽 조오현

| 序(참사람의 진면목) 주해 | 송준영

서옹문정(西翁門庭) : 서옹 상순 선사의 문하의 뜰

매두몰신(埋頭沒身) : 머리를 묻고 몸을 침몰시킴. 심신을 다함.

대천상량(擡薦商量) : 문제의 핵심을 들추어 문답 심의하다.

체대상승(遞代相承) : 불조의 西來密旨를 대를 이어 스승에서 제자에게로 傳
燈 상속함.

불조심인(佛祖心印) : 부처님과 조사들로 이어지는 불립문자와 직지심의 서
래밀지.

일촉파삼관(一鏃破三關) : 여기서는 禪이라는 화살 하나로 敎의 關門, 선의 관
문, 시의 관문, 즉 세 가지의 관문을 투과하다.

작가선장(作家禪匠) : 작가이며 선의 종장.

첨풍발초(瞻風撥草): 거친 풀을 헤쳐가면서 비바람을 맞으며 수행의 길로 들
어섬.

혼륜탄조(渾崙吞棗) : 혼륜의 곤륜산, 곧 곤륜산만한 대추를 삼킴. 곧 불의 언
구를 무조건 받아들인 앵무새 같은 선승을 비웃는 말. *渾崙—곤륜산과
같은 말, 吞—삼키다, 棗—대추나무 조, 빨강색깔.

당주조한(嘡酒糟漢) : 술을 게걸스럽게 마시며 지게미도 막 먹어치우는 자.
진리 본연에 계합하지 못한 사람. *嘡—탐욕스럽게 먹다, 酒—술, 糟—지게
미, 거르지 않는 찌끼 술, 漢—사내.

수성축색(隨聲逐色) : 소리와 물색을 쫒고 따르다. 현상에만 치우쳐 본래면목
을 깨닫지 못함.

피가대쇄(披枷帶鎖) : 스스로의 족쇄와 칼에 갇혀 있음. 곧 바깥 경계에 이끌리어 이것이 모든 것인 줄 알고 따르는 것을 말함. *披―나누다 입다 옷을 두르다 개척하다, 枷―도리깨 칼, 帶―띠 두르다, 鎖―쇠사슬 잠그다.

각즉빙생(覺則氷生) : 본래 청정수인데 그 속에 얼음이 생기는 것과 같은 말. 그대로 明인데, 스스로 명임을 자임하여 병이 생김.

천지현격(天地懸隔) : 진원의 극처를 뚫어 구멍 내다. 삼조 승찬의 『심신명』에는 "毫釐有差 天地懸隔"이라는 구가 있다.

천각비공(穿却鼻孔) : 진원의 극처를 뚫어 구멍 내다. 마음의 조복을 받다. 코를 꿰어 달고 마음대로 돌아다님. *穿―뚫다 구멍내다. 물리치다 멈추다. 却―물리치다 멈추다. 鼻孔―코구멍. 벼리. 핵심.

귀원료성(歸源了性) : 진원으로 돌아가 본성을 요달하다.

화지일성(㕦地一聲) : 가친 곳에서 일성을 지르다. 8魔界에서 全性全活하다. 대오할 때 지르는 일성.

체명무진구(體明無盡句) : 체를 투철히 밝혀 진력을 다한 일구.

새학전구(塞壑塡溝) : 변방의 골짝이나 봇도랑에 두루함

언사형절(言思逈絶) : 진리는 언어와 생각의 세계와는 끊어져 있다.

은밀전진(隱密全眞) : 생각이 언어로 미치지 못하는 은밀한 곳, 전체가 참이다.

극칙무로처(極則無路處) : 궁극의 이치지만 그것이 궁극의 이치라는 생각조자 끊긴 상태.

몰종적당처(沒蹤跡當處) : 종적이 없는 바로 그곳. 깨달았다는 의식이 없는 바로 그곳.

퇴산적악(堆山積嶽) : 켜켜이 쌓인 산과 봉우리. 곧 언어나 문자로는 다가갈 수 없는 경지.

한회고목(寒灰枯木) : 찬 재와 말라 죽은 나무. 극처를 관통한 자의 형색 혹은
그 정신을 형상화 함.

홍파호묘(洪波浩渺) : 희고 큰 파도가 넘실거림. 유유한 깨달음의 세계를 비
유함.

동해이어(東海鯉魚) : 동해에 사는 잉어. 역량이 빼어나 수자나 선사를 비유함.

홍란저인(紅爛底人) : 찬란한 붉은 바탕의 사람. 곧 과일이 무르익은 것처럼
깨달음을 이룬 참사람.

진면목(眞面目) : 참 얼굴이니 바로 무위진인.

검인상주(劍刃上走) : 일체의 분별과 생각을 끊는 칼날 위를 달리다. 일없는
자유인의 무애한 행위.

대용현전(大用現前) : 큰 응용이 눈앞에 바로 나타나다.

부존궤칙(不存軌則) : 궤칙을 초월한 종횡자재한 활동. 관습적인 방법에 걸리
지 않고 근기에 따라 자유롭게 베푸는것.

차례

서_ 참사람의 眞面目 / 3

제1부 선시론

머리말을 대신하여 현대 선시에 대한 나의 생각   13

선시와 아방가르드   17

현대 선시의 새로운 기미 ─이승훈 시집 『人生』을 중심으로   117

제2부 格外詩話

제1화 허공을 노니는, 함허   141

제2화 하늘엔 구름 병 속엔 물 雲在靑天水在甁   145

제3화 입에다 풀 한줄기 물고 오너라 銜一莖草來   148

제4화 파초의 주장자 芭蕉 拄杖子   151

제5화 소를 타고 다시 소를 찾네 騎牛更覓牛   155

제6화 뿌리도 포기도 없는 사람은 밥이 생명이다 人無根株 以食爲命   159

제7화 부처를 태운 단하 丹霞燒佛   163

제8화 복사꽃 한 번 보고 난 뒤에 靈雲之一見桃花後   167

제9화 조주의 구순피선 趙州口脣皮禪   174

제10화 청풍이 태고로부터 불어오네 淸風吹太古   182

제3부 선시의 백미, 심우송 그대로 읽기

1. 심우송의 원류를 찾아   191

2. 보명의 심우송과 확암의 심우송   195

1) 보명의 십우송 196

2) 확암 지원의 십우송 202

3. 한국의 심우송 215

1) 경허의 심우 10송과 설악의 심우송 216

2) 경허의 심우 8송과 만해의 심우송 234

4. 심우송 법문 246

1) 경허의 심우송 법문 246

제4부 선시의 현대적 읽기에 대한 이해와 오해

토론 프리즈나(prajna)의 현대적 탐색

이 교수의 「선과 쟈크 데리다 · 새로운 격의 불교의 모색」에 대한 논변 257

『현대불교신문』 신춘 대담 283

제5부 서래밀지의 실참실수에 관한 보고

1. 나의 스승 서옹 스님 299

2. 선의 계보 301

3. 깨달음, 황당함에 관한 메모 302

4. 깨달음에 관한 몇 가지 단상 322

1) 유식론의 입장에서 본 깨달음 322

2) 修證에 관한 보조의 충고와 성철의 고창 323

3) 『禪要』에 나타난 깨달음 329

4) 선과 양자물리학의 배대 332

5) 垂示 本則 拈頌 着語 評唱으로 드러낸 禪의 公案 335

6) 〈염화시중 미미소〉의 공안 펼쳐 읽기 338

찾아보기 / 350

제1부

선시론

현대 선시에 대한 나의 생각[1]

필자는 망설였다. 과연 서양의 문학 장르에 잘 맞지 않는 이 게송들과 착어들의 모음을 시라고 할 수 있는가? 하는 것이었다. 그러나 돌이켜 보면 필자가 일생 공부하고 명상해온 선적禪的인 어록語錄과 수많은 고승들의 법어法語, 그리고 단말마의 게偈나 송頌, 그리고 선화의 근본 뜻을 드러내기 위한 선사禪師들의 수시垂示 평창評唱 법거량法擧場 착어着語 염송拈頌, 이것들을 살펴보면 어느 하나 문학적이지 않은 것이 없다.

혹자는 이 글들이 '시, 소설, 희곡, 평론, 수필 장르에 어디에 속한다고 생각하느냐?'고 물어 올 수도 있을 것이고, 또한 '이런 것을 시라고 한다면 모두가 따르는 문학 장르로 통용되고 있는 시를 어떻게 규정할 수 있을 것인가?' 물을 것이다.

하지만 오늘날, 운문인 시들이 시대 문화의 변화에 따라 해체되고 변주되어 종전에 우리가 보아오던 시들과는 많은 거리감이 있음을

---

1 이글은 시모음집 『조실스님 지금 주무십니다』에 부친 글을 수정 보완한 것이다.

알 수 있다. 이러한 서양 장르에 변형된 시들을 반시反詩라 하며 받아들이고, 우리가 익히고 닦아온 시詩와 사상思想은 생소하고 촌스럽다 하여 비하되어 온 것도 사실이다. 이러할 때 우리가 이어온 사상의 한 표현인 게송에 이어 폭넓게 시대에 따라 받아들여질 위의 법어 평창 착어 염송들도 어찌 시의 씨앗이 되지 않을 것이며, 다시 시대에 따른 변화에 의해 새로운 시로 받아들여질 수 있을 것이다.

이런 입장에서 필자는 선시의 폭을 넓히고자 한다. 어쨌든 시전문지에 발표하였으니 시는 시일 것이다.

이번 필자가 발표하는 이 시들을 이름 붙이면, 오늘날 언어로 표현한 현대 선시現代禪詩라 명명하고 싶고, 더 나아가 현대 선시를 다시 분류하면 전위선시前衛禪詩(Abant garde-Zen poetry)에 든다는 생각이다. 정신적인 면에서 고전 선시와, 고전 선시에 표출되는 주 수사법에 의해 작시되고, 또 수사학상 현대시의 수사법으로 많이 사용되고 있는 자유연상, 아이러니, 절연, 역설, 병치와 낯설기를 사용하며, 어떨 때는 과감히 어록에 보여주는 설명 주장 권유 문체를 그대로 직설하기도 하며, 선장禪丈들의 적기어법賊機語法을 휘두르기도 했으며, 또 고전 선시에서 표출되는 선시의 적기수사법賊機修辭法인 선시의 반상합도反常合道, 선시의 무한실상無限實相, 선시의 초월은유超越隱喩(송준영, 『현대언어로 읽는 선시의 세계』, 13~15쪽 참고)를 현대적으로 사용하기도 하였다.

물론 이런 유類의 시들이 익숙해지지 않아 많은 오해 및 힐난의 대상이 될 것이다. 하지만 급변하는 현세에 시라 할 수 없는 반시가 하나 더 첨가되었다 한들 무슨 큰일이랴!

또 선시의 본래 목적인 우리를 모든 속박에 벗어나 우주만물과 소통시키고자 하는 노파심절老婆心切을 보여주고자 하는 것이 필자의 바램이다. 이것에 의해 선장들이 우리에게 보여주고자 하는 진리의, 그곳에 포개어져 우리로 하여금 대자유인 대해탈인이 된다. 이것 역시 필자의 오랜 기원이다.

또한 선에 있어서 최 상승 공부 방법인 스승이 제자의 슬기를 빼앗아버리는 적기법문賊機法門이 있다.[2]

이것을 서양 후기현대주의 사상가들은 — 이것은 라깡 식으로는 몰이해沒理解, 데리다 식으로 말하면 Aporias(難境) — 실재와 비실재 존재와 비존재와 같은 비대립의 공황상태에 우리가 놓일 것이고, 이것은 결국 포월包越[3]에 의해 우리를 반상합도反常合道적인 수승殊勝한 세계[歡待의 場]로 재현됨을 역사상 우리는 많이 보아왔다. 이것은 서

2　賊機란 우리를 한 순간 깨달음의 세계로 돈입시키는 선가에서 쓰는 최상승의 방편법문이다. 이미 선이 중국화되기 이전 석가가 그의 제자들에게 수시한 삼처전심 선화에서 근원을 찾을 수 있다. 삼처전심은 석가가 세 곳에서 대중들에게 수시한 밀지인데, 일체 대중이 적기되어 어리둥절하였고, 오직 가섭만이 석가의 비밀한 뜻을 알고 이에 석가는 가섭에게 밀지를 이심전심했다는 데 유래를 찾을 수 있다. 그리고 달마가 중국으로 들어와 이조 혜가를 깨닫게 하는 선화가 있다. 이 선화 역시 적기에 의한 깨달음으로 혜가를 깨달음으로 인도한다. 그 후 선불교는 가풍에 따라 5가 7종으로 황금기를 맞았고 융성에 따라 대표적 예로는 1700 공안(화두)이 생겨났다. 이것이 모두 적기법문, 곧 적기적어법을 쓰고 있다.
적기의 이해를 위해 라깡의 말을 빌리면 아래와 같다.
라깡은 생각하기 위해서는 이해하지 못하는 게 낫고 최소한의 생각도 하지 않으면 순간에 이해할 수 있다고 주장한다. 따라서 분석가는 환자의 요구를 충족시켜서는 안 되고 그가 강조하는 몰이해는 프로이트의 주장을 새롭게 반복한다. 프로이트는 분석가가 새로운 사례와 만날 때마다 그 특이성을 인식하고 그때까지 그가 지녔던 지식과 경험을 중지시켜야 한다고 주장했다.(이승훈, 「선과 라깡」, 『2008, 만해축전자료집』上, 백담사 만해마을, 2008, 225~226쪽)
3　이만식, 「선과 자크데리다」, 『동서비교문학저널』, 동서비교문학회, 2008, 160쪽. 해체론은 존재신학을 포함하면서 초월, 즉 包越한다는 것이 差延의 기본 논리다. 초월은 여래의 적멸상인 역관을 위한 현대적 해석 논리이며, 포함은 여래 세간락의 순관을 위한 현대적 해석 논리가 된다. 따라서 사성제와 십이연기가 별개의 도리가 아니라는 성철의 설명은 두개의 도리가 적멸상 / 역관과 세간락 / 순관을 포함하는 포월의 논리에서 만난다. 여래는 초월하기 때문에 존재하지 않지만 그래도 포함되어 있기 때문에 존재한다는 것이다. 여래는 존재하면서도 초월하는 포월의 과정에서만 볼 수 있다.

로 상대가 되는 전혀 다른 세계가 반상합도 됨으로 인류문화가 창달됨을 우리는 보아왔다. 구약에서 이어지는 신약시대, 또 서로 다른 대륙인 인도와 중국문화의 병치에 의해 격의불교格義佛教시대를 거쳐 태동되는 선종禪宗이며, 결국 이것은 당唐 송末 원元 명明의 찬란한 문화와 경제 부국인 최고의 세계국가로 이어졌음을 우리는 안다.

그리고 오늘날 조짐이 일어나고 있는 서양의 물심이원론에 의한 물질문명인 서구의 획일적인 유일사상이 동양의 선사상에 의해 병치와 합도됨으로써 태어날 새로운 세계에 대한 예지와 동경, 이것은 우리를, 세계를 환대의 장으로 들게 할 것이기 때문이다.

필자는 삶의 전부를 이것에 대한 문제를 푸는데 성실한 시간을 받쳐왔다. 오늘날 선시라 통칭되는 이 시군詩群들이 우리들에게 공통적으로 보여주는 것은 단순單純 명징明澄 청량淸涼 방일放逸 검박儉朴 등으로 대표되는 맛이다. 이것이야말로 선의 참맛인 동시에 선시의 참맛이라 생각한다. 그것이 어떤 수사학의 구조를 갖든 간에, 이러한 선미禪味가 가득 느껴지는 시가 선시禪詩일 것이다.

그래도 난경難境(Aporias)과 같은 정신적 공황의 막다름, 저 '뻥 뚫림'에 먹먹해진다면 적기賊機의 기회니 다시 강가에 앉아 사량思量해봄이 어떨른지, 생각도 해본다.

2009년 이른 봄

越祖蘭若에서 송준영 謹識

선시와 아방가르드

I

새로운 사유는 언어문자를 통하여 표현되어지기 마련이다. 시대의 발달에 따라 더욱 복잡한 시대상이 전개되고 문학은 이를 동영상하게 되며, 시적 표현 역시 끊임없는 새로운 수사법이 요구된다. 곧한 생각이 일어나면 그에 따른 새로운 수사법의 발달을 보게 되는데, 이것은 결국 사유가 있으면 그 표현이 있기 때문이다. 시 역시 사회의 변화에 따라 봉건사회에서 산업사회, 또 산업사회에서 디지털사회로 옮겨감에 따라 그 시대를 카피하기 위한 알맞은 수사법이 꾸준히 형성되어 왔다.

그러나 서양과 동양은 현저한 차이를 보이며 문명의 발달을 보게 되는데, 흔히들 서양은 물질문명이 발달되었고 동양은 정신문화가 발달되었다는 것이 보편화되어 있다. 오늘날과 같이 세계가 글로벌화 됨에 따라, 전 세계는 서양 우세적인 하나의 유기적인 공동체가 되어졌다. 특히 우리가 다루고 있는 문학의 장르는 서양의 이론 체계에 의해 패러다임이 편성되고 있다. 따라서 서양의 이론과 사상에 의하여 문학 장르나 그 방법에 의해 우월이 정하여 진다. 곧 서양의 수사법이나 장르에 맞지 않으면 우리 문학이, 우리의 시가 큰 손실을 당하게 된다.

필자의 「현대 선시에 대한 나의 생각」(2009년, 7월호 『현대시학』)에도 언급했듯이 지구의 반쪽인 동양에서 1,000여 년이나 갈고 닦아 온 격조 높은 문학인 선시만 해도 서구식 평론의 짜임이나 문학적 수사법에 들어오지 않는다 하여 재대로 평가받지 못하였다. 사실 필자가 공부해온 우리나라나 중국, 일본의 선시들은 오늘날 발달된 서구의 전위적인 아방가르드 시[1]보다 훨씬 미묘하고 깊고 넓다. 이미 인류의 반인 동양의 철인이나 시인 문장가들이 사유하고 표현해온 문장이 서구의 장르에 적당하지 않다고 하여 도외시 되는 일이 현실이다. 이런 문화적 사유와 표현법을 잇고 또 그런 수사법에 의해 작시된 현금의 시인들의 시가 평단에 주목을 받지 못한 채, 사라지는 것을 보아왔다. 왜? 우리의 오랜 문화가 문학이, 시가 그들이 짜 맞춘 잣대로만 평가되고 재단되어야 한단 말인가.

필자는 고전 선시에서 표출된 선장禪丈들의 적기법문賊機法門을 선의 적기어법賊機語法이라 하고 이것을 표현법으로는 적기수사법賊機修辭法이라 명명하였다. 선시의 적기적수사법의 하위단위로 선시의 반상합도反常合道 선시의 초월은유超越隱喩 선시의 무한실상無限實相을 도

---

[1] 우리글에서는 일반적인 입장에서 선리적인 오도송이나 열반송과 같은 선리시와 선미가 풍기는 문사들의 시를 선취시라 대별하여 선시라 통칭한다. 아방가르드 시는 역사적인 범주의 아방가르드 시가 아니라 개방적 아방가르드 시, 즉 시인이 보는 어떤 한 분야에 대해 적극적 탐구로 작시되는 새롭고 전위적이며 실험적인 시를 의미한다. 그런 의미에서 현대 선시 역시 아방가르드 시라고 보는 것도 무방하다.

출했다. 오늘날 서구적 수사법으로 아방가르드 시에서 많이 발견되는 아이러니 언어유희 유추 연상 환유 병치만으로 풀리지 않는 수많은 고전 선시나, 이 사유를 계승한 현대 선시를 작시하는 시인들의 시가 정당하게 평가를 받아야 된다는 생각. 또 우리의 빼어난 정신문화가 합당하게 평가되어야 된다고 생각한다. 이런 의미에서 21세기 우리시는 한물간 아방가르드 모방이 아니라 동양적 사유를 이론적 토대로 할 필요가 있다. 또한 선은 우리시의 후기 현대성뿐만 아니라 막다른 골목에 처한 21세기 서양 사상에 대한 동양적 대안이고 이 시대 방향을 잃은 우리 삶의 화두이기 때문이다. 그리고 선은 우리시의 아방가르드가 지향해야 할 이론적 토대고 실천적 방법이다. 서양 정신문화에 대한 대안이라는 판단 아래, 필자는 수 년 동안 꾸준히 작업하여 왔고 여러 편의 논문을 문단에 발표하여 왔다.

선의 세계를 노래한 선시와 실험적 현대시(avant-garde)는 모두 '무형식이 형식'이란 파격적인 특성을 갖는다. 이 말은 분명 '자성이 무자성'인 심성본연에 계합契合했을 때만 가능하다. 이것은 변화하는 세계를 상투적인 관념과 정상화定相化된 언어로는 본질에 닿을 수 없으며, 천하의 두두물물頭頭物物이 이와 같은 양태로 존재하기 때문일 것이다. 진리 역시 시공을 초월해서 있지 않으므로 오는 자연적인 현상이며, 선시 또한 시공을 넘어선 언어 저 너머의 세계를 궁극적인 당처로 보기 때문이다. 아방가르드 시에서도 현상과 본질의 사이를 떨어지게 하는 언어의 상투성에서 벗어나기 위해 끝임 없이 언어의 세계에 머물면서 실험과 파격을 거듭하며 언어자체를 문제로 삼고 있다. 이러할 진데 결국 선시와 아방가르드시가 만나는 접점은 한 쪽에서는 깨달음으로 궁극처로 삼고 한쪽은 언어 자체에 매달리어 그곳에 새로운 세계를 첨가 시킨다. 그렇지만 선시와 현대시 모두 궁극의 목적을 일깨우기 위해서 언어로 매개처로 삼는다. 그래서 선이나 현대시에서는 이항대립적인 양변의 견해로부터 해체되고 이탈하고 초월하고자 한다.

필자가 공부한 바에 의하면 선시는 선 자체의 깊이와 넓이에서 우러나오는 단순單純, 명징明澄, 청량淸凉한 선미禪味를 선의 본연의 맛으로 하며 동시에 그 특징으로 한다. 그럼 대체 선시에서 보이고자 하는, 선시에서만 볼 수 있는 진경은 무엇인가?

예컨대 "바다 밑의 제비집에 사슴이 알을 품고 / 불속 거미집에 고기가 차 달이네"(효봉 오도송 1행과 2행)라는 선시를 어떻게 그들이 말하듯이, 논리적이고 구체적으로 눈앞에 보여줄 수 있는가 하는 의문이 지워지지 않는다. 필자는 논리적이고 구체적으로 표현되어지는 서구식의 해설 및 평론이 이 선시의 한 구절을 무엇이라 쓸 것인가 궁금하기 짝이 없다. 역시 한 사유가 있으므로 한 표현이 나타난다는 평범한 말을 곱씹을 때 필자의 생각으로는 아직 서구의 정신적 세계가 이곳에 미치지 않았지 않나 하는 생각을 감출 수 없다.

우리글에서는 선시적 특성인 시적 표현의 방법, 특히 깨달음이 시로 표현되는 선시의 표현 형태의 특성 중에서도 적기적 수사법을 선시의 반상합도, 선시의 초월은유, 선시의 무한실상의 표현성에 초점을 맞추어서 방법을 모색하려 한다. 곧 많은 선시가 그렇게 표현될 수밖에 없는 불교 본래의 수사적 특질을 표출하여 채집하고 그것을 근본으로 하여 선시에 표현되는 방법론을 제시한 후, 오늘날 우리나라 아방가르드 시와 선시가 같이 표현되는 공통점과 서구의 수사법으로 표현되지 않는 사상적 깊이를 보여주고자 한다.

　그리고 무의식이나 잠재의식 깊은 곳에서 서구의 수사법과 배대配對되는, 심심미묘한 차이를 보이는 선시적 수사법을 찾아 예증하고 명명한다. 필자가 오랜 세월동안 갈고 닦아 경지에 이른 수많은 선승들, 특히 당송의 많은 선시 작가 그리고 우리나라 고려의 진각 혜심과 그에 이어지는 16국사와 고려 말에 백운, 나옹, 태고와 같은 선장들의 작품 역시 서양 수사법이나 평론에 의해 그 넓이와 깊이가 풀어지지 않는다. 사실 그 표현에 대한 수사학상 이름만 없었지 엄연히 1,000년 가까이 쓰여 왔음이 입증된다.

　따라서 이 논고에서는 선시와 근 현대에 아방가르드를 지향하는 시인들의 실험적이고 전위적인 새로운 수사법에 의해 쓰여진 한용운, 이상, 서정주, 김춘수, 이승훈, 오규원 그리고 8,90년대의 시를 통하여, 이들이 즐겨 사용한 선시적 기법을 추적하여 고전 선시의 토양에서 자라난 선적사유나 선시적 표현법이 오늘날 어떻게 시대상에 맞게 쓰이고 있는지를 밝히고자 한다. 이에 현대 선시의 발달과 연구에 초석을 제공하려 한다.

Ⅱ

1. 불입문자와 선

　선의 기본이 되는 특질인 선종의 4구게는 '불립문자 교외별전 직지인심　견성성불(不立文字　教外別傳　直指人心　見性成佛)'로　표현이　된다. 문자는 언어를 표기하는 수단인 만큼 이 네 종지는 특히 '언어의 초월'을 강조하고 있다. 초기 선의 소의경인 『능가경』의 게송이나, 6조 혜능의 남종선의 소의경이라 할 수 있는 『금강경』에도 경전 도처에서 이를 천명하고 있다.

　　어느 날 밤에 정각을 이루고

　　어느 날 밤에 열반에 들지만

　　이 두 중간에서

　　나는 아무 것도 말한 바가 없다

　　안으로 몸소 증득한 법으로서

　　나는 이와 같이 말한다

　　시방 부처님과 또한 나의

　　모든 법은 차별이 없다

—『입능가경』 제5권 「佛心品」, 동국역경원, 131쪽

　석가모니는 정각을 이루고 열반에 들기까지 45년 동안 8만4천 법

문으로 지칭되는 수많은 대기 설법을 남겼다. 그러함에도 불구하고 "나는 아무 것도 말한 바가 없다"고 자신이 말한 바를 부정하고 있는 이 게송은 분명 언어초월 사상을 역설적으로 강조하고 있을 뿐 아니라 찰라적으로 우리가 정상이라고 생각하는 오랜 관습을 적기賊機하고 있다. 또 조계 선종의 소의경인『금강경』에서는 정하여진 정상성定相性을 부정할 뿐 아니라, 선의 적기적인 어법을 사용하여 관습적인 고정관념을 깨뜨리며, 세계가 숨기고 있는 존재를 개시하고 있다

2. 선과 간택심의 초월

그렇다면 선은 왜 언어 초월의 길로 내닫는가. 이 질문에 논리적인 대답을 얻을 수 있는 사상적 기반은 불교의 실상설實相說과 연기설緣起說, 양대 교리 중 연기설에서 실마리를 풀 수 있다. 연기설의 원형은『잡아함경』중「인연경」에서 볼 수 있다.

이것이 있음에 말미암아 저것이 있고

이것이 생김에 말미암아 저것이 생긴다

이것이 없음에 말미암아 저것이 없고

이것이 멸함에 말미암아 저것이 멸한다.[2]

2 『잡아함경』 12권 「인연경」, 동국역경원, 344~345쪽.
　　'나는 이제 인연법과 연생법을 말할까 한다. 무엇이 인연법인가? 이른바 '이것이 있기 때문에 저것이 있다'는 것이니, 無明을 인연하여 行이 있고, 행을 인연하여 識이 있으며 …… 내지 이렇게 하여 큰 괴로움의 무더기가 모이는 것이다. 어떤 것을 연생법이라 하는가? 이른바 무명의 지어감

‘이것이 있음으로 저것이 있다’는 상호의존적 관계에 의해 존재함을 밝히는 의존성依存性 원리다. 「인연경」의 내용을 살펴보면 ‘무명에 연하여 행이 있고……내지 생을 연하여 노사가 있다’라 하신 연기의 구체적인 예와 또 하나는 ‘이것이 있기 때문에 저것이 있다’는 상호 의존하는 상의성相依性의 표현이다.

연기란 ‘말미암아 일어난다’이니 조건으로 말미암아 발생한다는 의미다. 공간적으로 차이 나고 시간적으로 미루어지는 이 도리가 상호 관계를 유지함으로 세계가 있게 되는데, 이것을 『아함경』에서 석가모니는 상의성이라 했고, 우리가 보통 인과라 표현하여 온 상호관계성이다.

이와 같은 도리에도 불구하고 우리들의 일체 삶은 모든 것이 각각 고정된 고유한 자성을 가졌다는 인식 위에 영위되고 있다. 그러나 그 현상들은 사물의 고유한 본질은 아니다. 일체의 존재물, ‘이것이 있음으로 말미암아 저것이 있는’ 상호 의존적 존재들이라면, 어떠한 것도 고유한 자성을 가질 리가 없다. 그래서 『금강경』에서는 “깨달은 모든 현인과 성인은 상대의 세계를 훌륭한 무위의 절대법으로 차별을 두기 때문이다”라고 말하고 『반야심경』에서는 무위의 절대법인 함이 없는 도리로 “우리의 존재가 텅 비었음을 알고 일체의 고액에서 벗어났다(照見五蘊皆空度 一切苦厄)”고 천명한다.

따라서 고유한 자성이 명백히 없다는 것이 성립될 때 우리는 일체

은 부처님이 세상에 나오시거나 나오지 않으시거나 확정된 법의 세계로 향상하는 것이다. 그것이 바로 상의성이다. 나는 이를 깨닫고 이를 완전히 이해하였다. 그래서 이를 가르치고 선포하고 설명하고 나타내고 명백히 하여 드날리는 것이다. 이른바 ‘무명에 연하여 행이 있고……내지 생을 연하여 老死가 있다.’

의 존재물을 차별하여 인식할 필요가 없다. 이럴 때 우리는, 'A는 A 다'라는, 우리의 고정된 생각으로는 도저히 이해가 되지 않는, 논리적으로 모순된 명제를 발견하게 된다. 우리는 관습화되고 합리화된 감각적 지각과는 정면으로 어긋나는 이러한 사태 앞에서 캄캄해짐을 느끼게 된다. 이것이 선장들의 간절노파심절懇切老婆心切이라고 일컫는 적기법문賊機法門이다. 왜냐하면 이 '캄캄해짐'이야말로 우리의 지식과 이해, 관습을 해체하고 우리의 본래 자리인 실상지實相地로 영회領會하기 때문이다.

불교의 공의 도리는 이러한 난제를 명쾌하게 박살내버린다. 앞장에서 살펴 본『잡아함경』의「인연경」에서와 같이 모든 존재물은 고유한 자성이 없다는 연기설의 상호 의존설을 전제로 할 때, 일체의 존재물은 '존재물이 아닌 존재물일 뿐'이다. 곧 여기에 있는 이 책은 '책은 책 아닌 책'으로 거짓 존재 할 밖에 없다. 선에서는 이것을 '진공묘유眞空妙有'라 한다. 진짜로는 공이지만 절묘하게 현상으로 존재하는 상태를 말한다. 공도리는 이 기묘한 책을 '공으로서의 책'이라 말한다.

『반야심경』의 유명한 구절 '색즉시공 공즉시색(色卽是空 空卽是色)'은 이러함을 명약관화하게 설파하고 있다. 현상적으로 뭐라 불리든 일체의 존재물은 자성이 없는 공으로서의 존재일 뿐이다. A도 空, B도 空, C도, D도…… 그러나 모든 것이 공일 때, 불교에서는 또한 공이 절대의 무기인 양하는 전지전능을 경계하고 공과 다른 것에 관해 분별심을 일으키지 못하게 하기 위해 '공역부공空亦復空'[3]이라고도 말한다. 또『반야심경』은 '공즉시색空卽是色'이라는 표현으로 공이 곧 현상, 본질이 바로 현상임을 분명히 밝히고 있다. 실로 공은 자기 부정인 동시에 자기 초월인 것이다. 이 공이야말로 차별이 없는 절대 평등의 세계, 대자유의 세계다. 그것은 '이것'이고 동시에 '저것'이기도 한 세계, 다시 말하면 책이면서도 연필이기도 한 세계, 돌 여자가 아이를 낳고, 얼음소가 불 속을 달리며, 앞집 김서방이고 뒷집 이서방이며, 경포대 난간에서 그린 소주를 마시면 LA의 리챠드 박이 취하는 세계다. 서로 다른 이질적인 두 세계가 마치 하나인 것처럼 인식된다.

이는, 우리가 매일 만나는 A=A이고 B=B의 세계가 아닌, 반상합도된 A=Ā라 표현되어지는 세계다. 이것은 '다름'이 '같음'이 되고 '같음'이 '다름'이어서, '같음'과 '다름'이 융합하여 같아질 수 있다는 대모순의 통합론적인 세계다.[4]

---

3 나가아르쥬나, 황산덕 역, 『中論頌』, 서문당, 1976, 185~186쪽.
  "어떠한 존재도 인연으로 생겨나지 않는 것이 없다. 그러므로 어떠한 존재도 공하지 않는 것은 없다."
  "衆因緣生法 我說卽是空 亦爲是假名 亦是中道義"
  모든 존재는 인연으로 말미암아 있게 된다. 그리고 인연으로 생겨난 것을 우리는 공하다고 말한다.(因緣所生法 我說卽是空) 왜냐하면, 衆緣이 갖추어지고 화합하면 물건이 생겨난다. 그리고 이 물건은 衆因緣에 속하므로 자성이 없다. 자성이 없으므로 공하다고 말하게 된다. 그래서 이러한 공도 또한 (공으로서의 자성이 있는 것이 아니라) 공하다.(空亦復空) 다만 중생을 인도하기 위해 假名을 가지고 설할 뿐이다. 여기서 있다든가 없다든가는 통하지 않고, 有와 無 兩邊을 모두 떠나 있으므로 中道라고 부를 수가 있다.
  모든 존재는 자성이 없으므로 있다(有)고 할 수 없다. 또한 반면에 공이라는 것이 있는 것이 아니니 없다(無)라고도 할 수 없다. 만일 존재의 자성모양이 있다면, 衆緣을 기다릴 필요가 없이 그것은 처음부터 있다(有)일 것이다. 그러나 衆緣 없이는 어떠한 존재도 있을 수 없다. 그러므로 공하지 않는 존재는 없다고 말하게 된다.
4 자성이 무자성인 세계, 같음과 다름이 융합하여 같아질 수 있는 대모순의 통합론적인 세계는 바로 『반야심경』과 『금강경』에서 설하는 적기의 세계이다. 더 깊은 이해를 위해 『반야심경』의 色卽是空[현상과 본질이 둘이 아닌]의 세계를 아이슈타인의 상대성이론으로 이해에 닿아보자.
  '질량−에너지'의 이원론은 양자론이나 상대성이론의 형식체계에는 존재하지 않는다. $E=mc^2$(아인슈타인의 상대성 공식)에 의하면 질량이나 에너지가 에너지 혹은 질량으로 변하는 것이 아니라, 에너지 자체가 질량이다. 에너지 E가 있으면, $E=mc^2$만큼의 질량 m이 있다. 전체 에너지 E

3. 선의 적기법문

1) 경전에 나타난 적기

　이러한 적기의 방편법문은 앞장에서도 언급한 것 같이 초기 선의 소의경인 『능가경』이나 돈오의 남종선의 소의경이라 할 수 있는 『금강경』과 기본 경전인 『반야심경』, 그리고 그 외 여러 경전 도처에 무수히 나타난다. 다음 경구를 사상적 근거로 제시한다.

　①『금강경』의 적기어법 그리고 적기수사

　* 결정된 내용이 없음을 여래께서 말씀하셨습니다. 왜냐? 여래가 말씀하신 진리는 취할 수 도 없고 말할 수도 없고, 진리도 아니고, 진리 아닌 것도 아니기 때문입니다. 왜냐? 모든 깨달은 현인과 성인은 상대의 세계를 빼어난 함이 없는 절대법 가운데 차별이 있기 때문입니다.

　無有定法 如來可說 何以故 如來所說法 皆不可取 不可說 非法 非非法 所以者何 一切賢聖 皆以無爲法 而有差別

－『금강경』「무득무설분」제7

　* 불설 반야바라밀은 곧 반야바라밀이 아니라 그 이름이 반야바라밀이다.

와 질량 m도 보존된다. 질량은 곧 중력장의 원천으로 정의된다.(주커프, 김영덕 역, 『춤추는 物理』, 범양사, 1979, 294쪽)
"色不異空 空不異色 色卽是空 空卽是色"(물질적 현상[色]과 본질은[空] / 그 자체가 다르지 않고 / 본질의 순수함[空]이 모든 구체화된 현상[色]과 다르지 않으니 / 물질적 현상과 본질의 순수함이 바로 같으며 / 본질의 순수함 이것의 활성화가 바로 물질적 현상으로 구체화된 것이다.)(송준영, 『취현반야심경강론』, 경서원, 1993, 35~36쪽)

佛說般若波羅蜜 卽非般若波羅蜜 是名般若波羅蜜

— 『금강경』「여법수지분」 제13

*** 이른바 불법이란 곧 불법이 아니다.**

所謂佛法者 卽非佛法

— 『금강경』「의법출생분」 제8

상기 『금강경』「무득무설분」. 제7의 예문은 일체의 현상의 자성이 무자성임을 설파한다. 이것은 선시적 어법인 'A는 A가 아니므로 A다' 하는 A=Ā의 세계며, 적기에 의한 본래의 근원지에 돈입頓入하기 위한 가르침이다. 그리고 본래의 실상자리로 합일됨은 적기에 의해서만 가능하다. 오랜 관습에 의해 누적된 우리들의 정상성定相性을 해체시키려는 방편법문이 적기법문이며 적기어법이다. 적기의 세계인 공은 우리가 떠나온 본래의 세계다.

그럼 『금강경』「무득무설분」의 '一切賢聖 皆以無爲法 而有差別'(모든 깨달은 현인과 성인은 상대의 세계를 빼어난 함이 없는 절대법 가운데 차별이 있다)은 우리글의 가장 중요한 골격이다. 따라서 사상적 근거를 제시하는 경문을 충분히 이해하는 것이 무엇보다 중요하다. 이 경문의 깊이에 이르기 위해 선종의 6대 조사祖師인 혜능의 해의解義를 살피기로 하자.

'여래가 종종 중생을 교화하기 위해 근기를 따르고 量을 따르니 있는바 언설이 또 어찌 定함이 있을 것인가? 학인이 여래의 깊은 뜻을 알지 못하고 다만 여래의 설한 교법만을 독송하고 본심을 오달하지 못해 마침내 성불하지 못하기 때문에 不可說이라 말한 것이다. 입으로 외우고 마음으로 행하지 않으면 곧 非法이요, 입으로 외우고 마음으로 행해 마침내 얻을 것이 없으면 곧 비법이 아니다.

삼승의 근성이 아는 것이 같지 않으며 보는 것이 얕고 깊은 것이 있기 때문에 「차별」이라 말씀하였고, 부처님이 설하신 「무위법」은 無住요 무주는 無相이요 무상은 無起며 무기는 無滅이니 훤히 空寂하지만 照와 用을 함께 거두며 비추어 아는 것이 무애한 것이 참으로 해탈 自性이다. 佛이 覺이며 각이 觀照며 관조는 곧 지혜며 지혜는 곧 반야바라밀다이다.'

— 육조 혜능, 「금강경오가해해의」

혜능은 이러한 것을 무위법無爲法이라 하며 이런 '무위법으로 차별'을 짓는다고 해의하였다. 그럼 무위의 **차별**을 어떻게 짓는가? 이러한 것은 우리들의 지식과 바탕인 근기根機를 모두 적기했을 때만 가능하다.[5]

---

[5] 우리글의 골격인 적기를 이해하기 위하여 『선문염송』 56칙의 「차별」 공안을 살핀다. 즉 우리글의 적기어법의 사상적 근저를 위하여 필자는 『금강경』 「무득무설분」의 "모든 깨달은 현인과 성인은 상대의 세계를 빼어난 함이 없는 절대법 가운데 **차별**이 있다(一切賢聖 皆以無爲法 而有差別)" 경문을 본문에 제시하였다. 이 대문의 이해는 **차별**을 어떻게 가름하는가? 이것이 무엇보다 중요하다. 따라서 필자는 『선문염송』. 제56칙, 「차별」에서 야보도천의 게송을 살피기로 한다. 바른 이가 삿된 법을 말하면[正人邪說法] / 삿된 법이 모두 발라지고[邪法悉歸正] / 삿된 이가 바른 법을 말하면[邪人悉正法] / 바른 법이 모두 삿되어진다[正法悉皆邪] / 강북의 탱자이고 강남의 귤이 되지만[江北成枳江南橘] / 봄이 오면 모두가 같이 꽃을 피우네[春來都放一般花](「야보천」) 그리고 "털끝만큼이라도 거리가 있으면 하늘과 땅같이 멀리 막힌다"고 착어하였다. 『금강경』의 경문을 읽고도 곧 바로 領會 되지 않은 사람들을 위해, 선장들이 미혹한 이들을 적기하기 위해 밝혀 놓은 착어와 게송이다.

그리고 앞의 『금강경』 「여법수지분」의 경문 '불설반야바라밀 즉비반야바라밀 시명반야바라밀(佛說般若波羅蜜 卽非般若波羅蜜 是名般若波羅蜜)'에 대해 『금강경오가해』의 「야보송」에서 야보 도천은 다음과 같이 착어와 게송을 읊었다.

〈아직은 조그만치 어긋났다(猶較些子)〉 — 착어

한 손은 들고 한 손은 내리니	一手擡一手搦
오른쪽은 붙고 왼쪽은 손뼉친다	左邊吹右邊拍
줄 없는 거문고로 無生樂을 연주하니	無絃彈出無生樂
宮商에 속하지 않고도 격조가 새로우리라	不屬宮商格調新
지음은 뒤에 아는 것, 공연한 이름만 펴졌지	知音知後徒名邈

— 야보천

위의 경문과 착어나 게송은 오직 혼란에 빠뜨릴 뿐 아니라, 한 동안 난감해짐을 느낀다. 이것이 적기다. 이런 적기의 수사법은 경전과 어록, 게송 착어 도처에 나타날 뿐 아니라 수많은 적기어법으로 기록된 불경과 선적禪積들이 전해 내려온다. 아니 지금도 선가禪家의 선장禪丈들은 이러한 법문으로 우리들을 한 순간에 오랜 관습으로부터 해체시키고 있다.

어록은 선가에서 선장들의 말씀을 기록한 책이다. 현금에도 어록 혹은 법어집이라 하여 편찬되고 있다.

한 사유를 표현하기 위해 한 표현이 생겨나고 이것들이 쌓여서 수사학으로 발전되고 있다. 오늘날 문화는 다층적이며 포괄적인 동시에 지극히 미세하며 깊고 깊다. 이와 같은 시대에 우리 문학은 시는 문학본연의 책무인 시대를 동영상하거나 선험적으로 카피해냄으로서 두두물물의 존재를 개시하고자 한다.

주지하다시피 선은 불교와 노장사상의 격의格義에 의해서 중국의 당唐, 송宋, 원元, 명明의 문화를 이루는 원동력이 되었고, 우리나라 역시 신라 고려를 잇는 찬란한 문화를 이룩하였다. 현세까지도 선사상은 각 분야의 정신적 깊이와 문화적 바탕이 되어왔다.

2) 선어록에 나타난 적기

선가에서는 선장들이 기회가 있을 때마다 중생을 제도하기 위해 적기법문賊機法門을 휘둘렀다. 이것은 그들이 우리에게 베푸는 간절 노파심절이었다. 적기란 언어가 포함하고 있는 둘레는 미망에 허덕이는 중생들을 깨닫게 하는데 목적이 있었다. 그래서 선종은 이 목적을 펼쳐 보이는 사구게가 있다. 곧 '불립문자 교외별전 직지인심 견성성불(不立文字 敎外別傳 直指人心 見性成佛)'이 그것이다.

선장들은 대중에게 대자유인인 부처가 되는 경절문逕截門으로 선의 비밀한 종지를 일깨우기 위해 우리에게 적기법문을 들어 보인다. 지금까지 이어져 오는 선사들의 상당법문의 핵심은 우리를 적기하는 데 있고 이로 말미암아 우리는 우리의 본래자리로 되돌아가면 그들의 자비법문은 마쳐진다. 선가에서는 이 공안(화두, 본칙)을 여는 열쇠로 수시 착어 평창 염송을 갖추게 된다. 공안에 대한 의심을 이해시키지 않고 각종 열쇠에 의해 지혜를 증장시켜 선의 본래 목적에 계합시키고자 했다.

결국 이것에 대한 눈뜸은 우리를 한 순간에 새로운 미학과 삶의 본래면목인 본향에 돈입頓入하게 한다. 그럼 선장들의 법문을 통해 그들이 추구하는 인간 본연의 아름다움으로 되돌리고자 하는 적기어법으로 된 예문을 읽기로 하자.

이러한 적기법문의 근원은 불교의 개조인 석가세존이 즐겨 사용하였음이 불경 도처에 나타나며, 선불교의 직접적인 중시조인 달마나 육조 혜능, 그리고 그의 사상을 잇는 중국 선종의 5가 7종과 우리나라 조계종, 역시 이러한 선의 근원에서 한 발자국도 벗어나지 않는다.

1 선의 근원

* 염화시중의 미소와 다자탑전 분반좌 그리고 사라쌍수하의 곽시쌍부를 선종에서는 삼처전심이라 하여 서래밀지의 이심전심한 근거로 삼는다. 이 근거는 모두 일반 상식을 뒤엎고 우리의 정상성을 부정한다. 아니 우리가 일상의 합리라고 하는 생각을 여지없이 빼앗아 간다. 바로 이것이 적기법문인 동시에 이런 말의 양태가 적기어법임이 분명하다.

① 염화미소

세존이 영산에서 설법을 하니 하늘에서 청 · 황 · 적 · 백의 연꽃이 내렸다. 세존이 그 꽃을 들어 대중에게 보이니 모두 어리둥절하였으나 가섭이 이 뜻을 알아채고 빙그레 웃었다. 이에 세존이 말씀하셨다. "나에게 정법안장이 있는데 가섭에게 전해준다"고 하였다.

— 『선문염송』 제1권 4칙 「염화미소」

② 다자탑전 분반좌

세존이 다자탑 앞에서 인간과 하늘의 무리에게 설법을 하였다. 이때 가섭이 먼 곳에서 늦게 도착하자 세존이 가섭에게 자리를 나누어 앉게 하니 대중들이 모두 어리둥절하였다.

— 『선문염송』 제1권 3칙 「다자탑전 분좌」

③ 사리수하 곽시쌍부

세존이 사라쌍수 사이에서 열반에 들은 지 7일 만에 가섭이 늦게 도착하여 관을 세 바퀴 돌며 예의를 표하니, 세존이 관속에서 두 발등을 내어 보이셨다. 이에 가섭이 절을 하니 대중이 어리둥절했다.

— 『선문염송』 제2권 37칙 「쌍부」

2 석가세존의 적기법문

오늘날과 같은 선이 종파로 이름을 얻기 전 세존 제세 때, 적기적인 선화를 몇 칙 소개코자 한다.

① 자리에서 내리오다[世尊陞座]

세존이 어느 날 설법을 하기 위해 자리에 올랐다. 대중이 모이니 문수가 백추

白鎚(백 : 고함, 추 : 종을 침)하고 말하며 '법왕의 법을 잘 살피니 법왕의 법은 이러 이러 합니다' 하니 세존이 자리에서 내려오셨다.

─『선문염송』 제1권 6칙 「세존승좌」

② 최상의 진리[勝義諦]

세존에게 코살라의 왕 바사익왕이 물었다. "최고의 진리인 승의제 안에도 세속제가 있습니까? 만약 없다면 지혜는 둘이 될 수 없을 것이고, 있다면 지혜가 하나가 되지 못합니다. 그럼 하나와 둘의 도리가 어떠합니까?" 부처님이 말씀하였다. "대왕이여! 그대는 과거 용광부처님에게도 일찍이 이런 법을 물었는데 내 이제 말함이 없고 그대 또한 들음이 없으니, 말함이 없고 들음이 없는 것이 하나의 이치이며 둘의 이치이지요."

─『인왕경』「이제품」·『선문염송』 제1권 8칙 「승의」

③ 돼지[猪子]

어느 날 사람들이 돼지를 메고 지나갔다. 세존이 이를 보고 물었다. "그게 무엇입니까?" 이에 두 사람이 대답했다. "부처님은 온갖 지혜를 다 갖추었는데 돼지도 모르십니까?" 부처님이 대답하였다. "그러기에 물어보는 것 아닙니까?"

─『선문염송』 제1권 11칙 「저자」

3 선종의 초조 달마와 혜능, 그 문손들의 적기

① 달마의 확연무성

달마에게 양무제가 물었다. "어떤 것이 거룩한 진리의 제1의입니까?" "확연히 거룩한 진리가 없습니다." "그럼, 짐을 대하고 있는 당신은 누구시오?" "모르겠습니다." 무제는 끝내 달마의 말을 알아듣지 못했다.

―『벽암록』 제1칙 「달마확연무성」

② 이조 혜가

달마에게 혜가가 물었다. "부처님의 법인을 들러주십시오?" "부처님의 법인은 남에게 들을 수 있는 것이 아니다." 다시 물었다. "저의 마음이 편치 않습니다." "마음을 가져오너라. 편안케 해줄게." "마음을 찾아 얻을 수 없습니다." "네 마음을 벌써 편안케 해 주었노라."

―『선문염송』 제100칙 「법인」

③ 도신이 삼조 승찬에게 묻다

사조 도신이 삼조 승찬에게 물었다. "화상께서 자비를 베푸시어 해탈 법문을 주소서?" "누가 그대를 속박한 일이 있는가?" "아무도 속박한 이가 없습니다." "그런데 어째 해탈을 구하는가?" 사조가 즉석에서 크게 깨달았다.

④ 오조 홍인

육조에게 어떤 중이 물었다 "황매(오조)의 참 뜻을 누가 받았습니까?" "불법을 아는 이가 얻었느니라." "그럼 화상께서는 얻으셨습니까?" "나는 얻지 못했다." "왜 얻지 못했습니까?" "나는 불법을 알지 못한다."

―『선문염송』 제112칙 「황매」

4 한국의 선승들의 적기

① 백운의 상당법문

백운 선사가 상당하여 말씀하셨다.

"사람마다 다 갖추고 있고 모든 것 속에 또렷이 이루어져 있는데 어찌하여 이 늙은 중을 괴상하게 여깁니까? 오늘 이 늙은 중이 할 수 없이 여러 형제들의 몸과 마음을 바꾸어 주기 위해 일전어—轉語를 한 말씀드리고자 합니다. 좋겠습니까?

여러 형제들이여! 학다리는 길고 오리다리는 짧으며 감초는 달고 황련은 쓰지요. 어떻습니까? 마음에 드십니까?

선사께서 하좌하셨다.

—『백운화상어록』 상권

② 나옹의 감변勘辨

나옹 화상이 방문한 학인 삼인에게 물었다. "세 사람이 동행하면 반드시 한 가지 지혜가 있을 것이니 지혜가 이르지 못하는 한 구절을 말해 보시오?" 아무도 말이 없었다. 이에 화상은 "지혜는 말에 있지 않소. 두 번째 스님은 어떠하신가?" 그 학인도 말이 없었다. 이어 화상이 "세 번째 칠통은 어떠하신가?" 하였다. 그러나 그 학인도 말이 없었다. 이에 화상은 "이 노승이 스님네에게 감파 당했소. 앉아서 차나 한 잔 하시구료."

—『나옹화상어록』「감변」

※ 감변=점검.

③ 서옹의 지팡이

"내게 보배로운 지팡이가 하나 있어. 네가 이것이 있다면 줄 것이요, 만약 없다면 빼앗을 것이여. 이럴 때 한 번 일러보아?" 한 서너 해가 지나 백운암 조실에서 말씀을 드렸다. "백세후에 어떤 이가 있어 너의 스님 서옹의 진면목이 어떻던가? 묻는다면 저는 어떻게 대답해야 합니까?" 새앙 쥐 눈을 반짝이며 나를 간파하던 스님이 이윽고 꽥! 한 소리를 내질렀다. "나는 반야다 반야여!" 그곳엔 내가 없었다.

— 송준영, 「에필로그」, 『현대언어로 읽는 선시의 세계』, 푸른사상사, 2006

④ 설악의 해제 법문

비틀거리며 시자에 부축되어 상당한 노승의 한 말씀이 있었다.

오늘은 삼동을 지나고 모두 흩어져 본래자리로 돌아가는 날이오. 여러 스님들의 공부 점검은 본사에 가서 큰 스님들께 받고 이 산승은 아무 것도 줄 것이 없소. 혹 가져갈 것이 있어도 모두 그냥 두고 가시오. 이 산승의 부탁은 여러 분들이 산문을 나설 때, 이곳에서 보고 듣고 깨닫고 알은 것은 모두 놔두고 가시오. 만약 한 톨이라도 가져가는 스님이 있다면 도둑이오.

한참 앉아 졸던 노승이 시자의 부축을 받으며 하좌하였다.

— 2008년, 설악 조오현 화상의 백담사. 하안거 해제 법문

4. 선시의 적기수사법

① 지위 없는 참사람[無位眞人]

스스로 부르고 스스로 답하는 주인 영감	自呼自應主人翁

요정을 놀릴 줄 알지만 신통은 아닐세 　　　　　　　解弄精魂未神通

지위 없는 참사람이 육단 위에서 　　　　　　　　　無位眞人肉團上

언제나 입으로 출입하네 　　　　　　　　　　　　尋常出入面門中

　　　　　　　　　　　　　　　　　　　　　　　─ 지비자

　　* 위 게송은 아무 것도 없는 그것을 노래한다. 그게 그것이어서 "스스로 부르고 스스로 답하는 주인 영감 / 요정을 놀릴 줄 알지만 신통은 아닐세"로 모두 모두 입을 모아 한 말로 얘기한다. 이 간단명료함이 우리를 적기한다.

　　과연 임제가 부르짖던 '지위 없는 참 사람'인 무위진인은 무엇인가?

　　무위진인이 무엇이냐? 어떤 중의 물음에 임제가 스스로 직격탄을 날린다.

　　지위 없는 참사람이 무엇이냐? 마른 똥 막대기다.

　　(無位眞人 是什麼 乾屎橛)

　　　　　　　　　　　　　　　─『선문염송』제617칙「무위」참조

　　설봉 의존이 이 이야기를 듣고 "임제는 흡사 날도적과 같다"고 착어를 하였다.

② 돌여인이 웃음 짓네

불 속에 붉은 연꽃 옛 옷에 떨어지니 　　　　　　火裡紅蓮落古衣

목동이 버리고 광주리에 마음 채워 돌아오네   木童扨捨滿筐歸

옛 가락 곡조 없으니 누가 감히 화답하리오   古曲無音誰敢和

냇가 돌여인이 빙긋빙긋 웃음 짓네   溪邊石女笑微微

                                            – 소요 태능

　* 어느 것 하나 무한실상이 아님이 없다. 무엇을 불이라 하고 무엇을 연꽃이라 하고 무엇을 옛 옷이라 하는가? 옛 옷, 이 발가벗은 실상 위에 붉은 연꽃은 무엇이며 그 불 속 연꽃은 무엇인가? 목동이 있고 광주리가 있고 또 마음도 돌아간다고 한다. 누가 감히 화답하나? 걱정 말라. 이 치운 겨울 강남유람객이, 눈 껌벅이며 점두點頭하고 있음을.

③ 장부의 일대사 마치다

머리는 희어도 마음은 희지 않는 것   髮白心非白

옛사람은 이미 누설했네   古人曾漏泄

이제 닭 울음 한 소리에   今聽一鷄聲

장부 이 일, 능히 마쳤네   丈夫能事畢

                                            – 청허 휴정

　* 젊은 휴정 수좌가 도반을 찾아 용성으로 가는 길, 어디선가 울려오는 낮닭 울음소리에 마음이 열려 게송 두 수를 읊는다.

　앞의 시, 1행과 2행은 아이러니다. 왜 불조가 이른 말씀, '색즉시공 공즉시색'의 도리에 비추어 보면 '머리가 쉬 지면 마음도 하얗게 쉬고, 마음이 쉬어지면 머리카락 역시 하얗다' 함이 마땅하다. 3행의 닭 울음소리, 서산이 들은 닭 울음소리. 대체 어떤 닭 울음소리이기에 "장부능사필丈夫能事畢"이라 직언할 수 있는가? 서산이 적기되고 내가 적기되고 여러분이 적기 되면,

④ 경허의 『대방광불화엄경』

대들보도 대요, 댓돌도 대요, 대가사도 대요, 세수대도 대요, 담뱃대도 대다.

큰 방도 방이요, 지대방도 방이요, 질방도 방이요, 동서남북 사방도 방이라.

쌀광도 광이요, 찬광도 광이요, 연장광도 광이요, 광장도 광.

등잔불도 불이요, 모닥불도 불이요, 촛불도 불이요, 화롯불도 불이요, 번갯불도 불이요, 이불도 불이요, 횃불도 불이리.

매화도 화요, 국화도 화요 화병도 화요, 화엄경도 화네.

엄마도 엄이요, 엄살도 엄이요, 엄명도 엄이요, 엄정함도 엄이요, 화엄도 엄이리.

면경도 경이요, 구경도 경이요, 풍경도 경이요, 인경도 경이요, 안경도 경이야.

— 『경허어록』「일화집」경허성우선사법어집간행회, 김진성 역, 1981

* '이크, 엉터리다' 하는 느낌, 아아! 엉터리다. 지독한 적기법문이요, 선시의 반상합도 선시의 무한실상 어느 것 가져다 부처도 엉터리다.

적기 당하는 이는 분명 경허다.

눈 먼 나그네가 눈 뜬 사람 잡는구나.

이건 언어유희요, 아이러니요, 병치은유라 해도 뭔가 못 미친다. 그렇다 바로 적기어법이다. 반상합도된 곳, 적기세계에는 갑도 을도 모두모두 무한실상이다. 툭, 일초직입여래지―超直入如來地라는 무간 지옥으로 든다.

Ⅲ

1. 선시의 실증적 모형

그럼 우리글이 추구하는 선시의 표현방법론에서 중시되는 적기 수사법을 극명하게 보여주는 시 1편을 예증해 보자.

<table>
<tr><td>뙤약볕 속 서리 구슬을 맺고</td><td>焰裡寒霜凝結滯</td></tr>
<tr><td>쇠나무에 핀 꽃 밝음을 자랑한다</td><td>花開鐵樹映輝明</td></tr>
<tr><td>진흙소 큰 울음으로 바다 속 들고</td><td>泥牛哮吼海中走</td></tr>
<tr><td>바람에 우는 나무말 길을 메운 그 소리</td><td>木馬嘶風滿道聲</td></tr>
</table>

― 허백 명조[6]

이 시는 1행부터 정상이 아닌 기이한 사물을 상호 충돌시켜 일어나는 파격적인 이미지가 우리를 황당하게 한다. "뙤약볕 속 서리"와 "쇠나무에 핀 꽃"이 그것이다. 3행에 나오는 "진흙소 큰 울음" 울고, "진흙소가 바다에 든다"나 마지막 행의, "바람에 우는 나무말"의 등가물인 "길을 메운 그 소리" 역시 우리를 황당무계한 속으로 밀어 넣는다. 우리가 경험하는 충격적 당황감은 우리가 현실적인 기본 질서나 정상으로 인정하는 기본 바탕을 이 시가 고의적으로 깨어버리는 데서 기인한다.

---

6 虛白 明照(1593~1661) : 병자호란시 수군 4,000을 거느린 의병승장. 『虛白堂集』이 있다.

'불 속에 핀 연꽃'이나 '돌로 만든 구름'과 같은 것들은 존재의 정상적인 양태를 벗어나 있으며 현실적인 분별상으로는 존재할 수 없다.

앞장에서 보았듯이, 선의 기반이 되는 공도리는 차별적 인식을 거부한다. 아니 분별 간택심을 철저히 적기한다. 일체가 회감하는 공도리는 마치 현대물리학에서 말하는 양자장量子場[7]과 같다. 그것은 공이라고 이해되는 '범'이 빈 것이 아니며, 가득 찬 것 같은 '장'이 일정한 터(시, 공간)가 아니라 빈, 공의 장소일 수도 있다는 정상을 적기하여, 그 바탕에서는 상호 보완적 합도의 세계를 말한다. 이것은 정상과 비정상을 적기하는 선장들의 적기방편법문의 진리 표현법인 적기적수사법과 다르지 않다.

우리는 무생물로 만들어진 진흙소나 나무말은 살아 있는 것이 아니므로 울 수 없다는 고정관념에 길들어져 있다. 위의 "쇠나무에 핀 꽃"은 정상적으로 있을 수 없는 사물이며, A=A라는 정상논리로는 의미를 해독할 수 없다. 결국 차별에 의한 고정관념을 정상이라 생각하는 인식의 틀로서는 위의 시가 무엇을 나타내려고 하는지 알 수 없다. 이러한 시구는 'A는 A가 아니므로 A다'는 등식으로 이해해야 비로소 해석이 가능해진다.

'이것'과 '저것'이 없는 공이므로, '이것'과 '저것'의 차별이 있을 수

---

7   F. 카프라, 이성범 · 김용정 역, 「공과 형상」, 『현대물리학과 동양사상』, 범양사, 1983, 261~262쪽. 아인슈타인의 중력장이론과 양자장이론은 둘 다 소립자들이 그것들을 둘러싸고 있는 공간으로부터 분리될 수 없다는 것을 밝혀주었다. 한편 그것들은 그 공간의 구조를 결정하는 반면에 독립된 실체로서 여겨질 수 없고, 전 공간에 미만해 있는 연속적인 장의 응결로서 이해해야 한다. 양자장이론에서 이러한 장은 모든 소립자들과 그것들 서로의 상호 작용의 바탕으로서 이해되고 있다. "場은 언제 어디서나 존재한다. 그것은 결코 제거될 수 없다. 그것은 모든 물질적 현상의 수레이다. 그것은 그것으로부터 陽性子가 파이中間子들을 생기게 하는 '虛空'이다. 素粒子들의 나타남과 사라짐은 단지 場의 운동형태에 불과하다."(W. 티링)

없다. 그런 의미에서 선시는 우리에게 정상이라는 기준치가 정말로 정상인가 되묻게 해준다. 공의 세계는 정상이 비정상이고 비정상이 정상인 세계, 정상과 비정상이 융합하여 서로 회통되는 세계다. 이것이 현대물리학에서 말하는 통일장의 세계이다. 신라의 의상은 화엄 대의를 간추린 노래 「법성게」 모두에서 "法性圓融無二相"[존재와 본질은 두루뭉술하여 두 상이 아니다]하였고 또 "하나 가운데 모든 것이 있고, 많은 것 가운데 하나가 있다 / 하나가 곧 모든 것이요 많은 것이 곧 하나이다"라고 노래한다.[8] 이것은 여럿의 물질적 현상[色]이 하나로 모이는 동시에 그 본질[空]이 여럿의 현상으로 드러나는 세계다.

이것은 A와 Ā가 차별상을 가지고 존재하는 것이 아니라, A가 곧 A일 뿐만 아니라 A가 아닌 것이 될 수도 있음을 의미한다. 이것을 등식으로 표현하면 A=Ā의 등식이 된다. 모든 사물들은 이러한 양태로 존재하기 때문에 공이며 우리들의 정상이라 하는 관념을 해체시키므로 오는 적기세계가 바로 불이세계[不二世界].[9]

---

8 "一中一切多中一 一卽一切多卽一" : 「법성게」는 의상이 지은 『화엄경』의 대의를 게송으로 만든 것이다. 총 30句인데 인용한 것은 제7句와 8句이다. 여기서 一은 本質이고 一切는 現象을 말한다.

9 송준영, 『현대언어로읽는 선시의 세계』, 푸른사상, 2006, 237~238쪽 참조.
불경 전반에 이런 **반상합도의 삼단계 표현법**이 깔려 있다. 이 말씀들은 중도를 현현하기 위한 표현들이다.
　*『반야심경』 "色性是空 空性是色 色卽是空 空卽是色 色不異空 空不異色"이 원문인데 현장이 한역할 때, 본래적인 입장인 1단계를 고의적으로 누락시켰다고 본다. 첫 단계는 '원래'의 일상 단계이기 때문이다.
　*「중론」에 근거하여 천태종에서는 空.假.中의 三諦를 세움. 이 삼제의 전개는 無自性, 공의 변증법적인 논리 구현인 통일논리를 밝힘.
　*『금강경』佛說般若波羅蜜 卽非般若波羅蜜 是名般若波羅蜜(부처가 설한 반야바라밀은 곧 반야바라밀이 아니고 그 이름이 반야바라밀이다)
　*『열반경』은 불성은 "有無 非有非無 亦有亦無 有無合故 名曰中道"란 말씀이 있다.
　* 근래 성철의 "山是山 水是水 山是水 水是山 山亦是山 水亦是水"란 법어가 있다.
　[정리] 원래적 입장 : 色性是空 空性是色－空諦－有無－山是山 水是水－A.

선의 그 언어 표현인 선시는 문자를 차용하되 그 도리만 나타내기 위해 특이한 표현 방법을 사용한다. 언어 초월이라는 선의 본질적 성격에도 불구하고 그 자체는 언어양식으로 존재하고 있기 때문이다. 결국 선의 도리를 나타내기 위해 선시들은 정상적인 문법을 벗어난 어법, 즉 A=Ā의 적기적인 등식으로 표현하게 된다. 우리가 정상이라고 생각하는 논리성을 완전히 무시한 표현 방법, 즉 적기하기 위해 역설적인 반상합도의 표현법이 사용되는 것도 그 때문이다. "뙤약볕 속 서리", "쇠나무에 핀 꽃," "진흙소 울음"이나 "나무말의 울음"은 그 단적인 예다. 이러한 언어 표현은 언어의 문법을 고의적으로 파괴했다고 말할 수 있는 적기의 표현법이다.

2. 선시의 적기적 수사법

우리는 적기에 의한 선시적 수사법을 선시의 반상합도反常合道, 선시의 초월은유超越隱喻, 선시의 무한실상無限實相으로 나누어 논증하고자 한다. 사실 위의 세 가지는 선시를 표현하는데 서로 불가분의 관계를 지니고 있어서 또렷이 따로 떨어트려 설명하기 곤란하나 이해를 더욱 분명하게 하기 위해 각론해 본다.

사상적 표현 : 色不異空 空不異色－假諦－非有非無－山是水 水是山－Ā.
체험적 결과 : 色卽是空 空卽是色－中諦－亦有亦無－山亦是山 水亦是水－A＝Ā.

1) 선시의 반상합도

　선시는 앞장에서 간단하게 개관한 선사상을 시적으로 표현한 언어양식을 말한다. 다시 말하면 선사들의 선적 체험, 이른바 선수행의 결과로 체득된 오도의 경지를 표현한 시이다.

　반상합도反常合道란 우리가 정상이라 규정하는 일상을 돌이키고 뒤틀어서 정상과 비정상이 융통하고 회감하여 수승된 다른 세계로 나아감을 말한다. 즉 서로 다른 것이 상호 합일되어서 고차원의 것으로 합도되는 경지다. 수사학적으로 말하면, A라는 시적 요소(시어)가 B라는 시적 요소와 상치하는 듯하나, 보다 커다란 차원에서 보면 하나의 통일된 수사적 효과를 거둔다. 즉 A와 A가 아닌 요소(즉 Ā)가 서로 상치하고 대립하는 듯하나, 보다 큰 차원에서는 서로 어우르는 것, 즉 A=Ā의 상태를 의미한다.

돌여자가 갑자기 아기를 낳으니	石女忽生兒
나무사람은 조용히 머리를 끄덕인다	木人暗點頭
곤륜족이 쇠말을 타고	崑崙騎鐵馬
허공이 금채찍을 친다	舜若着金鞭
	— 백운 경한[10]

반야검이여 부처와 조사를 쳐죽이고　　　　　　　　　　　般若劍兮殺佛祖

---

[10] 白雲 景閑(1299~1375) : 고려 말 선승. 『백운화상어록』이 있다.

시퍼런 칼을 쓰면 급히 갈아라   吹毛用了急須磨

나무까치는 비상하여 하늘 밖 사무치니   木鵲飛翔徹天外

바로 천봉만악을 뚫고 가도다   直透千峯萬嶽去

                                                    — 서옹 상순[11]

고려 말의 백운白雲 화상, 2003년에 입적한 서옹西翁 선사는 모두 한 시대를 대표하는 일급선사들이다.

앞 시에서 돌여자가 왜 갑자기 아이를 낳으며, 나무사람이 어떻게 고개를 끄덕인단 말인지? 곤륜족이 쇠말을 타는 것이나 허공의 금채 찍이나, 석녀, 즉 아이를 잉태할 수 없는 여자가 아이를 뱀, 목인 즉 허수아비가 고개를 끄덕임, 티벳 북쪽에 있는 흑인 종족이 철우를 타고 달리고, 허공이 금채찍[金鞭]을 치는 표현들은 정상적인 사유로는 용납될 수 없다.

당대의 우리나라 거선巨禪인 서옹 선사의 경우도 마찬가지다. 어떻게 지혜의 칼이 부처와 조사를 쳐 죽이는지, 나무까치가 하늘 밖을 뚫고 나가며, 천봉만악마저 직투直透할 수 있단 말인가? 그러나 이들 역시 앞장에서 밝힌 적기적어법의 도식, 자성이 무자성일 때 가능한 A=Ā의 적기 표현으로만 이해가 가능해진다.

그럼 선시에서는 왜 이런 황당한 표현들을 만들어 내서 사용하고 있는지 살펴보기로 한다.

---

11 송준영, 『취현반야심경강론』, 경서원, 1993, 11쪽.
    西翁 尙純(1912~2003) : 조계종 5대 종정 지냄.

한 사상과 더불어 그 사상에 적합한 표현의 방법이 계발되어 전달된다. 이런 측면에서 보면, 이 황당한 표현들은 바로 선사상을 온전히 담기 위한 노력에서 온 것이라고 할 수 있다. 여기에서 오는 낯설기 덕분에 저 밑에 도사리고 있는 공도리의 본체를 떠올릴 수도 있지 않을까. 결국 이것들은 선사들이 이렇게 하지 않으면 꼼짝할 수 없는 공사상을 표현하고 알려주자는 깊은 마음 씀의 결과라고 할 수 있다. 우리가 앞에서 검토한 공도리에 의하면, '돌'과 '여자', '나무'와 '사람', '허공'과 '금채찍' 등은 서로 다른 차별의 사물로 볼 수 없다. 이것은 분명 'A는 A가 아니므로 A다'라는 A=Ā의 도식의 세계다. 이것은 일체 차별상의 사물을 공도리에 반조返照함으로써 다시 드러나게 만드는 반상합도의 표현 방법이라 하겠다.

사실 우리는 모든 것들을 이원론적으로 대립시키는 것을 정상으로 규정하며 살고 있다.

2) 선시의 초월은유

예로부터 문학은 사물을 설명하지 않고 표현하려 하기에, 비유를 중시한다. 이 때 비유는 표현의 중심원리가 된다. 비유는 이미지를 통해 추상적인 것을 구체화하는데, 그 근거는 유사성과 연속성에 있다. 선시도 언어의 산물이므로 비유적 표현에 의지한다. 그 중에서도 선시는 초월은유를 선호한다.

초월은유란 이질적인 두 사물에서 유사성을 발견하는 비유, 곧 "비동일성에서 동일성을 발견하려는 비유다. 즉 A=Ā라는 도식에서, 이 두 세계를 동시에 포함하면서도 내적 속성을 초월하는 경지를 표현하는 비유를 초월은유라고 칭한다.

이승훈은 그의 『시론』에서 '현대시의 경우 모두 본질적으로 은유를 지향하는데, 근본적 형식 A is B(A = B)로 나타내고, 오늘날 많은 이론가들이 관심을 표명하는 다른 형식, 곧 병치은유의 도식 A−B를 첨가하여, 크게는 동일성(identity) 형식과 병치(juxtaposition) 형식으로 양분된다'[12]고 적고 있다. 여기에서 병치은유는 비동일성 은유를 말한다.

휠 라이트(P. Wheelwright)는 위에서 말한 동일성 원리에 입각한 은유를 치환은유, 비동일성에 입각한 은유를 병치은유로 설명하고 있다. 치환은유는 불확실하고 모호한 것으로부터 상대적으로 잘 알려진 보다 구체적인 것으로 옮기는 의미론적 이동을 말하며, 병치은유는 상호 모방적인 인자가 없이 독립적으로, 또는 여러 사물이 병치되어 있음을 말한다.[13]

선시에서는 치환은유보다 병치은유가 많이 발견되는데, 보다 뛰어난 선시들은 초월은유를 선호한다. 그 이유는 앞에서 살펴본 A=A 혹은 A=B라는 상식적이고 정상적인 논리로는 나타낼 수 없는 공도리에 의한 선사상에서 기인한다고 볼 수 있다. 이 점에서 초월은유는 동일성의 치환은유와 비동일성의 병치은유, 곧 양변의 견해를 모두 벗어나는 비유라고 할 수 있다. 초월은유의 도식은 불경이나 선어록 도처에 나타나는 일체를 반상합도 함으로 나타나는 수승한 우리의

---

12 이승훈, 『詩論』, 고려원, 1979, 134쪽.
13 위의 책, 139~145쪽.

본래세계의 다른 이름일 뿐이다. 그런 까닭에 초월은유는 'A는 A가 아니므로 A다'라는 A=Ā다로 표시되는 반상합도의 어법의 등식과 일치된다. 곧 양변을 융합하면서 동시에 초월하는 비유상태를 의미한다.

선의 공안에서 많이 나타나는 '이뭣꼬[是甚麽]' 화두에 대해 여러 선사들의 답변을 보자.

이뭣꼬? (진리란 무엇입니까?)

① 동산 : 마삼근(麻三斤)

② 조주 : 뜰 앞의 잣나무

③ 운문 : 해 속의 산을 본다

④ 향림 : 오래 앉아 있으니 피곤하구나

⑤ 대매 : 조사에는 뜻이 없다

⑥ 임제 : 선상에서 내려와 묻는 자에게 뺨을 때리고 확 떠밀다[14]

'진리란 무엇입니까?' 하는 질문에 대해, ①과 ②의 선사는 치환은유의 형식을 취하고 있으나, ③④⑤⑥의 선사들의 대답은 한결같이 동문서답식 답을 질문에 병치하고 있다. ⑥의 임제는 언술마저 거두고 무례한 행동을 서슴지 않는다. 임제의 이런 행위는 우리를

---

[14] 『선문염송』 160 · 161 · 162 · 163 · 164권, 동국역경원, 1978; 『경덕전등록』 181 · 182권, 동국역경원, 1978.

바로 공도리 심층 속으로 데리고 간다. 임제의 행위는 상기 5개 은유와는 다른 선적 표현이다. 이런 행위는 언어가 음성화하기 전에 표현된 선기다. 임제의 선적 행위는 일체를 초월한 직지인심을 나타낸 표현 방법이다. 예문에서 ③④⑤의 경우는 ①②⑥의 경우와는 다른 비유를 사용하고 있다. 이것은 '마삼근'이나 '뜰 앞의 잣나무'처럼 치환은유도 아니고, 임제의 행위처럼 직접적이지도 않지만, 완전히 질문의 의도와는 격리된 대답이다. 곧 외형적으로는 서로 다른 이미지가 병치되지만, 내적으로는 서로 의미가 절연되는 수사법을 보인다. 그러나 '해 속의 산을 보듯이' 질문과 대답 자체를 초월하여 새로운 경지를 제시하는 비유를 발견하게 된다. 이러한 질문과 대답 행위 자체를 초월하는 선문답적인 은유를 초월은유라고 한다.

그럼 초월은유의 실제적 예를 살펴보자.

<table>
<tr><td>진흙은 푸른 돌 속의 뼈</td><td>泥爲靑石隨</td></tr>
<tr><td>소나무는 늙은 용의 비늘</td><td>松作老龍鱗</td></tr>
<tr><td>구름에 막힌 개 짓는 소리</td><td>犬吠白雲隔</td></tr>
<tr><td>복사꽃 동네 사람들</td><td>桃花洞裡人</td></tr>
<tr><td></td><td>— 청허 휴정[15]</td></tr>
</table>

<table>
<tr><td>금사자(金獅子),</td><td>徐踔金毛獅子</td></tr>
</table>

---

[15] 淸虛 休靜(1520~1604) : 조선 선승. 서산대사.

어둠굴 여기 쪼그리고 앉아있다

그러나 그 몸에 한 조각 水鏡이

毛孔으로부터 빛 쏟아

일천강에 달빛이라

如何五陰窟內屈膝

雖然箇中應有一片水鏡

光明直射毛孔中出

落在千江

— 만경 영안[16]

위의 2수의 게송은 문자로 표현하였으나 언어도단言語道斷이 되고 이언절려離言絶慮가 됨은 앞에서 살펴보았던 시편들과 마찬가지다. 이 게송들은 위에서 살폈던 외형상으로는 치환은유다. 그러나 동일성의 치환은유나, 비동일성非同一性의 병치은유적 수사학으로는 잣대가 맞지 않다. 현실적으로 존재되어 왔고 앞으로도 계승 발전될 이런 시의 수사법을 일단 반동일성反同一性의 초월은유超越隱喩라고 명명한다.

처음 인용한 시는 「화개동花開洞」이라는 제목이 붙은 서산대사의 게송이다. 1행에선 진흙이 돌에 묻어 있어 흙은 살로, 돌은 뼈로 이해된다. 이와 반대로 흙은 뼈로 돌을 살로 치환된다. 일상 논리에 역행한 의미상 모순이다. 이 모순은 선가의 적기방편법문이다. 그러나 암벽을 휘덮고 있는 흙, 그 속에 흙이 뼈처럼 가렸다. 흙이 돌의 뼈가 되었다. 보는 시점에 따라 얼마든지 가능하다. 이런 가능성의 유추나 상상은 적기법문이 노리고 있는 본래의 목적이 아니다. 선사들이 노리고 있는 것은 중생의 합리적이고 정상적인 관습적 사유를 깨

---

16 萬鏡 映眼(생몰연대미상), 『曾谷集』에 실린 인연으로 보아 일정시대로 추측.

뜨리려는 반상의 합도인 공도리다. 비논리의 논리라 할까. 늙은 용 같은 소나무, 늙은 용과 소나무를 병치하여 새로운 합도의 세계를 들어낸다. 우리는 순간적으로 소나무를 보는 순간, 용의 비늘로 표현된 오랜 세월을 느끼게 되겠지만, 선사는 찰나를 보이는 동시 우리의 슬기를 빼앗아 정신적인 공황으로 몰아넣고, 또한 찰라적으로 영겁의 세월을 우리에게 보이고 있다. 개 짖는 소리에 인가가 있을 듯도 한데 흰 구름에 막힘은 역시 반상합도의 적기어법에 의해 얻어진 세계를 표현하려는 내면적으로는 초월은유다. 4행, 결구에 가서는 꽃과 사람이 병치은유로 놓여 있다. 그 가운데도 복사꽃은 움직이지 않고 사람은 움직이니, 정중동靜中動이다. 그야말로 꽃인지 사람인지, 유정 무정이 공 가운데로 모셔졌다. 바로 A=Ā의 세계다. 우리의 사유는 보통 동일성同一性과 비동일성非同一性의 양변을 내포하는데, 이 모순성을 뛰어넘은 고도의 선사상이 초월은유로 나타난다.

만경 화상의 게송은 「증곡진영찬曾谷眞影贊」이라는 제목이 붙은 찬시다. '금사자가 오음굴[17]에 갇혀 있는데, 그 오음굴엔 한 조각의 빛나는 거울 쪽이 있어 빛을 내뿜으니 곧 천강에 비치는 달빛이 아닌가'로 풀이된다. 그러나『반야심경』의 '색즉시공 공즉시색'의 공도리에 비추어 보면 '금사자가 즉 오음굴'이고 오음굴 역시 '한 조각 거울'이다. 또 '일천강의 달빛은 금사자'다. 이것은 동일성, 비동일성의 은유를 사량분별하는 양변 견해를 초월한 불이不二에서 쏟아져 나오는 선사들의 언설이다. 선사들이 우리에게 보이고자 하는 것은 바로 'A

---

17 五陰 : 일체의 존재와 비존재는 色[물질], 受[느낌], 想[따짐], 行[저지름], 識[버릇]으로 되어 있다는 구성요소. 오음 혹은 오온(五蘊)이라 한다.

는 A가 아니므로 A이다'라는 세계니, A는 B이고 C이며 또 동시에 D, E······ Z······ 끝없는 무한의 인드라망적인 중중무진연기重重無盡緣起의 세계다.

지금까지 살펴본 바와 같이, 초월은유는 A와 Ā, 즉 긍정과 부정의 양변을 모두 초월하면서 동시에 같이 내포하는 적기적수사법을 나타내므로, 적기의 등식과 궤를 같이 한다. 이 또한 A=Ā의 등식을 갖는다.

3) 선시의 무한실상

플라톤에서 데카르트로 이어지는 물심이원론은 마음과 물질이 서로 환원 불가능한 궁극적인 존재론적 실체를 형성하는 것이어서 이들 사이에는 어떠한 내면적 관계도 성립하지 않는다. 그리고 뉴턴의 기계론적 물질관 역시 마음과 물질을 서로 대립하는 존재론적 양극으로 간주해 왔다. 그리고 이들은 현상계와 그 배후에는 불변하는 본체, 곧 신을 설정하는 오랜 서구의 신본주의 사유의 결과일 것이다. 이러한 사유 전통을 계승한 서구의 상징주의자들은 일체 현상 세계는 허구 세계며, 궁극적으로는 상징 세계로 인식한다.

불교와 노장사상에서 자라난 선의 입장에서는 이 서구의 상징이란 단어에서 '색'이나 '가상'과 비슷한 느낌을 받는다. 이 색이나 가상假象이란 말은 현상적으로 나타나는 일체의 물질을 뜻한다. 이것은 공, 실상, 본체, 본성과 상대적 의미를 지니는 용어다. 서구의 상징은 물질적 현상을 무한한 해석의 가능성을 간직하고 있는 암호의 숲으로 생각하는 경향이 있다. 이 상징이란 말은 불교에서 보는 '색즉시공 공즉시색'인 사유법, 또 '공空·가假·중中이 서로 벗어남이 없다'는 선적사유와는 근본적으로 다르다.

선, 즉 공도리는 본질과 물질적 현상을 따로 구분하지 않는다. 선사들의 비유와 실상은 이들을 초월하는 방편으로 사용한다. 선사들의 시는 단순히 선시를 쓰기 위해서라기보다는 중생들에게 진리를 현현시켜 깨우쳐 주는데 목적이 있기 때문이다. 마치 『잡아함경』에 나오는 '뗏목으로 강을 건너고는 뗏목을 요긴하다는 생각으로 땅에서도 메고' 다니는 어리석음과 장자에서 보이는 '고기를 잡으면 그물을 잊는다'는 사상과 같기 때문이다. 이와 같은 문장은 긴요하게 사용한 후, 상징에 남아 있는 고리를 단절함으로써 '옳다 / 그르다' 하는 분별 간택심을 놓아버리게 한다. 이것이야말로 선사들이 우리에게 가르치려는 불립문자이며 직지인심이다. 두두물물을 상징으로 보지 않고 모두 무한한 실상으로 보는 까닭이다.

선시에선 단어, 시구 혹은 게송 자체가 낱낱이 암시적 선어로 형성된다. 즉 선시어의 암시성, 상징성이 일반시보다 연결성, 밀도 면에서 훨씬 복잡할 뿐 아니라 무한하다. 복잡한 인드라망처럼 상징을 넘어서 굴레가 복잡함을 넘어서 일체의 복작함을 벗어나고 멈춘 본래일물을 무한실상이라고 칭한다. 존재의 외연이 너무나 광범위하기에 상징적 의미를 한정할 수 없다. 이러한 무한의 실상성이 적기어법과 궤를 같이하며, 반상합도의 A=Ā인 등식을 보여준다.

바다 밑 진흙소가 달을 물고 달아난다　　　　　　　　　海底泥牛含月走

바위 앞의 돌호랑이 아기 안고 졸고 있다　　　　　　巖前石虎抱兒眠

쇠로 만든 독사가 금강눈을 뚫고 든다　　　　　　鐵蛇鑽入金剛眼

곤륜족 깜둥이 코끼리 타고 해오라기 이끈다　　　崑崙騎象鷺鷥牽

— 고봉 원묘[18]

바다 밑 제비집에는 사슴이 알을 품고　　　　　　海底燕巢鹿抱卵

불 속 거미집에는 고기가 차 달인다　　　　　　　火中蛛室魚煎茶

우리 집 이 소식을 뉘라서 알랴　　　　　　　　　此家消息誰能麼

구름은 서쪽으로 날고 달은 동쪽으로 달린다　　　白雲西飛月東走

— 효봉 학눌[19]

　　앞 게송의 고봉선사는 중국 송대의 선승으로『선요』의 저자로 잘 알려져 있다. 아무리 살펴보아도 우리들의 일상적인 상식으로는 접근할 수 없는 절연감을 느낀다. '진흙소', '돌호랑이'가 진리를 드러내기 위한 상징적 표현이라는 것을 이해한다 해도, '진흙소가 바다 속에서 달을 물고 달아나고, 돌호랑이가 아기를 안고 존다든지, 쇠뱀이 금강눈을 뚫고 든다든지, 티벳 지역의 흑인종족인 깜둥이가 해오라기를 끈다'는 이미지는 가히 광란자의 헛소리로 밖에 들리지 않는다. 그러나 앞에서 고찰한 선의 공도리 입장에서 비추어보면, 선의 쓰임을 무한계, 무차별, 무작정으로 그린 자성이 무자성일 때 나타나는 무한실상으로 밖에 볼 수 없다. 선이 그렇고 우리의 본성이

---

18 이지관,『四集私記』「禪要, 示衆 5」, 해인총림, 1968, 328쪽.
19 曉峰 學訥(1888~1966) : 조계종 초대 종정.『효봉어록』.

그렇고 일체 두두물물의 자성이 그렇다는 것이다. 그런 까닭에 선에서 무자성을 말한다. 그러나 이것은 서구의 쉬르리얼리즘과 같이 자동기술에 의해 무작위로 쓰여진 것은 아니다. 분명 '깨달은 자'의 명료함에서 흘러나온 노래다.

다음 게송은 우리나라 조계종 통합 종단의 초대 종정을 지낸 선승의 오도송이다. '바다 밑 제비집엔 사슴이 알을 품다. 불 속 거미집엔 고기가 차 달인다'는 앞의 고봉의 게송과 같은 무한실상을 이언설 절사량離言說 絶思量하여 단도직입적單刀直入的으로 사용하고 있다.

위의 두 게송에서 보듯이 상징적 의미만 가지고 뜻을 알기란 불가능하다. 저쪽과 이쪽에 서로 닿은 공의 세계 속에 있는 선사들은 언어마저 진언眞言, 곧 선으로 보고, 선어는 비유나 상징을 초월하여 닿는, 절대 현재의 진실불허眞實不虛한 세계로 보기 때문이다.

이와는 달리 서구 개념의 상징이란 '유추적으로 가시 세계, 곧 물질세계가 연상의 힘에 의하여 불가시 세계, 곧 정신세계와 일치하게 되는 표현 양식'이며 '상징은 은유의 연장선상에 놓여 있다'[20]고 정의한다. 그러나 선사들은 불이 즉 실상을 써서 어떤 결정된 정상定相의 관습적인 관념의 견고한 껍데기를 박살낸다. 정상의 고정 관념을 깨트린 세계는 언어와 언어가 맞닿는 세계며, 사물과 사물이 서로 조응하는 세계를 말한다. 이러한 실상을 표현하는 어법, 적기적수사법을 선시의 무한실상이라고 정의한다.

---

20 이승훈, 『詩論』, 고려원, 1979, 151~153쪽.

이것을 도표화하면 아래와 같다.

무한 실상의 세계는 바로 雙遮雙照 遮照同時의 세계이다. 쌍차란 시 / 비, 자 / 타, 미 / 추, A / Ā의 양변적인 견해, 이항대립적인 견해를 '막는다' '없앤다'는 의미이고, 쌍조란 이항대립적인 견해를 同感 融通하는 곧 A / Ā의 의미이다. 이것은 인드라망처럼 거듭거듭 다함이 없으므로 **중중무진화엄법계**라 하며, 곧 화엄법계의 도표이며, 충만해 있는 무한한 실상의 도표이다.

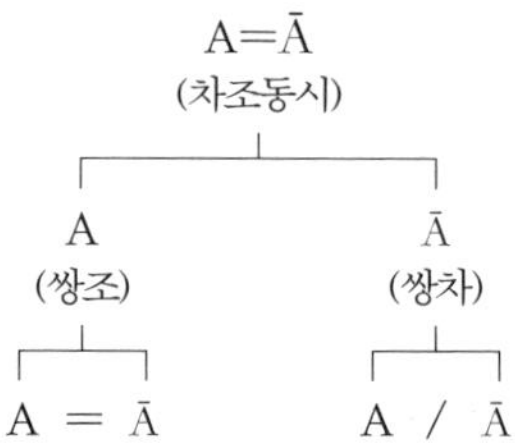

이와 같은 도식이 수천 수만이 아니라 거듭거듭 다함이 없이 펼쳐지는 무한한 실상세계를 말한다.

IV

1. 우리나라 고전 선시의 실증적 고찰

역사상 우리나라 선시는 어쩔 수 없이 한자로 기록되어 왔다. 이 글의 취지가 '우리나라에 발표된 오늘날의 시와 선시의 표현 방법론을 비교 고찰'하므로 우리 시가 나아갈 바를 가름하는 데 있다. 이런 목적을 달성하기 위하여 과거에 형성된 선시의 역사적 개관을 통해 우리나라 고전 선시에 나타난 표현 방법론의 특징을 살펴보고자 한다. 현금의 선적 경향이 강한 선취시나 당대 시의 수사미학과 선 취향적인 맥락을 살펴보려면 과거에 이룩된 선시의 조류를 더듬어 볼 필요가 있기 때문이다. 더 나아가 우리나라의 실험적 모더니즘 시의 표현 기법에 나타난 선시적 표현 방법을 비교 고찰하고자 한다.

나비는 꽃 입술 물어 벌겋게 지나가고	蝶兒啣去花脣赤
푸른 버들눈은 제비가 가져왔나	燕友迎來柳眼靑
꽃다이 보드랍고 따스함이 봄 집안일이나	芳菲軟暖春家事
소나무 대나무의 새순인양 싸늘해지네	箏似松筠冷淡形

— 진각 혜심[21]

    1행과 2행의 대구는 절묘하다. 나비가 봄을 물어가고 제비가 봄을

---

[21] 眞覺 慧諶(1178~1234) : 조계산 수신사 제2세, 『無衣子詩集』, 『禪門拈頌』.

몰아오는 것은 아니지만, 시인의 인식에는 나비가 봄을 물어가고 제비가 늦은 봄을 가져오는 것으로 인각될 수 있다. 어디 그 뿐이랴. 달통한 선사에게는 6상六相[22] 허물어지는 공의 용광로에는 꽃과 나비, 나와 나비, 버들과 제비, 곧 나=꽃=제비=버들 어느 것 하나 '나' 아님이 없는 까닭에 일체가 동상同相으로 융섭된다.

3행과 4행, 전·결에서는 봄날을 연난軟暖이라 표현하니 보드라움과 따뜻함이 봄 날씨와 어울리고, 또한 소나무와 대나무 새순이 냉담하다는 표현과도 어울린다.

죽은 시체가 하루저녁 꿈을 꾸니	尸得一夕夢
彫塑된 사람과 이야기하고 있다	向塑人相語
꿈깨어 다시 살아나니	絶後復再甦
말한 것이 모두 길이었다.	所言皆是路

— 백운 경한[23]

---

22 운허용하,『佛教辭典』, 동국역경원, 1986.
六相 : 화엄에 있어서 모든 존재는 여섯 가지 모양이 있다고 본다.
總相 : (한 체의 집)을 한 體로 잡음.
別相 : 부분관찰―기둥, 지붕, 추춧돌 …….
同相 : 낱이 동일 목적을 위해 서로 협력 조화하여 통일을 이룸(기둥, 들보, 기와가 한 체의 집을 이룸).
異相 : 낱이 고유함을 지켜 본래대로 있는 것(기둥은 세로, 들보는 가로를 지켜 서로 다르면서 같음을 이룸).
成相 : 낱이 서로 의지하여 동일체를 이룸(기둥, 들보, 기와가 한 체의 집을 완성시킴).
壞相 : 낱이 어떤 일체의 관계를 이루었으나, 오히려 각자의 본위를 잃지 않는 것.(기둥, 들보가 서로 의지해서 한 체의 집을 이루면서도 각자의 모양을 지켜 그 본래의 본을 잃지 않음과 같음)
23 白雲 景閑(1299~1375) : 고려말 선승,『백운록』 2권이 전함.
다음 게송은 지공화상에게 바친 두 번째 글 가운데 마지막 12번째 되는 시이다.「又作十二 頌 呈 詩」이 원제이다.

위의 게송은 압운이나 평측과 같은 형식은 전혀 고려하지 않았는데 이것은 선사들이 요체를 전달하는 것이 중요한 것이지, 마치 약을 싸는 약봉지가 중요하지 않은 것과 같은 이치이다. 앞의 게송은 선리시여서 언어도단적言語道斷的이며 적기에 의해 우리를 저 뻥뚫림의 세계에 닿게 한다. 시체가 꿈을 꾸고 소조塑造 불상이 말을 하고 있다. 다시 살아나니 대화가 모두 길이라는 것이다. 기막힌 초월은 유와 끝 간 데 없는 무한실상과 사유의 절연으로 우리를 몰아넣고 있다. 이 또한 정상을 뒤엎는 무한실상을 대립 시킨 적기어법, 곧 A =Ā의 표현법이다.

허공을 찢어서 뼈다귀 꺼내들고
번쩍하는 저 빛 속에 낮잠 든다
누가 내 가풍 물어 온다면
이 밖에 다시 별난 것은 없다

打破虛空出骨
閃電光中作窟
有人間我家風
此外更無別物
— 나옹 혜근[24]

앞의 시는 선사의 가풍을 여지없이 드날린 선의 이치를 읊은 선리시다. 우선 1행부터 숨이 턱에 닿기는 마찬가지다. "허공을 찢어서 뼈다귀 꺼내들고 / 번쩍하는 저 빛 속에 낮잠 든다"라고 한 어법은 1행의 반상反常과 2행의 합도를 표현하고 있다. 곧 'A는 A가 아니므로 A를 이룰 수 있는' 적기적 어법이다. 1행에서 어떻게 '허공을 찢'을

---

[24] 懶翁 慧勤(1320~1376) : 고려말 선승. 『나옹어록』 중 문인 각굉이 기록한 「行狀」이 있다.

수 있으며, 그것에다 '뼉다귀를 꺼내들' 수 있는지 완전히 우리의 앎을 해체시키고 있다. 2행에서 '번쩍하는 저 빛 속에 낮잠 들' 수 있는지, 우리의 정상적인 이해로서는 닿지 않기는 마찬가지다. 이 구절을 "뼈다귀 빻아서 허공을 만든다"고 하여도 다르지 않다.

주인은 꿈에서 나그네와 말하고	主人夢說客
나그네는 꿈속에서 주인과 말하네	客夢說主人
말하는 꿈속의 두 나그네	今說二夢客
역시 꿈속의 사람들이네	亦是夢中人

— 청허 휴정[25]

꿈과 현실의 세계. 그렇게 걱정되는 건 아니다. 꿈을 꿀 때는 꿈 잘 꾸면 그 뿐이고, 현실 역시 꿈꾸듯 살면 그 뿐 아니겠는가. 저 공문空門 깊숙이 좌정한 선사에게는 담담할 뿐이다. 위의 게송 「삼몽사三夢詞」는 반상합도 되어 A=Ā의 세계를 그리고 있다. 우리를 한 순간에 정신적 공황으로 몰아넣고 있다. 적기법문이다. 이 A=Ā의 세계에 노니는 선사는 일체가 내외무법內外無法임을 노래하고 있다.

한 그루 그림자 없는 나무	一株無影木
불 속에 옮겨다 심다	移就火中栽
새 봄의 비를 가져오지 않아도	不假三春雨

---

25 清虛 休靜(1520~1604) : 서산대사. 『淸虛堂集』8권 「三夢詞」.

난만하게 핀 붉은 꽃.   紅花爛漫開

                                                                  － 소요 태능[26]

   앞의 시는 제월 선사에게 준 5수 중의 하나이다. 일종의 염송시
다. 선가에서 전승되어온 서래밀지[27]를 활연히 계회契會한 제자에게
전한 것이다. '무영목無影木'이나 '화중제花中裁'는 정상, 비정상을 떠나
서 반정상이다. $A=\bar{A}$의 진경이다. 이 공의 세계에는 A도 피고 $\bar{A}$도
핀다 할까. 불 속에서 피는 꽃은 일상에도 핀다하면 선도리에 깜깜
하다 할 것이다.

   이상으로 간단하게나마 우리나라 선시를 표집하여 선사상을 표현
하고자 하는 선시가 어떤 표현 방법론을 가지고 그 사상을 담고 있
는지를 살펴보았다.
   앞 장에서 밝혔듯이 우리나라 고전 선시들에서는 선장들은 우리
를 깨침의 세계로 틈입시키기 위해 관습적이고 정상적인 슬기를 빼
앗아, 곧 적기하려는 방편법문을 사용한다. 이것은 선장들의 낙초자
비, 간절노파심절의 발로다. 곧 『십현담』 시의 마지막 단계인 입전
수수入廛垂手의 경지다. 이 간절심절이 적기법문이고 이것이 적기어
법이며 표현방법으로 볼 때 적기수사법이다. 이것을 다시 나누면 선
시의 반상합도 선시의 초월은유, 선시의 무한실상이다. 일체 만물의

---

26 逍搖 太能(1562~1649) : 서산대사의 법자. 『逍遙堂集』. 선사의 게송은 당대에 이미 儒者들 사이
   에 '선의 종지에 합일되고 바른 주관에서 나왔다'는 평가를 받고 있다. 최고의 禪機詩의 대가이다.
27 西來密旨 : 서쪽에서 온 비밀스러운 선의 綱要. 즉 석가가 전한 비밀한 뜻, 진리를 말함.

자성이 무자성인 A=Ā의 도식으로 나타낼 수 있는 적기의 어법이 자유롭게 쓰였음을 알 수 있다.

Ⅴ

1. 우리나라의 시의 그 표현 방법적 경향

이 장에서는 '오늘날의 시(contemporary)'의 표현 방법에 있어, 선시의 수사법인 적기에 의한 선시의 수사법인 선시의 반상합도, 선시의 초월은유, 선시의 무한실상을 알맞게 구사하며 작시한 시인들을 각 시대별로 2명씩을 예증하고자 한다. 당대의 실험적이고 전위적인 수사법을 받아들이고 우리의 전통적인 정서를 훌륭히 들어내어 우리 시단에 한 축을 이룬 이상, 한용운, 서정주, 김춘수, 이승훈, 오규원과 8,90년대 시인들의 시에서 표출되는 수사기법과 선시의 수사법을 비교하기로 한다. 특히 이들이 보인 시의 수사법이 선시의 수사법과 어떤 점에서 그 맥을 같이 하는가 살핀다.

1) 한용운과 이상

① 한용운

한용운은『유심』을 통하여 1918년 9월부터「처음에 씀」,「心」 등의 시를 발표하고 8년 후 1926년 5월에『님의 沈默』 초간본을 간행한다. 이 시집은 평자들로부터 사랑의 증도가로 일컬어 왔고, 필자 역시 우리나라 최초로 나타난 한글 선시집으로 간주한다.

한글로 작품을 쓴, 그러면서도 선관을 투과한 시인은 만해 한용운 한 사람 뿐인 것으로 알려져 있다. 일찍이 조지훈은 그를 '혁명가와 선승과 시인'[28]의 어느 한 면도 소홀히 다룰 수 없는 인물이라 지목했다. '침묵과 역설의 미학'으로 대변되는[29] 그의 시집『님의 沈默』[30]의 88수는 '우뢰와 같은 유마의 침묵'[31]을 역설적 언어로 승화하고 있다는 칭송을 듣고 있다. 그럼 몇 편을 선택하여 우리글에서 이르는 적기수사법賊機修辭法을 살펴보자.

님이여 오셔요 오시지 아니하랴면 차라리 가서요. 가랴다 오고, 오랴다 가는 것은 나에게 목숨을 빼앗고, 죽음도 주지 않는 것입니다.

님이여 책망하랴거든, 차라리 큰소리로 말씀하야 주서요. 沈默으로 책망하지 말고, 沈默으로 책망하는 것은 아픈 마음을 얼음 바늘로 찌르는 것입니다.

---

28 조지훈,『조지훈전집』3, 일지사, 1973, 262~266쪽.
29 송혁,「만해의 불교사상과 시세계」,『한용운 사상연구』제2집, 민족사, 1981, 183쪽.
30 최동호 편·해설,『韓龍雲詩全集』, 문학사상사, 1989의 시 발췌.
31 김갑기,「선시의 국문학적 위상」,『현대문학과 선시』, 불지사, 1992, 169쪽.

님이여 나를 아니 보려거든, 차라리 눈을 돌려서 감으서요. 흐르는 곁눈으로 흘겨보지마서요. 곁눈으로 흘겨보는 것은 사랑의 보(褓)에 가시의 선물을 싸서 주는 것입니다.

— 한용운, 「차라리」

위의 시는 3행으로 된 단련시다. 1행에서 '가시려면 아주 가시지 올동말동하는 것은 죽음도 주지 않는 야속한 짓'이라 화자는 말하고 있다. 님에 대한 간절한 사모의 정을 '죽음도 주지 않는 것'이라는 역설적인 이 일구로 사모하는 이의 마음을 움직이려 하고 있다. 다음 2행에서는 '떠나시려면 차라리 큰소리로 책망이라도 해주어야지, 아무 말씀 없이 돌아서는 침묵의 책망은 터진 심장을 다시 얼음 바늘로 찌르는 것'이라고 화자는 말하고 있다. 정상적인 논리로는 '침묵'은 소리 없음을 말한다. 그러나 "아픈 마음을 얼음바늘로 찌르는" 그래서 '우뢰 같은 침묵'이라 할 때, 선시적 표현인 반상의 합도의 표현이다. 이것은 선에서 말하는 문자나 '말 한 마디 없는 것이야말로 참으로 절대평등의 경지에 든다'는 불이법문이다. 이러한 표현은 우리가 도출한 'A는 A가 아니므로 A일 수밖에 없다'는 비정상이 정상인 A=Ā라는 도식으로 성립된다. 이 시행은 서슬이 푸른 교훈이자, 예리하고 날카로운 사자후로 인식된다. 그러기에 3행은 '이별에 슬퍼하는 나를 측은히 보지 말고 떠나라는 간청'이다. 마지막 행에서도 우리가 느낄 수 있는 것은 님과 나, 사랑과 침묵이 온통 휘감아 도는 안개와 같음이다. 곧 나에게서 떠나려거든 그냥 훌쩍 떠나지 눈물을 보이며 떠나지 말라고 애원한다. 이것은 화자의 애틋한 마음이며 분명 개념과 상징의 모순이다.

화자의 주체할 수 없는 사랑의 노래들은 언제나 '님의 침묵'을 휩싸고 돈다 했다. 그러므로 그에게는 침묵은 차라리 문자나 언어로 표출되는 그 무엇보다도 웅대하고 장엄한 소리인 것이다. 진정한 사랑은 '곳도 때도 없다' 한다. 진실한 사랑은 만남의 애틋함만 사랑하는 것이 아니라, 헤어짐도 사랑하는 것이라는 '만남 / 떠남'의 차별상의 부정, 이것이야말로 A=Ā의 도식으로 포함할 수 있는 표현의 방법이다. 이런 공의 세계에서만이 '포옹처럼 황홀한 이별'이라는 모순어법의 절묘한 역설의 미학이 성립된다.

한용운 시에서 수사미학은 단연 역설에 의한 적기수사법이다. 'A가 A 아니므로 A'인 이 반상합도의 논리는 일체의 존재물의 존재자를 동질성으로, 물론 견자를 포함하여 보는 사물을 동일시하는 수승된 세계로 우리를 이끌어 간다.

우리는 만날 때에 떠날 것을 염려하는 것과 같이 떠날 때에 다시 만날 것을 믿습니다.

아아, 님은 갔지마는 나는 님을 보내지 아니하였습니다.

제 곡조를 못 이기는 사랑의 노래는 님의 沈默을 휩싸고 돕니다.

— 「님의 沈默」에서

「님의 沈默」 마지막 연에서도 나타나는 것같이 정상의 논리를 벗어난 A=Ā라는 반상합도의 선적 어법의 등식을 펼친다. 그리고 '사랑의 노래'는 음성으로 표현되어 지는 '소리'로서 이 소리가 '님의 침묵'을 휩싸고 돈다. 즉 '노래(소리) / 침묵(소리 없음)'은 역시 모순적 어법인 반상反常의 논리에 의한 합도의 표현이다. 이것은 불교의 공도리인 A=Ā를 통째로 증득해 보이는, 있지도 않고 없지도 않은 경지를 언어화해 보이는 선도리의 표현이다.

> 당신의 소리는 沈默인가요
>
> 당신이 노래를 부르지 아니하는 때에 당신의 노래가락은 역력히 보입니다 그려.
>
> 당신의 소리는 沈默이어요.
>
> 당신의 얼골은 黑闇인가요.
>
> 내가 눈을 감을 때에 당신의 얼골은 분명히 보입니다 그려.
>
> 당신의 얼골은 黑이어요.
>
> 당신의 그림자는 光明인가요.
>
> 당신의 그림자는 달이 넘어간 뒤에 어두운 창에 비칩니다 그려.
>
> 당신의 그림자는 광명이어요
>
> — 한용운, 「반비례」

시 「반비례」는 3연 9행으로 된 짧은 시이다. 1연은 일관되게 '당신의 소리=침묵'이라는 비정상적인 논리를 표현하고 있다. 화자는 '당신이 노래하지 않을 때 그 노랫가락이 역력히 들린다'고 2행에서 말하고 있다. 또 2연에 있어서는 '눈 감음=보임', 3연에서는 '그림자=광명'이라는 적기어법을 유감없이 사용하고 있다. 또 2연에서 '당신의 얼굴이 흑이고, 3연은 당신의 그림자는 광명이어서’, ‘당신의 그림자는 달이 넘어간 뒤에도 창에 비친다’는 역설은 표현의 절묘한 비법이다.

그의 시집 『님의 침묵』 88수에 일관하는 수사논리는 반상의 논리에 의한 합도에 이르는 것이다. 이것은 색도 공도 아닌 색=공인 색즉시공色卽是空의 세계다. 불교에 의하면 색은 환의 세계, 가상의 세계이며 동시에 우리가 현실이라고 인식하고 있는 세계다. 또 공은 본원의 세계, 본질의 세계다. 가상과 본질이 소통하는 세계가 바로 적기되므로 오는 불이의 세계다. 이러한 세계의 표현법은 상호 모순에 관통되므로 오는 적기어법만이 그 표현이 가능하게 한다. 따라서 한용운의 시 전반에 ‘A는 A가 아니므로 A다’라는 앞의 우리나라 고전 선시에서 나타난 적기적 표현이 그대로 적용되었음을 알 수 있다. 또 이러한 적기수사법은 시적 긴장과 함께 우리에게는 진리의 눈뜸을 가져오게 하고 ‘황홀한 대자유’로 접인 시킨다. 그것은 한용운이 선사로 응시하는 정신적 경지가 옛 선사들과 같이 공유하고 있음의 동일한 보기다.

② 이상

이상은 초기의 우리나라 모더니즘 시의 비조로 알려져 있다. 19세기 보들레르로부터 시작되는 현대시는 그 특징을 ‘긴장과 부조화’라 할 수 있다. 이 ‘긴장과 부조화’는 표현 방법으로 볼 때는 ‘아이러니와 초자연주의’인데, 이것은 아방가르드 시의 두 가지 특질이다.

아이러니와 초자연주의는 선시의 적기적수사법 가운데 하위단위의 한 표현으로 읽힌다. 선시의 반상합도나 초월은유와 무한실상과 수사법상, 혹은 그들이 드러내고자 하는 최종 목적인 존재를 개시하고자 하는 목적면에서는 유사한 느낌을 받는다. 그러나 쉬르 리얼리스트들이나 선시의 작가들이 작시하는 정신적 상태에 있어서 서로 반대쪽에 있다. 쉬르 리얼리즘 작가들은 명백한 의식에서 작시하기보다는 연상과 환유 그리고 파편적 글쓰기에 의한 새로운 이미지를 보여주지만, 선시의 작가들인 선장들은 선명하고 확철한 초의식 상태에서 작시하기 때문이다.

우리시의 아방가르드적 요소는 30년대의 이상의 시에서 드러난다. 이상의 시는 유기적 예술 작품이라는 전통적 개념 파괴, 실험적 새로움, 우연성, 벤야민적 알레고리 등 네 가지로 요약된다[32]고 했다. 그러나 필자의 견해로는 '그의 시는 이항대립적인 우리의 정상화된 관념을 깨트리고 새로운 세계, 곧 우리가 떠나온 본성의 세계에 대한 동경을 노래하고 있다'라고 생각된다.

> 13人의兒孩가道路로疾走하오.
>
> (길은막다른골목이適當하오.)
>
> 제1의兒孩가무섭다고그리오.
>
> 제2의兒孩가무섭다고그리오.
>
> 제3의兒孩가무섭다고그리오.

---

32 이승훈, 『모더니즘시론』, 문예출판사, 1995, 10쪽.

제4의兒孩가무섭다고그리오.

제5의兒孩가무섭다고그리오.

제6의兒孩가무섭다고그리오.

제7의兒孩가무섭다고그리오.

제8의兒孩가무섭다고그리오.

제9의兒孩가무섭다고그리오.

제10의兒孩가무섭다고그리오.

제11의 兒孩가무섭다고그리오.

제12의兒孩가무섭다고그리오.

제13의兒孩가무섭다고그리오.

제13의兒孩는무서운兒孩와무서워하는兒孩와그렇게 뿐이 모였소.

(다른事情은없는것이차라리나았소.)

그中에1人의兒孩가무서운兒孩라도좋소.

그中에2人의兒孩가무서운兒孩라도좋소.

그中에1人의兒孩가무서워하는兒孩라도좋소.

그中에2人의兒孩가무서워하는兒孩라도좋소.

(길은뚫린골목이라도適當하오.)

13인의兒孩가道路로疾走하지아니하여도좋소.

— 이상, 「烏瞰圖」(詩第一號)

「오감도烏瞰圖」[33]는 1934년『조선중앙일보』 7월 24일부터 8월 8일까지 연재한 연작시로 연재 도중 독자들의 비난으로 중단된 시의 표제다. 원래 조감도烏瞰圖는 높은 곳에서 내려다보는 것처럼 그린 그림을 뜻한다. 시제 '오감도'는 이상이 쓴 조어다.

"13人의兒孩"에 대해서 이승훈은 '시 후반부에서 '兒孩'의 의미와 결합되어 불안을 표상한다'고 하였고, 이 '13人'은 기호와 상징의 중간개념으로 인식된다 하였다.[34] 아해兒孩는 아이의 낯설기로 봄이 타당하다.

또 "道路로疾走하오"에 대한 의미는 이규동은 '불안의 극단적 형태 혹은 성적 흥분'으로 보았고 정귀영은 '현대의 위기의식'으로 이어령은 '미래를 향해 질주하는 인간의 현실적 상황과 역사적 도정을 표시하는 은유'로 보았다. 이승훈은 '道路'는 '막다른 골목'이어도 좋고 '뚫린 골목'이어도 좋다고 시에서 진술하였으므로, '도로' 자체의 의미보다는 질주의 의미가 강조되었다고 했다.[35] 그러나 필자는 '막다른골목 / 뚫린골목'은 '자 / 타', '주관 / 객관'의 이항대립적인 오랜 관습에 의해 생긴 인간의 관습적인 정상성定相性를 해체하고 보다 수승한 세계, 우리의 본성의 세계를 펼쳐 보이려는 의도에서 나타난 표현법이라 생각한다. 이것은 선시적 수사법인 반상합도와 초월은유에 의한 새로운 세계 곧 본지환처의 세계다.

그리고 "길은막다른골목이適當하오"는 22행의 "길은뚫린골목이

---

33 이승훈 편,『이상문학전집』 1, 문학사상사, 1989, 18쪽.
34 위의 책, 18쪽.
35 위의 책, 19쪽.

라도適當하오”와 구조적으로 대립되어, 길은 뚫린 골목이든 막다른 골목이든 관계가 없다는 의미로 읽힌다. 이런 반어적 의미는 1행 “13人의兒孩가道路로疾走하오”와 23행의 “13인의兒孩가道路로疾走 하지아니하여도좋소”에서도 구조적으로 대립된다는 입장에서 이해 되어진다. 따라서 ‘13人의 아해가 왜 도로로 질주하는가’ ‘도로는 막 다른 골목인가 뚫린 골목인가’에 대한 대답은 중요치 않게 되고, 시 에서 중시되는 것은 ‘아해들의 상태’다.[36]

이런 해석은 시를 읽는데 작가 이상이 무엇을 그리고자 하였는가 에 대한 의미상 접근일 수 있다. 그러나 필자의 생각으로는 앞장에서 우리가 보아온 선시의 적기수사법의 하위단위인 ‘선시의 반상합도’ 와 ‘선시의 초월은유’에 의한 수승된 다른 내적세계를 표현하고자 하 는 수사로 읽힌다. 곧 우리의 정상正常이라 규정하는 관습화된 일상 을 돌이키고 뒤틀므로 정상과 비정상이 융통하고 회감廻感하여 수승 된 또 다른 세계로 나아간다. 서로 다른 것이 합일되어 고차원의 세 계로 합도 되는 경지니, 수사학적으로 말하면 A라는 시어가 B라는 시어와 서로 상치하는 듯 하고 대립하는 듯하나, 보다 큰 차원에서는 서로 융합融合하고 회통回通하는 것, 그래서 하나의 통일된 수사적 효 과를 거둔다. 곧 A와 A가 아닌 요소인 Ā와 서로 상치하고 대립하는 듯하나, 결국 수승된 세계를 표현하는 바로 우리가 세워온 A=Ā의 상태로 상상력을 넓혀주는 선시의 수사법을 충분히 활용하고 있다.

결국 위의 시, 2행 / 23행은 이항대립적인 우리의 정상화된 사고

---

36 위의 책, 19쪽.

를 해체하므로 둘이 아닌 새로운 세계, 불이_{不二}의 세계로 들게 하려는 화자의 의도를 읽을 수 있다. '막다른골목(A) / 뚫린골목(Ā)'에서 '막다른골목(A)＝뚫린골목(Ā)'으로 선_禪의 세계, 우리가 떠나온 환지본처_{還至本處}를 그리고 있다. 이것이야말로 무한실상의 세계다.

그리고 16행 "제13의兒孩는무서운兒孩와무서워하는兒孩와그렇게뿐이모였소"도 '무서운兒孩 / 무서워하는兒孩'가 '무서운兒孩＝무서워하는兒孩'이니, 불교의 유식학에 의하면 우리는 본래 '안이비설신의眼耳鼻舌身意기관과 그 대상이 되는 색성향미촉법_{色聲香味觸法}의 경계를 가지고 있는 한 이항대립이 상존하고 있다고 한다. 그러나 이것은 우리의 일상화된 삶의 관습일 뿐 본래의 세계는 A / Ā의 세계가 아니라 A＝Ā임을 선에서는 천명한다. 곧 '무서운兒孩＝무서워하는兒孩'라는 두두물물_{頭頭物物}의 본향_{本鄉}, 본래의 세계를 이상은 「烏瞰圖」에서 드러내고 있다. 따라서 오감도는 이상이 말하고자 하는 무한실상의 본래세계다.

> 그사기컵은내骸骨과흡사하다. 내가그컵을손으로꼭쥐었을때내팔에서는난데없는팔하나가接木처럼돋히더니그팔에달린손은그사기컵을번쩍들어마룻바닥에메어부딪는다. 내팔은그사기컵을死守하고있으니散散이깨어진것은그럼그사기컵과흡사한내骸骨이다. 가지났던팔은배암과같이내팔로기어들기前에내팔이或움직였던들洪水를막은白紙는찢어졌으리라. 그러나내팔은여전히그사기컵을死守한다.

> — 이상, 「烏瞰圖」(詩第十一號)

위의 시행에는 두 개의 팔이 나온다. '현실적인 팔(A) / 환상적인 팔(Ā)'이다. 곧 '사기컵을 손으로 쥐고 있는 팔'과 이 '현실적인 팔에서 접목처럼 돋아난 환상의 팔'이 그것이다. 그러니 이 시에서 사기컵을 메어치는 팔은 환상의 팔이 된다. 그리고 "사기컵을번쩍들어마룻바닥에메어부딪는다.내팔은그사기컵을死守하고있으니"라는 시행은 '손에 컵을 쥐고 있는 현실의 팔(A)과 사기컵을 파괴하는 팔(Ā)'이 동시에 존재함을 말한다. 이 표현은 위에서도 지적하였듯이 '현실적인 팔(A)=환상적인 팔(Ā)'이어서 선시의 적기어법인 A=Ā의 표현법이다. 곧 현실이 환상이고 환상의 세계가 현실의 세계일 수 있는 우리 존재 양태의 총체적인 표현이다.

위의 시에서 현실의 "내팔은그사기컵을死守하고있으니散散이깨어진것은그럼그사기컵과흡사한내骸이다"란 시행에서 곧 마룻바닥에 깨어져 흩어진 것은 환상적인 사기컵이며, 이 사기컵이 화자의 뼈와 동일시됨을 말한다. 이것은 1행의 "그사기컵은내骸骨과흡사하다"는 전략적인 진술에 의해 가능해진다. 이것은 곧 '현실적 사기컵(현실적 팔) / 환상적 사기컵(환상적 팔)'로 상호 대립된다. 이것은 '긍정적 관계 / 부정적 관계'의 대립으로 읽힌다. 특히 이승훈은 화자가 '환상적 사기컵'을 '화자의 해골'과 동일시함으로써 현실 / 환상, 의식 / 무의식의 변증법적 종합을 성취하려는 초현실주의적 기법의 전형이 드러난다[37]고 갈파하고 있다.

필자의 생각으로도 화자는 '현실적 사기컵—현실적 팔(A)=환상적

사기컵—환상적 팔(Ā)'로 전략적 시작을 하고 있다.

곧 선시의 적기수사법인 '선시의 반상합도', '선시의 초월은유', '선시의 무한실상'의 도식인 'A는 A가 아니므로 A다' 하는 A=Ā의 세계를 그린다. A와 Ā의 두 세계를 동시에 포함하면서 내적 속성을 초월하며 선시의 적기적 수사법으로 결정된 정상定相을 깨트리고 본래의 세계인 자성본원인 A=Ā의 수승된 세계를 첨가하고 있다고 본다.

우리는 전통 시 경향과는 전혀 다른, 우리나라의 30년대 아방가르드시를 대표하며, 전통시단의 시와 극명하게 대립된다고 느껴지는 이상의 시 2편을 살펴보았다.

2) 서정주와 김춘수

① 서정주

서정주는 그의 시집 『동천』의 서문에서 '석가모니 대성의 은유에 힘입은 바 크다'[38]라고 스스로 밝히고 있는 바와 같이 그는 선적 수사법에 매료되었던 듯하다. 그리고 여기에 힘 얻은 육상六相을 마음대로 이합집산시키므로 선시의 적기수사법을 능숙하게 활용한다.[39]

---

[38] 서정주, 『冬天』, 신구문화사, 1968, 150쪽.

[39] 보조지눌은 그의 저서 「간화결의론」이나 「원돈성불론」에서 기존 관념을 무너뜨리는 방법으로 사물을 六相(총상, 별상, 동상, 이상, 성상, 괴상)으로 보도록 설하고 있다. 육상으로 보는 진여의 세계에는 시간과 공간의 개념이 사라진 세계이므로 사물을 본체 그대로 볼 수 있다. 문학에서도 이와 같은 안목을 갖는다는 것은 기존의 관념을 파괴할 때에 가능하다. 사물을 6상으로 본다는 것은 바로 선시의 반상합도되는 원융 회통한 세계, 자유 평등의 정신에서 노닐 때 가능하다. 六相으로 「내가 돌이 되면」을 감상해 보자.
"각각의 소재들, '나—돌—연꽃—호수'는 하나하나의 成相이다. 그러나 이것이 나는 돌이 되고,

내가

돌이 되면

돌은

연꽃이 되고

연꽃은

호수가 되고

내가

호수가 되면

호수는

연꽃이 되고

연꽃은

돌이 되고

― 서정주, 「내가 돌이 되면」

돌이 꽃이 되고, 호수가 연꽃이 되기 위해서는 성상이 파괴되어야 한다. 즉 壞相이여야 한다. 그리고 '나=돌=연꽃=호수=나가 됨은 상을 하나로 종합해야 가능해진다. 즉 同相이다. 이것을 나 / 돌, 돌 / 연꽃, 연꽃 / 호수, 호수 / 나와 같이 차별적인 독립상으로 환원시키면 異相이 된다. 내가 오랜 시간과 공간을 두었을 때 돌로 변하고 돌이 무너지고 흙이 되어 씨앗을 틔운다. 이런 상황아래 내가 연꽃이 되어 피어난다는 것은 '나 · 돌 · 연꽃 · 호수'가 無自性의 別相일 때 가능하다. 이것을 찰라에 頓悟할 때 전체의 현상이 바로 摠相이다."

위의 시에서는 모든 사물이 시적으로 상호 동화된다. '내(생물) / 돌 (무생물)', '돌 / 연꽃', '나 / 호수' 이렇게 서로 모순적인 대상이 해체되고 회통됨을 선에서는 반상의 합도 상태가 된다고 말한다. 즉 서로 다른 각각의 이미지를 이합집산 시킴으로 얻어지는 전체적인 이미지가 바로 반상反常에서 도출되는 합도다. 이 시에서 '나=돌=연꽃= 호수', 또 '나=호수=연꽃=돌'은 앞장에서 살펴본 『잡아함경』의 「인연경」에서 고찰하여 본 상호의존성의 연기적 고리다. 사물은 있어도 환幻, 즉 가상假相으로 있고, 본질은 가상으로 현현할 수밖에 없는 공의 세계가 된다. 이 선시의 모순적 어법을 선시의 반상합도, 선시의 초월은유, 선시의 무한실상으로 나누어 살펴보았고 이 도식 역시 A=Ā의 적기세계로 예증된다.

결국 이 시는 '나', '돌', '연꽃', '호수'라는 다른 네 개의 현상을 초극한 전체의 현상, 곧 육상의 총상總相으로서의 우주의식, 분별하여 얻은 지식의 차원을 뛰어넘는 경지를 읊고 있다. 이 시의 표현 방법은 선시에서 절대적으로 나타나는 '반상합도'의 시며, A와 Ā의 두 세계를 동시에 아우르며 내적인 속성을 초월하는 비유, 곧 '선시의 초월은유'와 자성이 무자성이므로 가능해지는 '선시의 무한실상'에 의한 표현방법으로 작시되고 있다.

서정주의 시는 시화하는 과정에서 선불교적인 초월은유, 무한실상, 반상합도의 표현방법이 도처에서 발견된다.

이 꿈에서 아조 깨어난 이가

비로서

만길 물 깊이의

벼락의

향기의

꽃새벽의

옹달샘 속 금동아줄을

타고 올라 오면서

임 마중 가는 만세 만세를

침묵으로 부르네

— 「고요」에서

위의 시는 「고요」의 4연 중 마지막 연이다. 서정주는 1연과 2연에서 '고요만 지키는 이는 고요를 다 보지 못함'을 말하고, '고요에 집착하던 마음은 고요에 깔리던 꿈일 뿐이다'라고 진술하며 4연에 가서는 위의 예시와 같이 '이 꿈에서 아주 깨어난 사람만이 임 마중의 노래인 만세를 침묵으로 부른다'라고 노래한다.

이 예시는 한계 지어진, 갇힌 상황인 곧 심층의 의식에서 벗어나 합도의 세계로 진입되는 환희심을 순간적으로 포착한 것으로 생각된다. 오도시다. 마지막 행 "임 마중 가는 만세 만세를 / 침묵으로 부르네"의 표현기법은 우리가 도식화한 'A는 A가 아니므로 A다'라는 반상합도된 적기어법을 사용하고 있다.

이제 마지막으로 그의 빼어난 시라고 불리어지는 「동천」을 살펴보고자 한다.

내 마음 속 우리님의 고은 눈섭을

즈문밤의 꿈으로 맑게 씻어서

하늘에다 옮기어 심어 놨더니

동지 섣달 나르는 매서운 새가

그걸 알고 시늉하며 비끼어 가네,

— 「동천」

「동천」은 불과 다섯 행으로 이루어진 단련시지만 매우 정교한 구조를 갖춘다. 우선 첫 행과 마지막행이 음율상 4 · 4 · 5조로 대칭을 이루고 있고 3행을 중심축으로 의미상 문장 구조상 대칭을 이룬다. 1행과 2행은 화자의 내면의 세계인 현실의 세계이고, 5행 6행은 객관화 된 외면, 즉 천상의 세계이다. 1행과 2행의 시어도 '나'와 '님', '눈섭' '즈문밤'과 같이 현실과 지상의 세계고 4행과 5행에 나타나는 시어 '나르는 새'로 대표되는 하늘의 세계다. 3행 "하늘에다 옮기어 심어 놨더니"는 땅과 하늘을 잇는 통로다.[40]

이 시 역시 땅(A) / 하늘(Ā)을 소통시키는 땅=하늘의 세계다. 곧 선시의 적기어법의 도식인 반상합도의 세계다. A와 Ā의 해체와 소통에서 오는 광활한 상상의 실상세계니, 이 실상이야말로 우리의 정상화된 의식, 관습의 한계를 지우게 하고 새로운 세계에 대한 미적인 정서에 충동을 준다.

---

40 김화영, 『미당 서정주시에 대하여』, 민음사, 1984, 136~138쪽 참조.

② 김춘수

　김춘수의 시는 다분히 선적이라 할 수 있고 표현 방법 역시 선시적 수사법이 읽혀진다. 그러나 그는 불교를 한 번도 표방한 적이 없는 당대의 우리나라를 대표하는 현대시(modernism) 시인이다. 필자는 운이 좋게도 김춘수 시인이 작고하던 작년 여름에 『시와세계』에 특집인 '현장과 이슈'를 대담하기 위해 그의 사저인 분당에 찾아 뵌 적이 있다. 이때 시인은 '허무'에 대하여 말씀을 자세히 하셨는데, '내가 말하는 허무는 니힐리즘적인 허무가 아니라 모든 것이 항상 하지 않으므로 오는 근원적인 허무를 말한다'는 말씀이 계셨다. 그 당시 하늘 끝을 맴도는 이들은 같은 생각을 하고 있구나, 하는 느낌을 받은 적이 있다.

　우리가 여기서 가늠해야 할 것은 불교와 선, 선과 불교의 관계다. 협의로는 선이 불교이고 불교가 선이지만, 불교를 떠나 선은 공기나 물과 같아서 어디든지 편재되어 있다. 교조적인 종교시는 현 문단에서 주목을 받지 못하지만, 한 편의 선시는 종교를 떠나 좋은 현대시로 각광을 받는 것을 우리는 충분히 보아왔다. 이와 마찬가지로 한 편의 좋은 현대시가 선시의 적기적 표현법을 알맞게 원용하는 예로 볼 수 있다.

　　H₂O는 화학용어,

　　수소와 산소로 분해된다.

　　다섯 살 나던 해

주님 생일날 아침 나는

교회의 첨탑을 보았다.

첨탑에 꽂힌

은빛 커다란 십자가를 보았다.

거꾸로 매달린

종이천사를 보았다.

천사의 하얀 날개를 보고

천사의 오동통한 허벅지를 보았다.

한참 뒤 어느 날 꿈에 나는

교과서 밖으로 나온

H_2O를 보았다.

수소와 산소

그들이 하나가 되는 것을 보았다.

잘 생긴 악기 같았다.

모자를 벗고 나는

누구에겐가 절을 했다. 나는 그때

열다섯 살,

중학2학년생이었다.

— 「제6번 戀歌」

이 「제6번 戀歌」는 연작시집 『悲歌』 중 여섯 번째의 노래다. 연작시 『悲歌』는 모두 돌아가신 부인을 동기로 한다. 그러나 단지 개인적인 연가에 머무는 것이 아니라, 우리의 관습적인 연상의 범위를 벗어난 이 시는 우리들의 상상력에 또 다른 세계를 진입시킨다.

위의 시는 이별의 슬픔을 노래하지만, H_2O를 모티브로 한다. H_2O 는 화학기호다. 이 화학기호는 과학 교재 안에서 존재한다. 이럴 때 엔 산소와 수소로 분해되지만, 어느 날 그의 꿈에서 화학기호인 H_2O 가 산소와 수소로 분리되지 않은 단순한 사물인 '물'로 존재하는, 분 리되지 않는 실체를 본다. 이럴 때엔 꿈은 현실이고 현실 역시 꿈이 다. 여기서 현실은 일반적인 현실이 아니라, 본질의 전량全量이 그대 로 옮겨간 불이不二의 현실이니 '절대현재의 이 순간'일 때 우리는 이 시에 깊숙이 다가갈 수 있다.

현실적이지 않은 세계의 물, H_2O는 산소와 수소로 분리되고 서로 떨어질 수밖에 없는 약속된 것이지만, 우리는, 실재實在로 간단 단순 하게 보이는 하나라는 것. 곧 'H_2O는 분리, 이별, 분해이고 고통과 슬픔(A)이며 물은 실제, 하나, 사랑이며 평화와 자유(Ā)'임을 노래하 고 있다. 그래서 7행과 8행에서 '거꾸로 매달린 종이천사(A)'는 분리 되어 이별 될 때를 형상화한 것이고, 16행에서 '잘 생긴 악기(Ā)'는 하나가 될 때, 우리가 함께 있을 때의 시적 형상화이다. 시인은 이별 =분해=슬픔을 노래하고 또 그 반대편인 하나=실재=사랑을 시로 형상화하지만 그가 노리는 세계는 '이별=하나=분해=실재=슬픔 =사랑'이 합일되는 A=Ā의 세계다.

교과서 속에서 H_2와 O로 분해 분리되는 세계는 주관 / 객관으로 양변兩邊되어 소통되지 않는 A / Ā의 세계며 불완전한 H_2 / O의 세계 다. 시인은 A=Ā의 세계가 바로 우리가 그리는 행복의 세계, H_2와 O 가 분해되지 않는 자유로운 실재의 세계라고 노래한다.

하늘이 밍밍하다.

눈썹이 없다.

낯가리고 대낮에 牛哭 소리 내던

까만 곁눈썹도 젖은 눈시울도 이젠

없다.

기다리다 기다리다

까치가 다 쪼아 먹고

하늘에는 눈이 없다.

없는 것이 너무 많은 하늘이

남의 집 울타리에 하릴없이

다리 하나를 걸치고 있다.

— 「칸나」

　「칸나」의 1행과 2행은 천진한 안목을 가진 시인만이 발견할 수 있는, 사물의 진면목에 대한 표현이다. 정상화된 관습으로 인식하지 않았을 때, 분명 "하늘이 밍밍하다 / 눈썹이 없다"로 보여진다. 그리고 이것은 선시에서 말하는 '산은 산이고 물은 물(山是山 水是水)'인 표현이다. 이어 3행~5행에 노래하듯 사실 하늘엔 아무 것도 없다. 찡긋하던 눈썹도 젖은 눈시울도 없는 하늘. 이것은 명명백백한 시인의 응시이고 정상화를 깨트리는 두두물물의 본래적 입장(A = A)의 표현이다.

　6행~8행에서는 본래적 입장에서 더욱 심화된 사상적 표현이다. '하늘의 눈을 까치가 쪼아먹다'에서 '산은 물이고 물이 산(山是水 水是山)'인 산은 물과 다르지 않고 물은 산과 다르지 않는 사물의 자성이 무자성인 세계, Ā의 사상적 세계의 표현이다.

또 9행~11행은 체험적 결과이니 '산 또한 산이고 물 역시 물[山亦是山 水亦是水]'이어서 '없는 것이 너무 많으므로 텅 빈 나는 하릴없이 남의 집 울타리에 다리나 걸친' 사람. 무사한인無事閒人. 이것이야말로 A＝Ā의 세계다.

결국 이 시는 정반합의 변증법적 세계를 그리는 선시의 반상합도의 도식인 'A는 A가 아니므로 A다' 하는 A와 Ā가 회감 융섭하는 A＝Ā의 세계를 노래하고 있다. 그럼 칸나는 어디 있어 시제로 달고 있는가? 할喝!

> 바람이 자고 있네요. 그 곁에
>
> 낮달도 자고 있네요.
>
> 남쪽 바닷가 小邑을
>
> 귀 작은 나귀가 가고 있네요.
>
> 패랭이꽃이 피어 있네요.
>
> 머나먼 하늘, 도요새 우는
>
> 명아주여귀꽃도 피어 있네
>
> ―「감낭」

한없는 정신의 비상은 우리를 까닭 없이 슬프게 한다. 이런 맑은 청정의 세계인 공의 세계엔 오직 환희만 있고 자비만 있다. '바람 / 낮달', '귀 작은 나귀 / 패랭이꽃', '울음 우는 도요새 / 명아주여귀꽃'과 같이 만날 수 없는 사물의 병치는, A와 Ā를 병치하므로 오는 또 다른 꿈의 세계다. A=Ā가 합도 되는 진실의 세계다. 이런 사물의 고요와 고요, 존재와 존재의 만남은 서구의 쉬르 시의 그로테스크함이나 혼침의 무의식적인 점과는 다른 명징하고 청량한 맛을 보여준다. 이것은 김춘수 시인이 비록 시를 서구적 수사법에 의해 작시하였으나, 정신적 전통은 동양적인 밝음[明]과 맑음[淸]의 세계에 깊숙이 뿌리대고 있음을 뜻한다. 모든 두두물물이 화합하고 끝없이 자유롭게 춤추는 세계에서 우러나오는 대교향악. '바람이 낮달을 잠재우고' '귀 작은 나귀가 패랭이꽃을 피우고' '도요새 울음으로 명아주여뀌꽃이 피어'나는 세계는 '바람=낮달=귀 작은 나귀=패랭이꽃=울음 우는 도요새=명아주여뀌꽃'이 합도 되는 공의 세계니, 이런 세계는 고전 선시에서 우리가 본 선사상의 본질인 자성이 무자성일 때만 가능한 세계다.

　위의 작품들에서도 예문에 보듯이 이런 수사법은 앞장에서 살펴본 선시의 적기적 어법인 반상합도와 초월은유, 무한실상과 상통하는 표현방법이지만 김춘수는 불교와 무관한 시인이다. 그러나 불교의 선이냐 아니냐를 떠나서, 지혜의 비상은, 시인의 끝닿지 않는 영혼의 상승은 충분히 선의 세계에 닿아 있음이 느껴진다.

　이러한 김춘수는 방외房外 선사라 해두자.

3) 60년대의 이승훈과 오규원

　1960년대 전후하여 우리 시단을 그 이전 시대와 비교해 보면 질과 양적으로 가장 많은 시인을 배출시킨 시기다. 서구의 아방가르드적

시 쓰기에 침잠해 온 이승훈은 전위적인 실험을 통해 자기의 영역을 첨가함을 물론 2000년대에는 선사상을 받아들여 현대 선시를 개척한다. 그리고 오규원의 날이미지시는 원래 그가 말하듯이 선불교의 영향을 받고 일체 두두물물을 주체적인 시각에서 벗어나 있는 그대로 여시하게 보이고자 한다.

① 이승훈

이승훈은 서구의 모더니즘 수사법에 의한 아방가르드시를 써왔으며 이상, 김춘수로 이어지는 현대시의 중진이다. 이러한 그는 시집 『인생』을 기점으로 선시의 적기어법을 자유롭게 구사하며 선적 사유를 현대화시키고 있다. 위의 시집은 여태까지 우리 시단이 보여준 고전적 전통의 선시와는 다른 새로운 선시의 기미를 읽어 낼 수 있는데, 필자는 이 시를 현대 선시라 명명한 적이 있다.[41]

이승훈은 같은 시대인 60년대의 시인들이 전통적인 수사법에 의한 선취가 강한 시들을 발표할 때 꾸준히 서구의 쉬르 계열의 시에 매료되어 있었다. 그러나 12번째 시집 『인생』에서 선적 취향이 짙은 선가풍의 시를 엮는다. 그는 이 시집을 기점으로 고전 선시와는 다른 새로운 선시를 선보인다. 현대시와 현대시 시론가로 잘 알려진 그가 일구어낸 새로운 선시, 곧 현대 선시를 만나보고자 한다.

그의 12시집 『인생』, 자서에서 고백하듯이 모더니즘 포스트모더

---

[41] 송준영, 「현대 선시의 새로운 기미」, 『현대시』 2002년 11월호, 120~135쪽 참조.

니즘 해체주의를 돌고 돌아 인생 후미에 만난 불교와의 인연을 잔잔히 그려낸 일상사에 대한 깨침을 노래한 시다. 시집 『인생』에 수록된 65수는 모두 선미가 넘치는 선정신의 농축으로 이루어졌다.

그리고 그의 13시집 『비누』에 와서는 자유로움이 『인생』에서 보다 훨씬 강하게 나타난다. 이 시집에서 나타나는 수사법은 앞 장의 고전 선시에서 채집된 적기수사법인 선시의 반상합도, 선시의 무한실상, 선시의 초월은유가 시편 도처에 보인다. 그럼 이 시집의 표제시인 「비누」를 읽도록 한다.

비누는 가늘게 내리는 가랑비 가랑비 내리던 아침 그대와 길을 떠났지 비누를 가방에 넣고 떠났던가? 오늘도 가랑비 온다 가늘게 내리는 가랑비 밤이면 하얀 눈발 어둠 속에 비누가 반짝인다 비누는 마루에 있고 거실에 있고 화장실 거울 앞에 있지만 비누는 과연 어디 있는가? 비누는 씨앗도 아니고 열매도 아니다 아마 추운 밤 깊은 산 속에 앉아 있으리라

—「비누」

위의 시는 자성이 무자성임을 철저히 인식할 때에만 가능한 A=Ā의 세계다. 매끄럽게 흐르는 비누는 가랑비고 하얀 눈발이다. 비누는 마루에 있고 거실에도 있고 어두운 밤 산 속에 있는 이 비누는 우리는 그저 비누라 부를 뿐이다. 원래 무자성인 기표 비누는 여러 인연과 만나면서 한 없이 미끄러져 내린다. 그럼 이것을 무어라 불러야 할 것인가? 우리는 그저 비누라 부를 뿐이다. 여기에서 우리는 비누는 그저 비누이며 또 일상하지 않고 무상함을 살펴볼 땐, 비누의

존재는 듀카(duka, 苦)인 일체개고一切皆苦고, 이 고가 제행무상諸行無常함을 알고 또 제법무아諸法無我함을 인식하므로 열반적정에 든다하는 불교의 징표인 사법인四法印으로 풀 수 있다. 이것을 하나 하나 차례로 행해지고 이해되어질 때는 돈오점수며, 이것이 전시간 전공간을 초월한 절대현재의 찰라에 돈입 될 때는 돈오돈수의 경지다.

곧 '비누=가랑비'고 '가랑비=눈발'이니, 비누=눈발이 아니고 '비누=가랑비=눈발'인 A=Ā의 세계다. 바로 자성이 무자성일 때 비누는 마루, 거실, 화장실 거울 앞에 있으며, '비누=거실=화장실' 거울 앞에 있을 때 만무萬無로 만유萬有해 있게 된다. 그럼 과연 비누는 어디 있는가. 자, 비누는 원인(씨앗)도 아니고 결과(열매)도 아니다. 어디에도 만유해 있으며 만무해 있을 것이다. 이런 인식은 절대현재의 이 찰라야 가능하다. 이것은 나가아르주나 식으로 말하면 공역부공空亦復空이고 유마힐 식으로 말하면 자타불이自他不二인 것이다.

불교의 두 기둥은 실상설實相說과 연기설緣起說이다. 그러나 이 실상설과 연기설은 둘이 아니다. 이것을 선문에서는 불이不二라 한다. 이 불이법문에 따른다면, 시는 대상의 세계만을 서술하는 것이 아님을 인식하게 된다. 따라서 시는 일법계一法界, 공, 통일장, 필드, 화엄법계로 인식된다.

이러한 사유는 포스트모더니즘의 개방적 형식(open form)의 내용도 같은 맥락에서 이해되어진다. 대상의 본질을 '존재'가 아니라 '과정'에서 둔다는, 곧 대상의 과정을 추구하며 대상의 총체성을 인식하고자 하는 것이 무엇보다 중요함을 우리는 알게 된다. 이 총체성이 바로 통일장, 공, 화엄법계고 이 총체성에서 자발광自發光하는 것이 바로 시인의 자연성이며 자율성이고 개성이며 직접성이다. 매 순간 절대현재의 이 찰나에 충실한 삶. 바로 삶 자체가 찰나고 찰나는 가득 찬 삶의 현실이다. 찰나의 연속은 행위의 연속이다.

그럼 이승훈의 위의 시는 데리다의 차연(differance)에서 말하듯 절대적인 토대는 존재하지 않는다는, 아니 상주할 때는 파악할 수조차 없는 흔적을 노래한다.

이런 세계를 위의 시에서 "비누는 마루에 있고 거실에 있고 화장실 거울 앞에 있지만 비누는 과연 어디 있는가? 비누는 씨앗도 아니고 열매도 아니다 아마 추운 밤 깊은 산 속에 앉아 있으리라"라고 보여 주고 있다.

어제는 한양대 후문 한식집 1층에 앉아 술 마시고 오늘은 한양대 정문 일식집 3층 학에 앉아 술 마신다 어제는 국문과 사은회 오늘은 한양대 정문 일식집 3층 학에 앉아 술 마신다 어제는 국문과 사은회 오늘은 국문과 교수 망년회 어제는 비 오고 오늘은 해가 난다 물론 비는 오지 않았지만 왕십리엔 언제나 비가 오고 (그런 생각이고) 젊은 교수들과 술 마시는 겨울 오후 세 시 창가에 앉아 술 마시다 말고 겨울 해 내리는 왕십리를 본다 갑자기 왕십리가 따뜻하다 한양대 정문이 보이고 언덕 위 인문관이 보이고 인문관 4층 내 연구실도 보이네 아무래도 내가 산 속에 앉아 있나보다

— 「학」

이 시의 다음 구절 "어제는 국문과 사은회 오늘은 국문과 망년회 어제는 비 오고 오늘은 해가 난다"는 얼핏 '나귀 일이 지나지 않았는

데 말의 일이 다가온다'라는 공안이 생각나게 한다. 우리의 삶의 단면은 '텅 빈 거울'에 비추어지는 것일 뿐만 아니라, 온통 유리로 된 구슬이라서 마치 손가락으로 허공을 그리면 그려지는 동시에 없어지는 풍광이다. 화자는 물론 비가 오지 않았음을 진술하지만 비가와도 마찬가지다.

화자는 일상을 홀끗 보다가 돌연히 삶을 돌아본다. "겨울 오후 세 시 창가에 앉아 술 마시다 말고 겨울 해 내리는 왕십리를 본다 갑자기 왕십리가 따뜻하다"고 진술한다. 일상에 대한 성찰이 잔잔히 우러나오고 있다. 그럼 그런 일상사의 깨침은 어떻게 나타나는가.

"한양대 정문이 보이고 언덕 위 인문관이 보이고 인문관 4층 내 연구실도 보이네 아무래도 내가 산 속에 앉아있나 보다."

화자는 '학'이 된다. 훨훨 날아만 가는 학이 된다.

이것 역시 자성이 무자성임을 이통理通했을 때만이 다가오는 자유다. 아마 이제 그는 또 다른 마음 편안한 고행의 길로 접어서려는 모양이다.

용인 공원 식당 창가에 앉아 맥주를 마신다. 앞에는 정민 교수 옆에는 오세영. 유리창엔 봄날 오후 햇살이 비친다. 탁자엔 두부, 말린 무 졸임, 콩나물 무침, 멸치 졸임. 갑자기 가느다란 멸치가 말하네. "생각해 봐! 도대체 무슨 생각을 하라는 건지 원! 멸치 안주로 맥주 마실 때" 이형은 목월 선생님 사람을 그렇게 받았지만 생전에 보답을 못한 것 같아. 종이컵에 하얀 막걸리 따라 마시며 오세영이 말한다. "원래 사랑 받는 아들 따로 있고 효자 아들 따로 있는 거야." 그때 내가 한 말이다. 양말 벗고 햇살에 발을 말리고 싶은 봄날.

"이군이가? 훈이가?" 대학 시절 깊은 밤 원효로 목월 선생님 찾아가면 작은 방에 엎드려 원고 쓰시다 말고 "와? 무슨 일이고?" 물으셨지. 난 그저 말없이 선생님 앞에 앉아 있었다. 아마 추위와 불안과 망상에 쫓기고 있었을 거다. 대학 시절 처음 찾아가 인사를 드리고 나올 때 "엄마야! 이군 김치 좀 주게. 이군 자취한다." 사모님을 엄마라 부르시고 사모님은 하얀 비닐봉지에 매운 경상도 김치를 담아 주셨다. 오늘 밤에도 선생님 찾아가 꾸벅 인사드리면 "이군이가? 훈이가? 와? 그러실 것만 같다.

—「모두가 예술이다」

위의 시는 이승훈 시인의 2008년 '이상시문학상' 수상작품으로 그가 근래에 작시한 시 가운데 많은 평자들로부터 찬사를 받은 시다. 그 가운데 한 심사위원의 평을 옮겨 쓰는 것이 필자의 해설보다 더 나을 것 같아 일부를 소개한다.

이승훈은 근래 선불교에 깊이 귀의하여 불이不二세계를 언어로 포착하려는, 사유와 행위가 서로 벌어진 二元이 아니며 一元도 아니 절대현재 이 순간을 불이로 잡으려는, 이런 실험적인 사유는 진정한 아방가르드 정신을 보여준다. 특히 불이의 세계를 언어로 표현하고자 하는 노력은 보는 이로 하여금 충격을 준다. 이번 「이상시문학상」 수상작인 위의 시는 돌아가신 은사 목월선생에 대한 인간적인 채취가 배어나오는 작품이다. 아무 기특할 것도 없는 우리의 일상사를 이렇게 속 깊게, 사유와 행위가 한 덩어리로 어우러지게 표현할 수 있다는 것은 시인의 오랜 정신적인 천착과 이것을 벗어나려는 집요한 자기 수련의 결과로 여겨진다. 이런 시는 자칫 無事하고 放逸하며 單純하고 明澄하여 아무런 맛도

나지 않는 것처럼 보이지만, 이 無味의 맛이야말로 禪의 참맛이니 이것을 나는 오늘날의 실험적인 禪詩로 읽는다.

— 「행위와 사유가 어우러진 불이의 시세계」, 『이상시문학상수상작품집』(제1회), 2008

위의 시에 대해 필자가 첨족하면 바로 전시간과 전공간 무르녹아 몰록 둘러빠지는 세계이니 곧 공空이라 부르는 적기상태賊機狀態의 형상화다. 제목과 1연과 2연이 모두 병치되고 어우러지니 이것이 수사법으로는 선시의 적기수사법이고 하위단위로 내려서 말하면 선시의 반상합도의 진경이다.

실로 이 늦여름에 늘어진 수양버들과 같이 느끼고 흔들리고 바라보고 함께 어우러진다. 이것이야말로 시인이 노리는 대단할 것도 없고 대단하지도 않는 그런 무한실상의 세계의 표현이다.

② 오규원

오규원이 중요한 것은 무엇보다도 그가 발전시킨 독특한 「날이미지시론」에 있다. 우리는 늘 '나' 중심의 관습적이며 주체적인 표현을 하여 왔다. 그가 들어보이고자 하는 날이미지는 보여주고자 하는 실체에 대한 관념의 배제에 있다. 이것을 날로 생것으로 보여주고자 한다. 그의 「날이미지시론」에 의하면 오규원 스스로 "날이미지시는 사변화나 개념화되기 이전의 의미, 즉 관념화되기 이전의 의미를 존재현상에서 찾아내어 이미지화하는 시입니다"[42]라고 풀고 있다.

이런 입장에서 보면 날이미지시는 바로 관념이 배제된 날 것 상

태, 관념화되기 이전의 의미를 말한다. 이런 특성 때문에 날이미지
시에는 무엇보다도 이미지의 성격변화가 중요시된다 할 것이다. 그
래서 오규원은 날이미지시를 사실적 날이미지, 발견적 날이미지 직
관적 날이미지시로 날이미지시의 단계적 발전을 말하고 있다.

> 쥐똥나무 울타리밑
> 키 작은 양지꽃 한 포기 옆에 돌멩이 하나
> 키 작은 양지꽃 한 포기 옆에 돌멩이 하나 그림자
> 키 작은 양지꽃 한 포기 그림자 옆에 빈종이 하나
> 키 작은 양지꽃 한 포기 옆에 빈 자리 지나
> 키 작은 양지꽃 한 포기 옆에 새가 밟는 새의 길 하나
> 키 작은 양지꽃 한 포기 옆에 바스락거리는 은박지 하나
>
> — 「양지꽃과 은박지」

이 작품은 '키 작은 양지꽃 한 포기 옆에'에 있는 아주 작은 양지꽃
한 포기와 그 정황을 묘사하고 있는 사실적 날이미지시다.
오직 양지꽃 한 포기에 관념이 배제된 화자의 시선이 철저하게 집
중되고 있다. 키 작은 양지꽃 주위가 화자의 시선에 의해 '양지꽃 옆
에 돌멩이 하나가 관념이 배제된 채 단지 존재하고, 또 돌멩이의 그
림자가 있고, 그림자가 있는 이 좁은 공간에 빈종이 하나가, 그리고
그 빈자리를 지나 새가 밟는 새의 길 하나가 거짓말처럼 아무런 생각

---

42 오규원, 「날이미지시와 무의미시 그리고 예술」, 『시와세계』 2004년 가을호, 95쪽.

없이 모여있고, 또 양지꽃 한 포기 옆에 은박지 하나가 바스락거리고 있는, 모든 응집된 사물이 화자의 눈을 통하여 살아 움직이고 있다.

이 시는 사물의 인식 주체가 드러나는 것이 아니라 사물과 정황이 스스로 자신을 드러낸다. 곧 관념이 배제된 채 스스로가 스스로의 존재를 가지고 뽐내고 있다. 이와 같이 사실적 날이미지시는 제 스스로 존재를 개시하며 자율적인 서정을 보여준다. 시 전반에 반상합도된 환상세계는 세계가 반드시 우리의 주관적 시선이나 감정에 의해 있음이 아니라 반주체적인 표현에 의해 새로운 세계를 드러내고 있다.

이러한 감정이 이입되지 않는 사실성 또는 감정이 배제된 채 홀으로 통증通證되는 선禪의 맛인 단순성과 관념이 배제된 명징성과 청량성을 보이고 있다.

담쟁이덩굴이 가벼운 공기에 업혀 허공에서
허공으로 이동하고 있다

새가 푸른 하늘에 눌려 납작하게 날고 있다

들찔레가 길 밖에서 한얀 꽃을 버리며
빈 자리를 만들고

사방이 몸을 비워놓은 마른 길에
하늘이 내려와 누런 돌멩이 위에 얹힌다

길 한 켠 모래가 바위를 들어올려

자기 몸 위에 놓아두고 있다

―「하늘과 돌멩이」

  이 시는 위의 「양지꽃과 은박지」와는 다르다. 가령 「하늘과 돌멩이」를 사실적 날이미지시로 쓴다면 "담쟁이 덩굴이 이동하고 있다 / 새가 푸른 하늘에 날고 있다 / 들찔레가 길 밖에서 꽃을 지우고 있다 / 돌멩이 위로 하늘이 있다 / 길 한 켠에 바위가 있다"라고 표현될 것이다. 오규원은 사실적 날이미지시 위에 화자의 새로운 생각에 의해 발견된 다른 의미가 부여되어야 한다고 주장한다. 사실적 날이미지시가 발견적 날이미지시로 전향되는 것은 바로 작가에 의해 발견된 새로운 의미가 수사되었기 때문에 가능해진다. "들찔레가 길 밖에서 하얀 꽃을 버리며 / 빈자리를 만들고"의 사실적 표현은 '들찔레가 졌다'이다. 이것은 보는 내가 주체가 되어 내 중심적으로 바라본 결과다. 그와는 반대로 나의 중심이 아니고 보여지는 입장인 변두리적인 입장 곧 반주체적으로 표현했을 때는 분명 꽃이 지는 것은 자신의 일부를 버리는 순간이며 동시에 자신의 일부로서의 빈 공간을 만드는 순간이다. 곧 주관적인 판단으로 보면 존재 빈자리가 생겨난다는 인식과 사라지면서 존재는 스스로 빈자리를 만든다는 인식의 차이는 실로 그 차이가 천지현격天地懸隔의 차이가 난다. 이 차이가 바로 오랜 관습적인 주체 중심의 표현이 반주체 중심의 표현으로 바꾸어질 때 오랜 '나' 중심의 주관적인 표현에서 이탈하게 된다. 이것은 관습의 해체로 말미암아 적기賊機되므로 가려져 있던 본래 그대로의 세

계가 드러나는 것이다. 따라서 직관적이고 사실적인 에너지를 갖게
된다.

> 나비가 동에서 서로 가고 있다
>
> 돌이건 꽃이건 집이건
>
> 하늘이건 나비가 지나가는 곳에서는
>
> 모두 몸이 둘로 갈라진다 갈라졌다가
>
> 갈라진 곳을 숨기고 다시
>
> 하나가 된다
>
> 그러나 공기의 속이 굳었는지
>
> 혼자 길을 뚫고 가는 나비의 몸이
>
> 울퉁불퉁하게 심하게
>
> — 「봄과 길」에서

　이 시의 모티브는 나비 한 마리가 날아가는 찰라의 순간을 사실적
으로 묘사하며 그 위에 발견적이고 직관적인 이미지로 작시되었기
때문에 새롭고 낯설게 보인다. 나비가 날아간다는 주관적인 관점에
서 본다면 역시 나비 한 마리가 화자가 보는 무수한 풍경 속에서 나
비가 날아갈 뿐이다. 그렇지만 세밀하게 관찰하여 보면 나비가 날아
가는 접점이 사물과 나비의 몸체가 합일되는 순간이다. 곧 화자의
시선이 나비의 몸체에 의해 사물, 집이건 돌멩이건 꽃이건 하늘이건
모두모두 둘로 갈라지는 순간이다. 진행에 따라 다시 갈라진 곳이
합쳐지고 갈라지고 반복된다. 공기 속에도 길이 있다. 나비가 팔랑

팔랑 날아가는 것이 아니라 공기의 길을 뚫고 지나가니, 심하게 공기가 회반죽인양 꾸덕꾸덕해진다. 역시 발견적 날이미지에서 오는 낯설기다. 일종의 관습의 적기에 의한 새로운 표현이다.

어제는 펑펑 흰눈이 내려 눈부셨고

오늘은 여전히 하얗게 쌓여 있어 눈부셨다.

뜰에서는 박새 한 마리가

자기가 찍은 발자국 깊이를

보고 있다

깊이를 보고 있는 박새가

깊이보다 먼저 눈부시다

기다렸다는 듯이 저만치 앞서 가던

박새 한 마리 눈 위에 붙어 있는

자기의 그림자를 뜯어내어 몸에 붙이고

불쑥 날아오른다 그리고

허공 속으로 들어가 자신을 지워버린다

발자국 한 찍히지 않은

허공이 눈부시다

― 「발자국과 깊이」

위의 시는 앞에서 소개한 사실적 날이미지의 시인 「양지꽃과 은박지」나 「하늘과 돌멩이」와는 다르다. 이 시는 화자의 깨달음을 같이한 가운데 사실적 날이미지를 바탕으로 하고 있다. 화자의 깨달음

이 이 시에서 다른 날이미지시와 변별점이라 할 수 있다. 이 부분을
오규원 시인의 직접 설명한 부분을 인용한다.

　발자국과 깊이에서의 "깊이"라는 표현은 어떤 깨달음을 동반하지 않고는 불
가능한 것입니다. 즉 박새가 쳐다보는 것은 발자국이 아니라 발자국의 깊이입
니다. 발자국을 쳐다보는 것은 사실적이지만 발자국의 깊이까지를 보는 것은
깨달음으로 보는 시선이므로 직관적 날이미지가 됩니다. 이렇듯 직관적 날이미
지가 깨달음을 동반하는 데도 관념적이지 않게 되는 것은 그 깨달음 또한 분명
사실성 위에서 직조되기 때문입니다.

　　　　　　　　　　— 「날이미지시와 무의미시 그리고 예술」, 『시와세계』 가을호, 2004

그럼 오규원 시인이 말하는 「날이미지시론」을 밝히고자 한다.
　날이미지시는 의미를 지향하는 시다. 관념화되기 이전의 의미를
존재의 현상에서 찾아내어 이미지화하는 시며, 그리고 날이미지시
는 인접성에 근거하는 환유적 체계와 유사성에 근거하는 은유적 체
계를 차용하고 환유적 언어 제계 속에서 날이미지를 구한다. 그리고
날이미지시는 존재의 현상을 반주체중심의 시선으로 이미지화하기
때문에 관념이 은폐되지 않고 배제되어 투명한 느낌을 주며, 또 날
이미지시는 불경 중심의 관념불교가 아니 실천 중심의 선불교의 일
원론에서 영향을 받았다.
　위의 작가가 말한 그의 시를 이해하는 데 키포인트인 날이미지시
론의 전개 및 구체적인 자작시 소개에도 보았듯이 오규원은 선가의
수사법 특히 그가 말하는 사물을 주체화하므로 오는 문장이나 관념

의 해체에서 얻어지는 단순 명백한 실상의 날이미지화는 불경이나 선어록 그리고 선시 곳곳에서 나타나는 적기어법의 하위단위다. 환유 자체만 하드라도 바로 반상합도에서 오는 수승한 세계며[43] 이것은 크고 작은 적기에서 오는 깨달음을 본체로 한다고 본다. 필자의 생각으로는 오규원의 날이미지시를 아방가르드적인 현대 선시의 범주로 느낀다.

4) 80년대 시인들

80년대에서 비교적 우리나라 전통 수사법에 의거하여 작시한 조정권과 이성복 그리고 이에 대립된다고 느껴지는 최승호 황지우의 시들을 검토하며 선시적 적기어법이 현재에 이르러서는 어떻게 표현되고 있으며 또 우리 시에 어떤 형태로 잔존되는지, 오늘날 활발한 활동을 하고 있는 이들의 시를 읽어보기로 한다.

전통적인 수사법을 계승 발전하여 선적인 세계를 그려내고 있으며, 우리 시단 한 가운데 있는 조정권과 이성복의 시를 읽고 그 영향을 가늠해본다.

1980년대 전반기에 보수적인 문법을 해체하여 시의 내적 형식까지 실험을 확대한 일군의 시인들 중 선시적 모더니티를 보여준 황지우와 전통적인 수사법을 해체하여 그로테스크한 삶의 질곡을 보여

---

43 김준오, 「환유시와 비유기적 형식」, 『詩論』, 삼지원, 2000, 359쪽. 비유기적 형식은 환유원리로 기술된다. 이 환유원리의 극단적 형태는 '몰원리'라고 밖에는 기술할 수 없는 '파편들의 편집', 곧 삶의 파편들을 무작위로, 비논리적으로(시간적 공간적 인과적 질서없이) 배열되는 것이다.

준 최승호가 있다. 이들이 그려내고 있는 예시에 앞장에서 도출한
선시의 적기적 어법을 살피고 이들의 세계를 읽기로 한다.

> 늦저녁 空山에 솔방울 떨어지는 소리
>
> 밤 깊자 온 산을 울리네.
>
> 굵은 밤이슬 어둠 속에 내리는데
>
> 귀먹은 당나귀 그 소리 듣고
>
> 山으로 가네.
>
> 아, 온 山이 불이 붙었네.

— 조정권, 「頌」

조정권의 이 시는 고전 선시를 계승하고 있다는 느낌이 든다.
「頌」은 선도리의 질량이 에너지로 변환하는데 '늘지도 줄지도 않는'
[不增不減]다는 원리를 표출하고 있다.

"공산에 떨어지는 솔방울 소리"가 밤이 깊어지자 온 산을 진동한
다. 이것은 『반야심경』의 도리에 비추어 보면 가유해 있는 현상적
사물과 내재된 무자성의 원질성이 부증불감되어지는 원리와 같다.
고요를 시끄러움으로 극대화시키고 있다. 그러나 정靜 / 동動에서 무
엇이 줄고 무엇이 늘었는가. '고요' 전량이 '움직임'이고 '시끄러움'
전량이 상호 변환하여 부증불감이다. 곧 정(A) / 동(Ā)이 그대로 소통
되어 정＝동에서 오는 다른 수승한 세계니 선시의 적기적 어법의 표
현이다. 우리의 상상력은 승화된다. 이런 세계는 앞에서 살펴본 바
와 같은 A＝Ā의 세계를 그리고 있다.

한 여자가 돌 속에 묻혀 있었네

그 여자 사랑에 나도 돌 속에 들어갔네

어느 여름 비 많이 오고

그 여자 울면서 돌 속에서 떠나갔네

떠나가는 그 여자 해와 달이 끌어 주었네

남해 금산 푸른 하늘가에 나 혼자 있네

남해 금산 푸른 바닷물 속에 나 혼자 잠기네.

— 이성복, 「남해금산」

　　이성복은 실험적인 작품을 선보인 반면에 그의 빼어난 작품인 「남해금산」은 우리시의 전통적인 수사인, 압축과 절연에 의한 합도의 세계를 한껏 보여주고 있다. 시인은 일체의 기쁨 / 슬픔이 회감되는, '기쁨=슬픔'으로 원융회통되는 세계를 주제로 하고 있다. 이곳은 분명 자비와 사랑으로 충만한 세계니, 우리를 아득하게 몰입시키며 무한 사랑 속으로 빠뜨린다. 남해금산은 불교에서 이르는 우리나라 삼대 관음영지이며 현실적으로 이 관음영지는 중생 구원을 기도하는 대원력의 공간이다. 이곳은 바로 '자 / 타'가 동체대비되는 합일의 공간이니 보살행의 정점이 된다. 1행과 2행은 바로 우리가 도출한 A의 세계라 할 때에 3행과 4행은 별리의 Ā세계다. 5행인 "떠나가는 그 여자 해와 달이 끌어 주었네"라는 진술은 앞장에서 살펴본 연기설을 시화한 것으로 기표로는 어쩔 수 없이 만날 수밖에 없는 반상합도되는 환지본처 행로로 읽힌다. 그리고 6,7행에서 절대현재 이 찰나에 화자는 무한한 떨림의 세계, 자연과 인간이 합일되는 유한이

무한으로 합일되는 천하만물의 진면목의 세계로 우리를 점입시킨
다. 이것은 고전 선시에서 본 선시의 반상합도의 세계다. 시인은 전
통적 수사법에 의해 서정적 자아를 여지없이 형상화하고 있다.

> 삐그덕 삐거덕거리는 소리가 며칠째 내 몸 안에서
>
> 나기는 나는데 어디서 나는지 볼 수가 없다.
>
> 이 도시의 병을 내 몸이 함께 앓는 것일까,
>
> 마음이 뒤틀리고, 금이 가며, 흔들리는, 물질적 열반.
>
> — 최승호, 「물질적 열반의 도시」

　도시주의에 속한다고 분류되는 최승호의 위의 시는 선시의 정신세
계에 상반되는 물질적 열반을 노래하고 있다. 사실 물질적 열반은 정
신적 열반이다. '삐그덕 삐거덕으로' 표현되어지는 정신의 불협화음,
그렇지만 내 마음 어느 한 구석에 뿌리내리고 있는 도시의 소시민인
나는 병이 들고 도시가 병이 들고 끝내 도시의 삐거덕거림을 화자는
"마음이 뒤틀리고, 금이 가며, 흔들리는, 물질적 열반"이라고 도시와
나를 동일시하여 진술하고 있다. 이 역설적인 시행들은 표현법에서
선시와 많이 닮아 있다. 번뇌와 갈등을 선시와 같이 승화시켜지지 않
음은 선의 도리와 거리감이 있으나, 돌발적이고 우연한 것 같은 이미
지 연결로 사회를 비판, 풍자하는 시각은 우리에게 정서적 충격을 안
겨주기에 족하다. 이런 시의 맛은 그가 개척한 분야라 생각된다.

　내가 山寺의 저녁 나무를 보고 있을 때

렉싱톤 80번가 신호등 앞에서 로빈슨 부인은 선글라스를 고쳐 썼다;

아주 먼 耳鳴 소리를 내는 생.

개 줄을 집고 끌려가는 노인; 목동의 근린공원 숲에는

나무 아래로만 날아다니는 새들이 있다.

도쿄에서도 주가 폭락이 있었다.

안데스 천문 관측소 망원경은 그때 쯤 열리기 시작했다.

그 모두가 생의 바스락거리는 소리를 듣는 것은 아니었지만,

自由路 철새 도래지에는 두 번 다시 새들이 돌아오지 않았다.

— 황지우, 「等雨量線」 부분[44]

황지우의 시 「등우량선」은 총 69행이나 되는 비교적 장시다. 등우량선은 고기압과 저기압이 부딪쳐 장마전선을 형성하는 기상용어다. 시인이 이 시에서 가리키는 '등우량선'은 동시다발적인 우리의 생각이 비의 장마전선 같이 전시간 전공간에 형성하고 있음을 그리고자 한다.

"내가 산사의 저녁 나무를 보고 있을 때 / 렉싱톤 80번가 신호등 앞에서 로빈슨 부인은 선글라스를 고쳐 썼다"나 "개 줄을 잡고 끌려가는 노인"이 한국 목동 근린공원 숲에서 같은 시간에 일어나기도 한다. 곧 '나무 아래로 날아다니는 새가 있고, "도쿄에서도 주가 폭락이 있었다." 하략된 58행에 이어지는 시행들도 한결같이 같은 사념의 세계이지만 우리가 모르는, 생각하지도 않는 사이에 일어나는

---

44 황지우, 『어느 날 나는 흐린 酒店에 앉아 있을 거다』, 문학과지성사, 1999.

실재의 세계를 그리고 있다. 보라, 적기賊機와 동시에 우리에게 일어
나는 우리의 세계, 이것 역시 적기세계다.

그렇지만 이 실제로 일어나는 세계가 바로 사념의 세계고 사념의
세계 역시 바로 실상의 세계다. 자성이 무자성의 세계, 이것은 선을
교리화한 화엄의 법계다. 일체의 세계가 거듭거듭 다함이 없는 동시
성이며 무공간적이다. 곧 『화엄경』에서 설하는 화엄무애법계의 소식
을 시화하고 있다. 세계는 만각의 프리즘 속에 완두콩 한 알과 같이
서로 마주보는 즉시성卽時性, 상즉상입相卽相入되어지는 세계에 대한 시
화라 생각된다. 이것을 도식화하면 역시 A=Ā로 표현되는 세계다.

5) 90년대에 나타난 현대 선시

동자승의 손때가 묻은 작은 목탁 하나를 샀다.

장사치는 대화면 산골짝에서 구했다며

唐詩集 한 권을 덤으로 주셨다

그 옛날, 발길 끊긴 골짜기에서

누구는 어린 나이에 중이 되고

누구는 세상을 등진 채 唐詩를 읊조렸을 것이다

옆 좌판의 장사치는 숙취해소에 그만이라며

도암면 산골짝에서 갓 베어왔다는 벌나무를 사라고 했다

— 이홍섭, 「봉평장날」[45]

　정통선시의 정서를 현대에 알맞은 수사법으로 재연출하고 있는 이홍섭은 우리를 성큼 선의 세계로 안내한다. 위의 시는 강원도 시골 장날의 모습을 취사선택하여 이미지를 그려내고 있다. 이를테면 '작은 목탁' '덤으로 주는 당시집唐詩集 한권' '이것의 인연은 무궁무진하다. 불교에서는 고정된 시선으로 흐름을, 세계를 짧게 끊어 확대하여 보는 실상설實相說과 상호 의존에 의해 세상만사가 형성되고 흐른다는 기연설起緣說, 이렇게 두 기둥이 있다. 이 시의 2연은 기연설로 이루어진다. "그 옛날, 발길 끊긴 골짜기" 이 골짜기는 선가에서 지칭하는 본래면목의 세계다. 공의 세계이고 『금강경』에서 이르는 '모든 깨달은 현인과 성인은 상대의 세계를 빼어난 함이 없는 절대법 가운데 차별[一切賢聖 皆以無爲法 而有差別]'을 두는 세계로 읽힌다. 만물이 생성되는 그윽한 곳이며 색이 공이며 공이 색인 현빈玄牝의 세계를 이른다. '누구는 어린 나이에 중이 되고' '누구는 세상을 뒤로하고 당시를 읊는' 것으로 현현하는, 아니 화자의 속내와 그에 풍기는 삶의 진솔함이 드러나는 시구다. 그리고 3연에서는 다시 시방세계[46]에 두루 융합하는 십세.[47] 고저장단에 상즉상입相卽相入하는 형상을 그리고 있다. 중첩되는 화엄법계의 한 단면인 동시에 화엄법계를 노래하고 있다. 절대현재로 나타나는 세계가 바로 '벌나무를 사라고 하는 장사치'로 드러난다.

---

45 이홍섭, 『가도 가도 서쪽인 당신』, 세계사, 2005.

46 十方世界는 동서남북과 그 간방을 합쳐 8방이 되고 다시 상하를 합쳐 일체의 세계를 말한다.

47 十世―과거 현재 미래의 3세에 다시 과거의 과거, 과거의 현제, 과거의 미래, 이렇게 현재와 미래에도 각각 3세를 세우고, 다시 9세를 포용하는 1세를 더하여 10세라 한다.

영축산 통도사 극락선원, 그곳 極樂에 오르자 '三笑窟' 편액이 환하다. 오래 동안 요처에서 수선하는 행자라는 말씀에

스님께서 대뜸 물어왔다.

"여태까지 차 몇 잔 마셨느냐?"

참으로 차 한 잔의 따뜻한 물음에, 묵묵부답하는 나를 보고, 경봉스님은 빙그레 자문자답하였다.

"前三三 後三三"

이어 홍얼거리듯 흘러나오던 게송이 가슴에 내려앉는다.

산머리에 걸린 달은 雲門의 떡이요
문 밖에 흐르는 물은 조주의 차일세
이 중에 어느 것이 眞三昧인가
구월 국화는 구월에 피는구나.

*

파초 잎이 절집 뜰에 늘어져 삼삼히 어리는 선방,
노선사의 방에 붙은 芭蕉室이라는 편액이 모니터 안에서 웃고 있었다.
원고 독촉을 받고 이 글을 쓰는 오밤중,
경봉 스님께서 내게 묻는다.
"차는 몇 잔 마셨느냐?"

나는 그저, 입 속 말로 가벼이 여쭌다.

“파초실”

— 송준영, 「芭蕉室」

　　필자의 졸시 「파초실」은 화자가 영축산 극락암에 직접 경봉 선사를 찾아들어 참문을 하는 일상시다. 그러나 이 시에는 선적 사유가 깊이 깔려있다. 주관과 객관이 파초실 하나로 현현하고 있다. 이를테면 파초실은 경봉 스님이 기거하는 공간이지만 공간이 아니다. ‘보이는 것 / 보는 것’이 하나로 무너져 있다. 곧 주체와 객체가 따로 떨어져 있지 않다. 그렇다고 붙어 하나가 된 것은 더더욱 아니다. 주체=객체가 합도되므로 우리가 ‘밝음[明]’으로 왔던 그곳으로 본지환처되는데 이것을 파초실로 표현하고 있다. 파초실은 단지 서구 수사법의 상징이 아니다. 이 무한실상이야말로 진실불허한 실재며 불이의 상이다. 곧 주객이 분리되기 이전의 상태를 그리고 있다. 경봉 선사는 한 번 참문 온 화자를 슬쩍 당겨본다. “차는 몇 잔이나 마셨는가?” 아무런 대답이 없이 그냥 일체를 보여주는 화자에게 바로 경절의 말씀인 ‘앞도 삼삼 뒤도 삼삼[前三三 後三三]’하며 자문자답한다. 이것으로 충분히 참문자를 적기[賊機]한다.

　　그 후 어느 밤늦게 컴퓨터에 앉아 이리저리 화면을 뒤적이던 화자, 성큼 다가오는 화면, 파초 잎이 흐드러진 파초실 앞에 앉아 계시는 스님이 무언으로 화자에게 물어온다. ‘차는 몇 잔이나 마셨는가?’ 하고 이어 화자는 마음 말로 여쭌다.

“파초실”

적기어법이다. 여기, "파초실"이 어떻다는 말인가.

대상의 과정을 탐구하며 동시에 대상의 총체성을 인식하고자 하는, 이러한 사유는 포스트모더니즘의 개방적 형식(open form)의 내용도 같은 맥락에서 이해되어진다. 이 총체성이 바로 공, 필드, 화엄법계고 이 총체성에서 스스로 발광하는 빛이다. 매 순간 절대현재의 이 찰나에 충실한 삶. 바로 삶 자체가 찰나고 찰나는 삶의 현실이다. 찰나의 연속은 행위의 연속이 선적 사유다.

찰나는 오직 위의 시에선 원고를 메우는 화자고 찰나에 스쳐가는 '파초실'일 뿐이다.

VI

선시를 통해 우리가 직면하는 당혹감은 모든 사물을 정상定相으로 바라보는 분별 간택심을 무너뜨린 데 기인한다고 볼 수 있다. 특히 공의 세계를 보여주는 선사들의 선시가 주는 황당함은 앞에서 논의하였듯이 선의 사상을 표현하는 적기적 어법에서 오는 것임을 알 수 있었다. 그래서 '책'으로 예를 들어 실재하고 있는 일체의 존재가 상호 의존되어 있을 뿐, 실상은 자성이 없는 무자성을 자성으로 하고 있음도 살펴보았다. 따라서 저 너머 있는 자성과 무자성의 세계를 불이세계, 공의 세계라고 선가에서는 지칭하고 있음도 파악된다. 우리의 이런 차별적 사유를 정상으로 보는 고정된 관념을 깨기 위해 선시의 표현 방법은 일상을 돌이킴으로 정正과 반反이 서로 합도 되어 더 수승한 세계로 발전되어지는 반상합도와 언어를 비틀고, 기상천외하고 반동일성적인 초월은유를 사용하여 중중무진한 끝없는 불이의 실상을 펼치고 있음을 고전 선시로 예증하여 확인해 보았다. 그리고 이런 표현이 적기적인 어법을 통하여서만 가능함도 파악할 수 있었다.

고려의 진각 혜심, 백운 경한과 조선의 청허 휴정, 소요 태능, 허백 명조, 만경 영안의 선시를 면밀히 검토하였다. 그리고 현대를 산 효봉 학눌, 서옹 상순의 선시도 아울러 고찰하였다. 우리는 고전 선시를 읽는 동안 위에서 밝힌 선시의 적기수사법으로 나타내어지는 반상합도, 초월은유, 무한실상과 이로써 드러나는 맛인 절연, 단순, 명징과 같은 선시의 특징을 자연히 도출해 낼 수 있었다.

특히 역설, 병치은유, 환유는 선시의 적기어법적기어법인 'A는 A가 아니므로 A다' 와 수사법으로는 비슷한 하위단위에 있으나 그 입각처인 근본발상 자체는 정반대 자리에 있다. 적기는 우리의 정상화된 주체적인 연상 유추 역설적인 앎의 고리를 절단 내는 동시에 우리의 슬기를 빼앗으므로 제로 상태에 들게 하는 데 그 목적이 있다. 즉 A=Ā의 도식은 거의 선시에만 나타나는 표현법임을 주목해 볼 필요가 있다. 그렇지만 선시에서 이런 도식에 의해 나타나는 수사는 이미 완숙하고 자유자재로 초탈한 느낌을 받지만, 현대의 아방가르드시에 드러나는 병치, 환유, 아이러니, 자유연상, 패러디 등의 수사법은 우리의 관습적이고 주체적인 앎에 뿌리를 두고 있기에, 끝내 본질의 세계에 이르지 못하고 진리를 시현시키기 위한 실험적인 단계에서 머물고 있다는 느낌을 지울 수 없다. 이것은 선시의 작가인 선장들은 그들이 보여주고자 하는 본연에 세계에 대해 이미 확연하고 폭넓게 체험하고 통증通證하여 불이의 세계에 들어 있지만, 실험적 현대시의 작가들은 연상과 환유 등에 의해 잡히는 느낌을 각종 수사학에 의해 이미지화하거나, 혹은 무의식적인 자동기술에 의해 그들이 감지한 시상을 기록하기 때문일 것이다. 이 자동기술은 확연한 본연의 명백한 기술이 아니며, 오히려 애매모호한 것이다. 이 확연하지 않음은 바로 환幻이기 때문이다. 확철確徹하지 않을 때는 자연 자유자재 함이 결여되며, 이것이 선미인 단순, 청량, 명징함이 우러나올 수 없음이 당연하다. 한 새로운 사상이 새로운 표현을 낳듯이, 사유의 명명백백함이나 실참실수實參實修의 철증徹證이 없기 때문이라 생각이 든다. 필자가 선사상이 추구하는 본지, 본연, 실상, 공인 적기세계를 주창하는 것은 이 세계만이 생 / 사, 애 / 증, 시 / 비로 갈라지는 고뇌의 세계가 아니라 우리가 진정 보이고자하는 또한 그렇게 되기를 기원하는 대자유의 세계이고 둘이 아닌 진리 본연의 세계인 동시에 지구상의 모든 인류가 지향하는 당당한 아름다움의 세계이기 때문이다. 이것이 예술의 본연의 세계라는 필자의 확신이 있기 때문이다.

한용운은 1918년 9월부터 『유심』을 통하여 처음 시를 발표하고 8년 후, 1926년에 한글 선시집 『님의 침묵』 초간본을 간행한다. 이 시집은 우리나라에 최초로 쓰여진 한글 선시집이며 이 시집에 쓰여진 수사법은 선의 적기어법에서 도출된 적기적수사법임을 살펴보았다.

그리고 1930년대 서구의 실험적이고 전위적인 시를 발표하여 현대시의 기념비적인 시인으로 평가되는 **이상**의 대표시를 분석해본 결과 도처에 우리가 연구해온 선시의 적기수사법이 사용되었음을 발견할 수 있다. 이것은 필자의 생각으로는 시의 대상이 외경이 아닌 정신 속, 의식 혹은 무의식을 그리고자 할 때 어쩔 수 없이 나타나는 표현방법이라 생각된다. 그리고 많은 서구의 현대 시인이나 시론가도 동양의 선의 영향을 직간접적으로 받고 소화·흡수했다고 본다. 그러나 그의 시에는 선시의 선미인 청량, 명징, 단순이 느껴지지 않음도 살펴봤다.

1936년 동아일보 신춘문예에 시 「벽」이 당선되고 그해에 시동인지 『시인부락』의 창간 멤버로 문단에 두각을 드러낸 **서정주**는 인생과 생에 대한 구경적인 문제들을 집중적으로 탐구함으로써 시가 자기극복과 언어예술의 정수라는 점을 실천하고 노력했으며 서정주 역시 스스로 석가모니의 법어에 그 은혜를 입었다 고백한다. 그 이후에 나타나는 서구적인 기법으로 작시한 '무의미시'에 천착했던 **김춘수**의 시에서 보여주었던 묘사와 자유연상, 관념의 유추 등이 선시의 적기수사법과 어떻게 만나는지도 살폈다. 그리고 다음 세대에 속하는 **이승훈**의 시적 표현법에 나타난 선시의 적기수사법과 그가 평생 추구했던 자아찾기가 근래에 불교와의 만남에 의해 선적사유와 결합함으로써 자아불이로 귀결됨을 살펴보았다. 동시대 시인인 **오규원**의 시적 표현방법에 나타난 선시적 적기수사법과 실상을 명징하게 드러내기 위한 그의 '날이미지시' 쓰기에 보여 준 반주체적인 수사법이나, 사물의 관념 해체에 대해서도 단편적으로 나마 살펴보았다.

80년대 전반기에 보수적인 문법을 해체하여 시의 내적 형식까지 실험을 확대한 조정권, 황지우, 이성복, 최승호 등 일군의 시인들이 있다. 이들은 선시의 적기어법이 갖고 있는 독특한 수사법과 표현방법에 주목을 하게 된다. 이들의 예시에도 잘 나타난 것 같이 선시적 모더니티를 보여주고 있다.

이상과 같이 시대별로 시인들의 시를 표집하여 본 결과, 오늘날 서구적 수사법에 의해 아방가르드시를 작시하는 시인들의 시에는, 역시 직간접적으로 선시적 표현법이 나타나고 있음을 그들의 시를 통해 예증해 보았다. 이것은 서양의 물질문명이 동침東侵하여 경제력과 풍요에 의해 차츰 동질화되어 가고, 이에 반하여 동양의 우수한 산물인 정신문화가 서양으로 흘러감에 따라 동양사상이 은연중에 서점西占하는 현상이 일어났음을 말한다. 이러한 사정으로 선적 사유가 서양의 사유세계로 점입漸入하니, 이것이야말로 근래의 지구상에 일어난 새로운 격의적格義的인 문화와 문명의 탄생으로 귀결되고 있다는 징조라 할 수 있겠다.

그 결과 우리의 사상이 다시 서구식의 사유와 표현방법에 의해 분석되고 언어로 정리, 재형성되어 동양으로 들어오는 현상이 일어나고 있다. 상호 소통되는 세계는 지금도 진행되고 있다 할 것이다. 따라서 우리는 서양이 가지고 있는 논리적이고 구체적인 사상적·문학적 표현 방법에 대해 연구하고 분석해야 함은 물론 우리의 정신과 사상을 현대에 맞게 표현하고 정리해야 한다고 생각한다.

디지털화된 오늘날의 글로벌 현상은 전 지구를 지구촌으로 만들었다. 따라서 선사상과 진리를 표현하고자하는 시인들과는 같은 표현 방법을 공유하게 된다고 본다. 결국 실험적 현대시가 선시와 내적으로 은밀히 동행하게 되는 근본은, 고정관념이 정상이라고 보는 시각을 같이 이탈하는 데서 연유하며, 이것은 당대에 살고 있는 현대 시인들이 무자성이란 개념을 어떻게 생각하든 현실에서 분별하여 보는 사물이 무자성이라고 보는 공통성에서 기인한다 할 것이다. 그리고 그들의 궁극적 목적은 실상본연의 세계를 여시하게 보여주자는 바람에서 기인한다.

이러한 어법은 이미 불교 문헌상 2,500여 년 전에 나타나 있고, 수사법은 이미 선시에서는 1,000여 년 전에 깊고 폭넓게 활발히 사용되었음을 고전 선시를 통하여 도출하여 보았다. 이를 문학적 표현법으로 말하면 선시의 적기수사법이다. 이 수사법을 각론하면 선시의 반상합도 선시의 초월은유 선시의 무한실상으로 드러난다. 여기서 도출되는 선과 선시의 도식 A=Ā는, 무한 가변성의 세계인 동시에 우리의 관념으로 둘러싸인 알음알이를 일시에 제거하는 적기법문賊機法門으로 선장들이 중생을 깨달음으로 들게 하려는 무한한 자비심, 곧 간절노파심절로 직통된다.

끝으로 필자가 밝혀 왔듯이 『금강경』에 이르는 '불설 반야바라밀은 곧 반야바라밀이 아니라 그 이름이 반야바라밀이다佛說般若波羅蜜 即非般若波羅蜜 是名般若波羅蜜'(『금강경』 「여법수지분」 제13)의 세계, 바로 A=Ā는 무한 가변성의 세계다. A=Ā의 세계는 무한 설정, 무한 재창조를 할 수 있는 대화합 대자유의 세계다. 따라서 선적 정신의 세계관의 표현 방법과 서구의 모더니즘 표현 방법은, 새로운 대륙의 첨가를 지향하는 시인과 선의 원천회귀성과는 같은 세계를 지향하므로, 사유나 표현의 심천深淺은 있으나 결국 같은 표현선상에서 만날 수밖에 없다는 결론에 이르게 된다.

〔부언〕

필자는 21C 서양 모더니즘이 처한 막다른 통로를 돌파할 대안으로 선은 동서의 소통을 원활히할 수 있는 전승되어 온 인류의 유산이라 본다. 우리는 앞 장에서 'A는 A가 아니므로 A다'는 A=Ā의 세계를 충분히 검증해 보았다. 이 역시 동서의 소통에 의한 서양의 이성적 분석적 사유와 선사상 및 선체험을 근본으로 하는 문화충돌에 의해 새로운 수승秀勝된 문화가 형성되어진다고 보기 때문이다.

선정신의 세계관, 심신의 수련에 의해 저절로 우러나오는 자발광自發光의 행위, 표현이야말로 평상심을 그대로 이행하는 진실한 삶이다. 서구의 모더니즘 사유에 의한 표현 방법은, 자체가 무공용無功用의 삶과는 거리가 있다. 그것은 또 하나의 다른 사유에 의한 유용이기 때문이다. 이것은 선의 원천회귀성과는 근본적으로 다르다. 선의 본래 자리인 부모미생전父母未生前의 소식은 바로 우리가 본래 이 세상에 밝음[明]으로 왔다는 데 있다. 이 본래 자리로 환지본처還至本處하는 무자성의 세계, 이치로 사량분별思量分別되어지지 않는 불이세계일 때만 가능하다.

오늘의 시와 선시와는 기표(시니피앙)로 나타나는 시적 수사법이 근사하고, 이를 추구하는 기의(시니피에) 역시 비슷하다. 그러나 찾는 방법이나 방향은 서로 다르다. 우리가 분석한 결과 이들이 표현선상이나 의미상에는 같게 보였지만, 사실 하나는 마음 안에서 찾고 하나는 마음 밖에서 찾는다. 이렇게 되면 자연 서로 반대 방향으로 점점 멀어지고 있음을 이내 간파할 수 있다. 그것은 본성의 응용인 일상사에서도 그대로 드러난다. 그래도 그렇지 않다면 각자 마음에 물어볼 수밖에 없다.

현대 선시의 새로운 기미

이승훈 시집 『人生』을 중심으로

1

　　이승훈은 일찍부터 내면의 세계, 대상이 없는 비대상의 세계를 그려왔다. 바로 이것은 그가 어떤 대상의 총체적인 것을 그리고자 함이 아니라, 무차별 자발광自發光하는 마음 밭을, 마음 밭에 종횡으로 용솟음치는 무형의 마음을 형상화시켜 왔음을 알 수 있다. 이러한 그의 끊임없는 탐구 자체가 마음의 수련을 대종으로 하는 불교, 특히 선종과는 어쩔 수없이 서로 만날 수밖에 없었다. 사실 포스트모더니즘의 철학자나 시론가 혹은 문학가들은 모더니즘의 표현법이나 사유가 거의 정상화, 혹은 합리화됨으로 인간의 성품을 규격화시키고 획일화시킴에 반발하고, 혹은 극복하고자 하였다.

　　이승훈은 포스트모더니즘을 연구하여 충분히 이해하고 또 우리나라에 이들의 이론을 소개하고 나름대로 소화한 앞선 이론가이며 이들의 이론을 우리 시단에 소개하여 왔다. 그리고 우리 모국어로 시작을 하고 새로운 시의 모형을 우리에게 제시한 우리나라의 전위적인 실험시를 구사하는 모더니스트다. 그는 서구의 모더니즘, 포스트모더니즘, 해체주의에 침잠했고 이를 시로 노래한 시인이라는 것은 주지의 사실이다. 이런 서구의 이즘을 돌고 돌아 선과 만나게 되는데 이것은 어쩔 수 없는 코스라고 생각된다. 그가 늘 말하듯 이건 순전히 업일 뿐이다. 어느 날 "선은 아편이야"라고 한 이승훈의 말이 떠오른다. 그는 인생 후반에 선을 만난 늦깎이 수행자며, 포스트모더니스트이다.

이승훈은 1962년 『현대문학』을 통하여 시를 발표한 이래 지금까지 모두 한 권의 그림시집과 12권의 시집을 상재한 문단의 중진 시인이다.

1960년대 전후는 한국시단이 그 이전 시대를 비교하여 보면 질과 양적으로 가장 많은 시인을 배출시킨 시기다. 60년대 전후에 등단한 시인, 특히 의미나 표현적인 면에서 선적인 경향을 나타낸 시인은 고은, 황동규, 오규원, 정현종 등이다. 이들의 시에서 전통적인 짙은 선가풍의 시나, 표현 방법 면에서 선시적인 수사법을 구사한 시들을 많이 만날 수 있다.

앞에 열거한 60년대 전후 등단한 시인들이 선취가 강한 시를 발표할 때, 같은 시기에 등단한 시인이면서도 꾸준히 서구의 쉬르리얼리즘 계열의 시에 침잠해 있던 이승훈은 회갑을 맞이하면서 갑자기 그 이전 시집과 궤도를 달리하는 열두 번째 시집 『人生』을 상재 한다. 문제는 이 시집이 문제다. 이 시집을 기점으로 그가 홀연히 선적 취향이 짙은 선가풍의 시집을 엮고 있기 때문이다. 이 글에서는 이 시인의 시집 『人生』을 중심으로 그가 이루어 낸 이전 고전적 전통 선시와는 다른 새로운 선시의 기미를 읽어내는데, 이에 초점을 맞추고자 한다. 필자가 월간 『현대시』로부터 청탁 받은 내용이 「이승훈의 불교적 경향」이기 때문이다.

2

　우선 선시라 하면 선사상을 시적으로 표현한 언어 양식을 말한다. 곧 선사들의 선적 체험, 이른바 선수행의 결과 체득된 오도의 경지를 선시적 수사법으로 표현한 시다.

　여기서 선시적이라 함은 내용적으로 선사의 오도송을 비롯하여 불경이나 어록, 공안집을 바탕으로 하거나 혹은 형태적으로 고전 선시에 자주 나타나는 절연, 압축, 기상과 역설과 환유적 어법의 조화를 말한다. 이 조화는 반조화로서 선사들은 우리들의 조화, 곧 정상성定相性을 해체함으로서 우리들의 슬기[機]를 일시에 빼앗는다[賊]. 이러한 방법을 선가에서는 자비낙초니 간절노파심절이라 말한다. 이 적기의 어법에 의하여 중생들을 깨달음으로 안내하는 풀어지지 않는 기관이 되었고 이것에 의해 돈오頓悟의 경절문逕截門이 되었다. 이로 인해 선문에서는 1,700 공안이 생겼고 8만4천 법문이라 일컫는 대장경이 탄생된다. 결국 절연, 압축, 기상이 적기어법賊機語法에서 충분히 읽을 수 있으므로 적기적수사법을 철저히 규명하면 선시의 바탕을 대략 읽게 된다. 따라서 선의 적기어법을 다시 선시의 적기수사법 세분하여 정리할 것 같으면, 선시의 반상합도反常合道[1] 선시의

1　선시의 표현에서 반상합도란 우리가 정상이라 규정하는 일상을 돌이키고 뒤틀어서 정상과 비정상이 융통하고 회감하여 수승된 다른 세계로 나아가는 것을 말한다. 즉 서로 다른 것이 상호 합일

초월은유超越隱喩[2] 선시의 무한실상無限實相[3]이 된다. 이 세 수사법은

<hr>

되어서 고차원의 다른 세계로 합도 되는 경지를 말한다. 수사학적으로 말하면 A라는 시적 요소가 B라는 시적 요소와 서로 상치하는 듯하나, 보다 커다란 차원의 수사어법에서 보면 하나의 통일된 수사적 효과를 거두는 것을 말한다. 즉 A와 A 아닌 요소(Ā)가 서로 상치하고 대립하는 듯하나, 보다 큰 차원에서는 서로 어우르는 것, 즉 A=Ā의 상태가 되는 것을 의미한다. 선장들은 적기로서 우리들의 분별심과 정상성을 모두 해체시키고 정신적 공황상태로 몰고 간다. 이것은 중생들을 깨달음으로 들게 하기위한 방편법문을 사용하는데 이것이 賊機이다. 이것이 적기어법이고 선시를 온통 선시답게 하는 적기적 수사법이다.

* 빈 손에 호미들고 ·· 부대사
* 다리는 흘러가고 물은 흐르지 않네 ··· 부대사
* 돌여자가 아이를 낳으니 / 나무사람 조용히 머리 끄덕인다 ········· 백운 경한
* 물위에 진흙소가 달빛을 밭간다 / 구름 속 나무말이 풍광을 고른다 ········· 소요 태능
* 나무까치는 비상하여 하늘 밖 사무치니 / 바로 천봉만악을 뚫고 가도다 ·········· 서옹 상순

위의 예문들은 바로 'A는 A가 아니므로 A다'하는 A=Ā의 등식이 성립할 때 가능해진다.

2   초월은유란 이질적인 두 사물에서 유사성을 발견하는 비유, 곧 "비동일성에서 동일성을 발견identification하려는 비유다.(김준오, 『詩論』, 문장, 1986, 120쪽) 이승훈은 그의 『詩論』에서 '현대시의 경우 모두 본질적으로 은유를 지향하는데, 근본적 형식 A is B(A=B)로 나타내고, 오늘 날 많은 이론가들이 관심을 표명하는 다른 형식, 곧 병치은유의 도식 A−b를 첨가하여, 크게는 동일성identity 형식과 병치juxtaposition형식으로 양분된다'적고 있다. 또 휠라이트는 위에서 말한 동일성 원리에 입각한 은유를 치환은유, 비동일성에 입각한 은유를 병치은유로 설명하고 있다.(이승훈, 『詩論』, 고려원, 1979, 134쪽) 선시에서는 치환은유보다 병치은유가 많이 발견된다. 그러나 보다 뛰어난 선시에서는 초월은유가 발견된다. 그 이유는 A=A, A=B라는 상식적이고 정상적인 논리로는 나타낼 수 없는 선의 도리에 의한 선사상에서 기인한다. 이런 점에서 초월은유는 병치은유와 치환은유, 곧 양변의 견해를 모두 벗어나는 비유라 할 수 있다. 여기서 도식화하면 'A는 A가 아니므로 A다'라는 A=Ā로 표시된다. 이것은 賊機語法을 바탕으로 선사상에서 말하는 양변의 견해를 융합하면서 동시에 초월하는 비유상태를 의미한다. 용례로는

* 진흙은 푸른 돌 속의 뼈 ································· 청허 유정
* 일이삼사로 가고 / 사삼이일로 와라 ··············· 무경 고송
* 금사자 / 어둠굴 여기 쪼그리고 앉아있다 / 그러나 그 몸에 한조각 水鏡이 / 毛孔으로부터 빛 쏟아 일천강에 달빛이라 ································· 만경 영안

이 선시들은 선문답적인 초월은유이므로 치환은유나 병치은유적 수사학으로는 잣대가 맞지 않다. 현실적으로 존재되어 왔고 앞으로도 계승 발전될 이런 수사법은 우리글에서는 일단 반동일성 초월은유라 명칭 한다. 이것은 선의 적기방편법문이다.(송준영, 『표현방법으로 본 선시연구』, 청송출판사, 2001, 37~40쪽 참조)

3   선시의 무한실상이란, 선장들이 중생을 일깨우기 위한 간절노파심절이라 일컫는 최상승의 적기법문의 한 표현법이다. 서구의 상징주의자들은 일체 현상세계는 허구세계이며, 궁극적으로 상징세계로 간주한다. 선의 입장에서는 이 서구의 상징이란 단어에서 '色'이나 '假相'과 비슷한 느낌을 받게 된다. 이 색이나 가상이라는 말은 현상적으로 나타나는 일체의 물질을 뜻한다. 이것은 空, 實相, 本體, 本性과 상대적 의미를 제시하는 용어다. 서구의 상징은 무한한 해석의 가능성을 간직하고 있는 암호의 숲으로 생각하는 경향이 있다. 이 상징이란 말은 불교에서 보는 色卽是空 空卽是色인 사유법, 또는 '空.假.中이 서로 벗어남이 없다'(나가아르쥬나, 황산덕 역, 『中論』, 서문당, 1978, 101쪽)는 선적인 사유와는 근본적으로 다르다. 선의 도리는 본질과 물질적 현상을 따

선시를 표현하는데 불가분의 관계를 서로 내포하고 있다. 물론 선시, 특히 선적 사유는 언어를 만나 표현되어짐을 염두에 두었을 때 그 기표야말로 바로 사상의 한 표현일 수밖에 없다. 물론 이승훈의 초기시는 모든 것이 나로부터 시작되고 이 나의 귀결됨이 그가 나타내고자 하는 전부인바, 이 때 그의 지향점은 일체가 스스로의 내면세계로 향한다. 이런 내면지향성, 혹은 밀실지향성은 바로 독백시가 나타내는 전형적인 유형이다. 화자가 청자이고 청자가 화자인 독백시는 읽는 우리들로 하여금 많은 고적함을 느끼게 한다.

그리고 1983년에 상재한 시집 『事物들』의 시적 특징으로는 초기시에서 보여 온 '나'가 사라지고 '너'에게까지 확대될 뿐 아니라, 이 나와 너가 우리의 현재 이 순간의 삶까지 폭넓게 확산된다는 점이다. 그러나 이때까지 이승훈의 시작법은 서구적 의식의 흐름을 통한 쉬르적 자동기술법에 의지한다. 이 당시 그의 시나 시어는 비틀 대

로 구분하지 않는다. 선시에선 상징에 남아있는 논리적 고리를 단절시킴으로 중생의 분별 간택심을 초월하려는 적기의 법문을 선장들이 들어 보이는 간절노파심절이라 말한다. 이것은 불립문자의 표징일 뿐이다. 곧 선시에선 단어, 시구 혹은 선시 자체가 낱낱이 명명백백한 관념이 해체된 실상으로 존재한다. 따라서 펼쳐보면 선시어는 일반시보다 연결성이나 정신적 밀도 면에서 훨씬 복잡다단하다. 인드라망처럼 북잡한 실상의 굴레가, 그 행간의 의미가 무한 점핑하므로 무한실상이라 칭한다. 이런 무한정의 실상성이 적기어법과 궤를 같이하며, A=Ā의 등식을 보여준다.

　＊바다 밑 진흙소가 달을 물고 달아난다 / 바위 앞의 돌호랑이가 아기 안고 존다 / 쇠로 만든 독사가 금강눈을 뚫고 든다 / 곤륜족 깜둥이가 코끼리 타고 해오라기 이끈다. ……고봉 원묘
　＊바다 밑 제비집에는 사슴이 알을 품고 / 불 속 거미집에는 고기가 차 달인다 / 우리 집 이 소식을 뉘라서 알랴 / 구름은 서쪽에서 날고 달은 동쪽으로 간다 ………………효봉 학눌

선적인 도리로 비추어 보면, 앞의 예시와 같이 선의 쓰임은 무한계, 무차별, 무작정으로 그린 무한실상으로 밖에 표현할 수 없다. 이것은 선이 그렇고 우리의 본성이 그렇고 일체 만물의 자성이 그렇다는 것이다. 그런 까닭에 無自性을 선에선 말한다. 문제는 앞의 시가 서구의 쉬르와 같이 자동기술에 의해 무작위로 쓰여진 것이 아닌, 무자성을 철저히 깨친 선사들의 명료함에서 흘러 나온 노래이어서 무한한 실상을 한량없이 휘두르고 있는 것이다. 이런 무자성을 도식화하였을 때, 역시 A=Ā로 쓸 수밖에 없다. 이것은 선사들이 중생들을 일깨우기 위한 賊機法門의 語法일 뿐이다.

로 비틀고 가벼워질 대로 가벼워져 있는 듯하나 그의 사유는 현실의
삶에 포인트를 주고 있음을 읽는다. 그럼에도 불구하고 마음을 풀고
표현하는 이승훈의 시적 구조상 선시의 적기적 어법을 체득적으로
구사하는 시편들을 읽을 수 있음은 어떻게 된 일인가. 이승훈의 이
때의 시 가운데 다음에 예증한 시는 선시의 적기수사법인 선시의 반
상합도와 초월은유, 무한실상을 알맞게 구사한다.

> 피는
> 불이되고
>
>
> 불은 연기가 된다
> 이제 나는 연기다
>
> 나는
> 풀 풀 풀 날린다
>
> 시간이
> 딸꾹질하는 뇌에는
>
> 연기만 가득하다
> 또 가을이다

— 이승훈, 『또 가을이다』[4]

이승훈 시의 특성을 사계에선 '비대상의 시'라 부른다. 바로 육안으로 볼 수 없는 심리적 내면세계를 형상화하기 때문이다. 위의 시는 직관으로만 감득되는 무정형의 내면을 언어로 표현한 시다. 이 시에도 나타나듯이 '피=불', '불=연기' '나=연기'는 결국 '피=불=연기=나'라는 등식이 성립된다. 납득이 가지 않는 일상을 초월하는 표현이다. 이것이 바로 선시에서 주로 사용되는 수사법인 'A는 A가 아니므로 A다' 하는 선시의 표현 방법론과 일치되는 $A=\bar{A}$다. 또 시간이 "딸꾹질하는 뇌에는"이라는 시행, 역시 앞 각주에서 예시한 '물 위 진흙소가 달빛을 밭 간다'나 '불 속 거미집 고기가 차 달이고'와 같은 표현 방법이다. 그리고 "연기만 가득하다 / 또 가을이다"란 결구도 기상천외한 병치로 이루어진 초월은유다. 또 위의 시는 전혀 선적인 맛이 나지는 않는, 오히려 서구의 쉬르적인 맛이 한껏 돋보이는 시이지만, 뜻밖에 선시적 적기의 표현방법을 구사한다. 이것은 어떤 총체적인 것을 시의 주제로 삼지 않고 내면의 마음을 바로 그리는 한 불가피한 방법이라 생각되지만, 또 하나는 서구의 포스트모더니스트 대부분이 동양사상에 영향을 크게 받았다는 데 있다.

입술은 바람이 되고
눈망울은 흙이 되고
심장은 돌이 된다

---

4 이승훈, 『事物들』, 고려원, 1983.

괴롭던 일 기쁘던 일도

화가 나던 사랑도 후회도

이제는 님이 빚어야 할

한 줌의 흙

바다 혹은 하늘

— 이승훈, 「다시 흙으로」[5]

위의 시 역시 '입술＝바람', '눈망울＝천둥', '심장＝돌'의 등식도 위와 같은 모순어법의 표현의 논리가 아니고는 도저히 성립되지 않는다. 또 괴로움, 기쁨, 화냄, 후회 이 모든 것은 님이 빚어야 할 흙, 바다, 하늘이라는 고도의 무한상징과 여기에 따르는 절연과 기상은 선시를 방불케 한다. 또 다른 하나는 불교의 「유식학」에서 말하는 사대四大, 즉 지수화풍地水火風으로 이루어진 일체의 만물이 인연 따라 진공眞空하기도 하고 묘유妙有하기도 한다는 원리를 쓰고 있다는 점이다.

그러나 이 시집을 상재한 1993년 당시 이승훈은 그의 고백에 의하면 불교와는 전혀 인연이 없으며 관심조차 기울이지 않았음을 말한 적이 있다는 사실이다. 이러한 것이 동서양의 문화는 물이 높은 곳에서 낮은 곳으로 흐르듯, 늘 부증불감不增不減한다는 『반야심경』의 원리를 일깨우는 일이 아닌가.

---

5 이승훈, 『환상이라는 이름의 역』, 미래사, 1991.

시를 쓰려면 갑자기 임제 스님이 나타나 말하는 거야

야 이 새끼야 지금은 그게 아니야 무슨 시를 쓰겠다고

헤맨 나를 보고 글쎄 야 이 새끼야 지금은 그게 아니

야 내 귀싸대기를 한 대 갈기고 나가는 거야

— 이승훈, 「임제 스님」

위의 시 「임제 스님」은 2000년 여름에 간행한 시집 『너라는 햇빛』[6]에 있는 처음 불교적 소재로 글을 쓴 시다. 이 글이 무엇이 그리 대단해서가 아니라 포스트모더니스트인 이승훈, 프레베르와 *끄노*, 베케트, 카프카, 앙리 미쇼를 노래하던 프로이트, 라깡, 데리다를 설하던 시인에게 기상천외의 이름이 아닐 수 없다. 그렇다. 거칠기 짝이 없는 임제 노한은 틀림없이 좀팽이 시인에게 멱살이나 혹은 귓구멍이 펑크가 나도록 고함을 한 두어 번 지르던지, 한 귀싸대기 얻어 맞았을 것이라는 이승훈의 판단은 정말 대단히 탁 트인 견해이다. 그럼 임제 노한이 무엇을 할 수 있었단 말인가. 한 번 일러보라 일러보라 일러보라. 무얼 머뭇거리는가. '그래 휘파람으로 야 이 새끼야, 내 귀싸대기를 한 대 갈기고 나가는 거야'이구나. 아니 바람으로 말이야.

---

6 이승훈, 『너라는 햇빛』, 세계사, 2000.

3

만해시인학교를 열고 있는 설악산 백담사 2000년 여름, 백담산장.
이승훈 시인과 마주하고 밤 내내 캔 맥주를 마시며, 설악의 소슬한
바람에 흠뻑 취할 수 있는 행운이 필자에게 있었다. 그때 백담 계곡
의 물소리보다 더 고적한 말로 "나 이제 선 공부 좀 해야겠다"는 말
을 들을 수 있었다. 이때 나는 더 할 수 없는 명징하고 총총한 별빛
같은 느낌을 받았다. 정말 큰 행운이다. 이승훈은 누구인가. 우리 시
단에서 근 40년 동안 줄기차게 포스트모던한 시와 시론을 발표해온
큰 시인이 아니던가.

연꽃 옆에 물고기 있고 물고기
옆에 게도 있고 거북이도 있고
거북이가 한 세상이네 거북이
옆에 개구리도 있네 바람자면
바람이 그대로 거북이 바람이
그대로 물고기 저 물고기 하늘
을 나는 물고기 연꽃과 연꽃
사이에 한 세상이 있네

— 이승훈, 「연꽃 옆에」

서울에 오는 눈이 춘천에도 오고
춘천에 오는 눈 속엔 누가 있나

춘천에 오는 눈 속엔 춘천이 있

고 서울에 오는 눈 속엔 서울이

있네 서울에 오는 눈이 진주에도

오고 부산에도 오고 수원에도 오

네 오늘 하루종일 내리는 눈발

속에 하루가 내리고 오늘 오는

눈은 어제 오던 눈 이 눈 속에

눈 속에 내가 있네 눈은 내리고

눈발 속에 내가 사라지네 눈발이

나를 덮네 간절함도 애절함도 눈

발에 파묻히는 불빛일 뿐

— 이승훈, 「서울에 오는 눈」

위의 시는 이승훈이 자서에서 고백하듯이, 모더니즘 포스트모더니즘 해체주의를 돌고 돌아, 인생 후미에 만난 불교와의 인연 특히 일상사에 대한 깨침을 노래한 시다. 그의 시집 『人生』[7]의 전편 65수 모두 선미가 넘치는 선의 정신이 농축된 선시집이다.

앞의 시 「연꽃 옆에」와 「서울에 오는 눈」은 시공이 일탈된 거듭거듭 다함이 없는 화엄세계를 그리고 있다. 곧 시 자체가 부분과 통일성 속에 존재함이 아니라 순간과 순간의 움직임, 부분과 부분 사이, 흐름 속에 흔적으로 존재함을 보여 준다. 불교의 양대 기둥인 실상

---

7 이승훈, 『人生』, 민음사, 2002.

설實相說이나 연기설緣起說은 본래 둘이 아니다. 둘이 아님을 불이법문
不二法門이라 한다. 이 불이법문에 따른다면, 시는 대상의 세계만을
서술하는 것이 아님을 인식하게 된다. 따라서 시는 하나의 필드
(field),[8] 공, 통일장,[9] 화엄법계로 인식된다. 그렇다면 시 자체는 대상
만을 서술하는 것이 아니라, 바로 다양한 세계로 나타난다. 그럼 시
인은 대상을 그리는 총체적인 태도를 버려야 할 것인가? 문제는 진
리란, 실상에 둘 것이 아니라 상호 관계되는 상의성에 시선을 모으
며 동시에 그 창연한 흐름 속에 실상을 통견通見하는 것, 이것이 바로

---

8 블랙 마운틴파로 불리 우는 1950년에 발표된 미국의 포스트모더니즘의 이론적 체계를 형성한 올
슨(C.Olson)의 시론 『투사시』나 던컨(R.Duncun)의 시론에 의하면 시란 대상의 세계를 서술하는
것이 아니라, 시는 하나의 역장(field)으로 인식된다. 필드로서 시는 시를 구성하는 무수한 물리
들의 하모니, 단편들의 앙상블의 형식, 거대한 또 다른 세계로 나타난다. 곧 상이한 사태와 정서
가 서로 대조되면서 변주된다. 이러한 것은 아인슈타인이 말하는 통일장 원리나, 불교에서 말하
는 화엄의 인드라망적인 중중무진법계인 공으로 이해되어진다.

9 統一場의 이해를 돕기 위해 두 개의 글을 인용하여 소개한다.
① 질량 / 에너지의 이원론은 양자론이나 상대성이론의 형식체계에는 존재하지 않는다.
　　$E=mc^2$이 아인슈타인의 상대성 공식에 의하면 질량이나 에너지가 에너지 혹은 질량으로
변하는 것이 아니라, 에너지 자체가 질량이다. 에너지 E가 있으면, 질량 $E=mc^2$만큼의 질량 m
이 있다. 전체 에너지 E와 질량 m도 보존된다. 질량은 곧 중력장의 원천으로 정의된다. (주커
프, 김영덕 역, 『춤추는 물리』, 범양사, 1981, 294쪽)
② 어떤 핵자(核子)나 다른 강하게 상호 작용하는 소립자가 없더라도 가상적 소립자들이 허공으
로부터 스스로 생겨났다가 다시 허공으로 사라지는 것이 명백하게
밝혀졌을 때, 결국 물질과 빈 공간 사이의 구별을 버려져야만 했다.
여기에 그러한 과정에 관한 '眞空圖式'이 있다. 세 개의 소립자 —양
성자(p), 반양성자(p̄), 파이 중간자(π)—가 아무 것도 없는 데서 형성
되고는 다신 진공 속으로 사라진다.
　　장이론에 따르면 그러한 종류의 사건들은 항상 일어나고 있다.
진공이란 완전히 비어있는 것이 아니다. 그 반대로 그것은 끝없이
생겨나고 사라지는 무수한 입자들을 함유하고 있다.

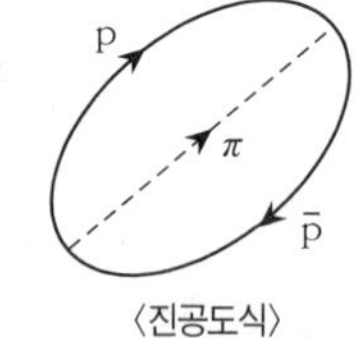

　　바로 여기에 현대물리학이 동양의 신비주의 虛에 가장 가까운 유사점이 있는 것이다. 동양
의 허와 같이 '물리적 진공 —장이론에서 이렇게 불리운다— 은 단순히 아무것도 없는 상태가
아니라 소립자 세계의 모든 형태를 지닐 가능성을 갖고 있다. 이러한 형태들은 독립된 물리적
실체들이 아니라, 단지 근본적인 허의 일시적 출현이다. 불경에서 말하듯이 "색이 공이요, 공
이 색"(色卽是空 空卽是色)이다. (F. 카프라, 이성범 · 김용정 역, 「공과 형상」, 『현대물리학과
동양사상』, 범양사, 1983, 262~263쪽.)

선적인 입장이다. 이것은 포스트모더니즘의 개방적 형식(open form)의 내용도 같은 맥락에서 이해되어진다. 대상의 본질을 '존재'가 아니라 '과정'에 둔다는, 곧 대상의 과정을 추구하며 대상의 총체성을 인식하고자 한다. 이 총체성이 필드, 통일장, 화엄법계이고, 이 총체성에서 자발하는 것이 바로 인간의(시인의) 자연성이며, 자율성이고, 개성이며, 직접성이다. 매 순간 절대 현재의 이 찰나에 충실한 삶, 바로 삶 자체가 찰나이고, 찰나는 가득 찬 삶. 찰나의 연속은 행위의 연속이고 현실이다. 사실 사는 것 이외에 무엇이 또 있겠는가?

그럼 이승훈의 위의 시는 데리다의 차연差延(differance)에서 말하듯 절대적인 토대는 존재하지 않는다는, 아니 상주常住할 때는 파악할 수조차 없는 흔적을, 노래한다. 일체만물의 진공묘유眞空妙有. 두두물물頭頭物物과 그 사이의 세계를 형상화한다. "이법계理法界(이치가 춤추는 평등의 세계), 사법계事法界(사물의 세계, 개별의 세계·하나와 많음이 서로 부딪치지 않는 원융무애한 세계), 이사무애법계理事無碍法界(이치와 사물이 서로 원융무애한 세계), 사사무애법계事事無碍法界(가유로 존재하는 사물과 사물의 세계, 물물의 사이인 흔적의 세계)" 곧 화엄의 4법계를 형상화하여 보여주고 있다. 이승훈이 그리고자 하는 것은 화엄법계로 정리되는 사이에 존재하는 '나'와 '너'라는 가유假有된 세계다. 없는 듯이 짐짓 있고 있는 듯하나 실은 없는 진공묘유의 '나·너' 혹은 일체 만물, 그가 40여 년 끊임없이 탐구하여 오던 나와 너, 우리가 무너져 내려앉는 즉 바람 같은 구름 같은 사이와 사이에 가유하는 흔적들, 이 사이미학을 형상화한다.

화엄의 사사무애법계, 사물과 사물이 원융하게 웃으며 말을 하며 낄낄거리며 반듯이 서로서로 놓여 있고, 그 물물의 사이에 흔적으로 있는 우리, 나, 너, 사물과 사물. 이승훈은 진짜로 본래 없는데 묘하게 가짜로 있는 이런 세계를 이제 노래하고자 한다.

이런 세계를 시 「연꽃 옆에서」에서 "바람이 자면 / 바람이 그대로 거북이 바람이 / 그대로 물고기 저 물고기 하늘 / 을 나는 물고기 연꽃과 연꽃 / 사이에 한 세상 있네"라고 보여주고 있다.

다음 시 「서울에 오는 눈」을 의미로 보아 3등분하였을 때 '서울에 오는 눈엔 춘천이 있고 내가 있고 서울이 있고 진주에도 오고 부산에도 오고 수원에도 오며'까지는 공간적인 차이를 형상화하고 있고, '하루 종일 내리는 눈발에 하루가, 오늘 오는 눈은 어제에 미루어지던 눈'까지는 시간이 연기되면서 인식할 수 있는 부분을 그리고 있으며, '이 눈 속에 내가 있고 내가 사라진다. 모두모두 찰나의 불빛'은 결국 시간의 연기와 공간적으로 차이에 의해 인식되어지는 나 / 너, 그리고 우리 / 물물은 흔적으로만 가유하는 존재란 깨침을 이승훈은 "눈발에 파묻히는 불빛"이라고 형상화한다. 홀연한 망아忘我. 묘유妙有를 버린 진공眞空. '어제 / 오늘'의 이항대립적인 사이에 오롯이 걸터앉은 '참나'. 이 나는 '있음 / 없음'에 포함되어 흔들리는 나가 아니라 '나 / 너'의 개념이 무너지는 절대현재의 순간. 진공즉묘유 묘유즉진공眞空卽妙有 妙有卽眞空. 이 파묻힘을 노래한다. 놀이한다. 유희할 뿐이다.

이러한 시는 불교에서 말하듯 세상은 상호 의존하고 있음을 설한 연기설에 의해 얻어진 시라고 보지만, 실은 실상實相과 연기緣起가 둘이 아닌 불이세계不二世界로까지 확대된다. 이런 사유는 선적인 시공이 일탈된 세계, 화엄의 사사무애세계다. 혹은 공간적 차이와 시간이 미루어짐으로 나타나는 흔적들, 포스트 모던한 사유의 세계를 보여주며, 동시에 선가풍이 넘친다. 이 시에서 보여주는 기법 역시 인접성에 의하여 연상되어지는 환유적인 포스트모더니즘의 주기법에 의해 쓰여지고 있다. 그렇다. 당신과 나는 짐짓 한 100년 거짓으로 살다가지만, 진짜로는 없는 것이 아닌가. 흔적 흔적 흔적 그래, 진공이 묘유이고 묘유가 진공이야. 이승훈은 이걸 말하고자 한다.

시인도 없고 시도 없고 언어도 없고

듣는 이도 없고 말할 것도 없고

그러므로

시인도 있고 시도 있고 언어도 있고

듣는 이도 있고 말할 것도 있습니다

그러므로

해가 있고 바람, 나무, 길, 조그만

돌멩이도 있습니다 모두가 있습니다

마침내

모두가 없기 때문에 모두가 있습니

다 모두가 없음 속에 있고 이 없음

속에 없음 속에 (…후략…)

— 이승훈, 「시」 부분

보이는 것은 보이지 않는다

왜냐하면 보이지 않는 것이

이미 보이기 때문이다

내가 쓰는 시가 쓸 만하면

절을 하고 그렇지 않으면

나를 잡아먹어라 시여

무슨 할 말이 있는 게 아니

야 해가 지면 이 귀신이 너

와 함께 놀 뿐이야 무슨 이

유도 애달픔도 없는 거야

— 이승훈, 「시」

위의 시는 수사적 기법으로 보면 앞장에서 살펴 본 선시에서 만난 적기어법에 의하여 쓰여지고 있다. 사물 A가 무자성無自性일 때, Ā로 나타난다. 이러한 원리가 도식 A=Ā로 나타남을 이전 시대의 선시를 통하여 살펴보았다. 이승훈의 위의 시는 선의 적기수사법 곧 선시의 반상합도, 선시의 초월은유, 선시의 무한실상이 묘하게 하모니를 이루고 있음을 직감하게 된다.

앞의 시, 「시」는 모두 7연으로 이루어진 선시의 적기어법을 비교적 잘 보여주는 시다. 1연과 2연의 '있다 / 없다'의 대련과 3연과 4연에 이어지는 합도合道, 그리고 5연과 6연, 7연은 무자성을 그 자성으로 하는 A=Ā의 표현, 시시각각으로 표출되는 우리의 삶이 형상화되어 시로 쓰여지고 있다. 이러한 것은 『금강경』에서 설하듯이 이른바 '정해진 것이 자성이 없기 때문에 그렇게 부를 수 있다'는 즉비원리即非原理[10]가 시 전반에 녹아 있다.

다음의 시, 「시」의 "보이는 것은 보이지 않는다 / 왜냐하면 보이지 않는 것이 / 이미 보이기 때문이다"는 적기적 어법인 수사법으로 바로 선시의 반상합도反常合道 기법이다. 이 첫 연은 'A는 Ā가 아니다 / 왜냐하면 Ā는 / 이미 A이기 때문이다'로 대입되는 A=Ā의 도식이 된다. 2연과 3연은 이러한 우리 삶의 존재 양태가 흔적으로 가유로 시인의 눈앞에 드러난 이상 그 무엇이 특별히 기특할 것이 있겠는가. '내가 쓴 시가 될 만하면 한번 씩 웃고, 그렇지 못하면 춤이나 두둥실 출 것이지' 쯤이 아닌가. 우리에겐 무슨 목적, 무슨 얽매임, 진리라고 부를 만한 토대가 사라진 이상, 아니 그것이 가유 곧 흔적으로 지나가는 새털구름 정도로 확연하게 보이는 이상, 우리에겐 놀이만 있을 뿐이다. 유희 말고 무엇이 더 있을 것이 있단 말인가. 이승훈은 노래한다. 놀이한다. "무슨 할 말이 있는 게 아니 / 야 해가 지면 이

---

10 卽非원리란? 『금강경』 도처에 보이는 『금강경』의 중심 사상인 동시에 선을 사상 면에서 검토하는 것이 된다.
 * 부처가 설한 반야바라밀은 즉 반야바라밀이 아니다. 그 이름이 반야바라밀이다[佛說般若波羅密 卽非般若波羅密 是名般若波羅密](여법수지분 제13).
   이런 논리는 반야계사상의 근간을 이루는 말들이며 선의 논리이며, 이것은 어떤 이름을 넣어도 무방하다. 이를 도식화하면 'A가 A이다 함은 / 바로 A가 아니다 / 그러므로 이것을 A라 한다.' 곧 우리가 도식화 한 A=Ā이다. 이것을 다시 'A가 차지하고 있는 공간이나 시간이 A가 아닐 때, A라 부를 수 있다'로 풀 수 있다.
   또 이런 원리는 『금강경』 제7분의 "여래가 설하신 법은 모두 취할 수도 없고 법도 아니고 법 아닌 것도 아니다. 왜냐하면 일체의 현성은 모두 함이 없는 가운데 차별을 두기 때문이다[如來所說法 皆不可取 不可說 非法 非非法 所以者何 一切賢聖 皆以無爲法 而有差別]"에 사상적 근거를 둔다 하겠다.

귀신이 너 / 와 함께 놀 뿐이야 무슨 이 / 유도 애달픔도 없는 거야"
배고프면 밥 먹고 그 사이 애인도 살짝 생각하고 그렇게 말이야.

이른 봄날 추위도 나더러

차나 한 잔 마시고 가라네

산자락에 남은 잔설도 차

나 한 잔 마시고 가라네

양지에 앉아 이를 잡는 당

신도 나더러 차나 한 잔

마시고 가라네 제발 묻지

말고 이 시린 물에 발이나

씻고 가라네

거기 있거나 여기 있거나

모두 한가지 빈손에 가득

차는 봄 햇살

— 이승훈, 「이른 봄날」

벼락불 밤이슬 천둥 번개 모두

여기 있어라 그대 떨어지는 나

뭇잎에 입맞추고 저녁 햇살 한

움큼 손에 쥘 때 그대 손이 빈

햇살이어라

그리고 시름의 미소여 목마르

던 애욕도 갈증도 없음이여 가

을 저녁거리에 서면 해는 지지

않고 그대 가슴에 글자를 새기

네 眞如여 속절없이 찾아 헤맨

날들이여

오늘도 오고 감이여

— 이승훈, 「天眞」

「이른 봄」은 마치 조주 선사의 '끽다거喫茶去', 즉 '차나 한 잔 하라'[11]는 화두가 언뜻 떠오르는 시다. 동태의 흐름과 침묵의 고요과 교차되는 절대현재의 이 찰나를 그리고 있다. "빈손에 가득 차는 봄햇살" 만고장공萬古長空에 일조풍월—朝風月. '영원 / 순간'. 그렇다, 우리에겐 하루하루가 신새벽이고 창조의 아침이다. 곧 한 찰나 한 찰나가 오직 유일하며, 첫 번이자 바로 마지막으로 오는 것이 당연하지 않은가. 임제선사가 말하듯 "눈앞에 역력한 이 놈. 말을 할 줄 알고 말을 들을 줄 아는 이 놈."[12] 그렇지. 차나 한 잔 하자. "오늘도 오

---

11 이 끽다거 공안은 『선문염송』 제11권 411칙이나, 『조주록』 등 많은 선서집에 수록된 잘 알려진 것이다. 『조주록』, 경서원, 1986, 454~456쪽.
12 서옹 상순, 『서옹연의 임제록』, 임제선원간, 1993, 51쪽.
　"你目前歷歷底 勿一皆形段孤明 是箇解說法聽法 卽今目前孤明歷歷地 聽者此人 處處不滯 通

고 감이여" 차나 한잔하자. 위의 시는 내용은 선의 물굽이가 눙쳐 흐르는 개방시적인 특성과 형태면에서는 포스트 모던한 해체시의 형태로 나타난다.

4

시집 『人生』에서 필자 임의대로 선택한 시편들을 분석해 본 결과, 이승훈은 정통적이고 정형적인 선시를 발전시켜 새로운 21C의 선시를 선보이고 있다. 이것은 그가 개척한 지분이라 할 것이다.

그리고 내용면에서 『人生』 전편 65수를 불교라 인정할 수 있는 객관적 4가지 징표인 사법인四法印[13]에 배대하여 보면 일체개고一切皆苦가 「밤이슬」 외 14수 제행무상諸行無常이 「창문」 외 15수 제법무아諸法無我가 「서울에 오는 눈」 외 14수 열반적정涅槃寂靜이 「天眞」 외 18수로 분류되며 이 분류는 시인이 처음 시적인 충동 감지를 어디서 받았냐는, 모티브를 기점으로 분류한 것이다. 사법인은 과거 중국에서 불교적인 글인가를 판별하는 기본으로 삼았던 잣대이다.

이상과 같이 시집 『人生』을 그 내용에 따라 혹은 시작 모티브에 따라 분석하여 분류한 결과 전편 65수 모두가 불교적인, 특히 선시

貫十方 三界自在"

13 法印 : '불법이라는 징표', '불교라는 증거'이다. 바로 제행무상, 제법무아, 열반적정을 삼법인이라 하고 여기다가 일체개고를 더하여 사법인이라 한다. 곧 이런 삼법인이나 사법인이 갖추어져야 그 말씀을 올바른 불교로 인정되어졌다. 중국 불교에 경전의 진위를 판정하는 표준으로 이 법인이 채용된 것도 그런 이유에서다.

의 모음이다. 이것은 시편 모두가 철저히 불교적임이 증명된다는 증거다.

위에서 살핀 시편들은 선적 취향과 선미가 강하게 느껴지나 명징하고 명석한 선미가 과거 선승들의 선시들 보다 진하게 다가오진 않는다. 이것은 선가의 수승한 정신적 경지를 행위를 통해 실참실수實參實修하지 못하였기에 오는 체감일 것이다. 선시는 행과 내용을 겸한 수행을 통한 사상적 전달을 중시한다. 이 사상을 담는 그릇인 언어와 기법이 바로 사상으로 하나 될 때 선시의 최고의 표현성을 나타낸다. 이런 면에서 이승훈의 선시는 새로운 선시의 기미를 보여준다고 본다.

이승훈은 첫째 서구 포스트모더니즘의 비평이론을 오랜 수련 끝에 시로 채득하였고, 둘째 근래 선문에 깊숙이 다가선 수행자로 혹은 이론가로 그가 여러 성상 탐구하여 왔던 나와 너, 우리가 선문에 들어서므로 모두 일시에 함몰되는 느낌을 받으며, 셋째 이러한 결과 선적인 수련과 그의 탁월한 능력인 시적 이론과 표현 능력이 선사상에 접맥됨으로 새로운 선시로 표출됨을 발견하게 된다. 그래서 시집 『人生』의 시편들은 시적 표현 면에서 시적 특질을 강하게 표출하고 있고 21세기, 혹은 미래세계를 선험하고 지향하는 새로운 언어의 실험과 형태의 실험은 우리의 현대 선시를 가일층 드러내고 있다. 또 이 시집은 선의 정신을 담을 수 있는 시대에 걸맞은 수사와 형태의 확대 발전의 한 실마리를 제시하고 있다.

제2부

格外詩話

제1화

허공을 노니는, 함허

옛날에는 환인과 콧구멍을 쌓더니　　　　　　　　昔與桓因築鼻空

오늘은 산승과 허공을 치네　　　　　　　　　　今伴山僧解打空

쳐가고 쳐올 때 허공의 탄식　　　　　　　　　　打去打來空自噎

'휴'할 때마다 방에 가득한 바람　　　　　　　　一噓噓出滿堂風

　　　　　　　　　　　　　　　　　　　　　　　— 함허 득통

　위의 게송은 '부채'를 주제로 한 선시다. 1행과 2행에의 대구가 절묘하다. '전에는 하느님의 콧구멍을 막더니 / 오늘은 산승의 손에 들려 허공을 친다.' 1행과 2행 사이에 상상되는 거리는 하늘과 땅만큼 현격하다. 그 만큼 우리를 현묘한 세계로 틈입시켜 많은 상상력을 주고 이미지를 파생케 한다. '하느님 / 부채', '부채 / 허공', '허공 / 산승', 이 가운데 반 쯤 줄며 '끄덕이는 노승의 머리' / '힘없이 떨어뜨리는 부채', 이쯤 되면 허공의 탄식이 아니라 노승마음의 딸꾹질이다.

이들이 인연이 되어 방안은 어느덧 바람으로 일렁인다.

이것은 바로 선시가 오랜 세월을 두고 발전시켜온 선시의 적기어법의 표현이며 반상합도反常合道된 세계가 우리에게 주는 실상세계다. 중중무진화엄법계重重無盡華嚴法界로 정립되는 선시가 그리는 무한실상無限實相의 세계이니, 곧 '하느님＝부채', '부채＝허공', '허공＝산승', '끄덕이는 노승의 머리＝힘없이 떨어뜨리는 부채'가 모두 반상합도되어 한 빼어난 세계를 연출한다.

3행과 4행에서 '쳐가고 쳐올 때 허공의 탄식 / '휴'할 때마다 방에 가득한 바람'이 '어느덧 방안에 일렁이는 바람이 된다.' 놀라운 세계다.

자성自性이 무자성無自性의 세계, 곧 '하느님은 하느님이 아니므로 하느님이다.'

석가부처님께서 "일체의 성현이 상대의 세계를 뛰어난 무위의 절대법 가운데 차별이 있기 때문이다(一切賢聖 皆而無爲法 而有差別", 『금강경』 제7 「無得無說分」)라고 설하신 바와 같이 일체만물이 스스로 고유의 성품을 가지고 있지 않을 때 비로소 그 이름을 갖게 된다. 『금강경』 도처에 "이른바 불법이란 불법이 아니고 그 이름이 불법입니다(所謂 佛法者 卽非佛法 是名佛法", 『금강경』 제8 「依法出生分」)라고 표현하고 있다. 따라서 하느님은 부채이고 부채는 허공이며 허공은 산승이다.

이런 선시의 수사법을 도식화하면 'A는 A가 아니므로 A다' 하는 A＝Ā의 세계다.

위의 선시 작가는 조선 초 무학無學의 상족인 함허당涵虛堂 기화己和다. 일반적으로 함허 득통涵虛得通으로 잘 알려져 있다. 함허는 당호이고 기화는 법명이며 득통은 호다. 법계는 다음과 같다.

　＊ 보리달마(28대)─육조혜능(33)─남악회양(34)─마조도일(35) …… 임제의현

　(38, 임제종) …… 양기방회(45) ……

　급암종신(55)┌ 석옥청공(56)─태고보우(57) …………………… 청허휴정(63)
　　　　　　　└ 평산처림(56)─나옹혜근(57)─무학자초(58)─함허득통(59)

　그의 제자 야부가 쓴 행장에 의하면 세종 2년(1420) 가을, 오대산에 들어가 여러 암자에 들러 참배하고 영감암에서 나옹 선사 영정에 공양을 드리면서 이틀 간 머물렀다. 하루 저녁 꿈에 한 신령스런 이인이 나타나 스님에게 말하기를, 그대 이름은 기화이고 호는 득통이라 말했다. 절을 하고 이름을 받고 꿈에서 깨어보니 몸이 가벼워 마치 허공에 노니는 것 같았다. 다음 날 월정사에 내려와 한 방에 머물며 평생을 바쳤다 한다.

　함허는 조선 초기의 배불하는 국시에 맞서 호불護佛하려는 염원에서 『현정론』, 『유석질의론』을 저술하였고, 또 함허가 설의한 『금강경오가해』는 제방에 오늘날까지 전해 내려오는 귀중한 수자들의 지침서다. 그러나 함허의 간절한 불법의 참뜻을 이해시키려는 의도에도 불구하고 이미 시대의 대세는 어쩔 수 없었다. 그는 한 수의 게송으로 자기의 심정과 아울러 암울한 불교의 앞길을 한탄한다.

여기 저기 불사 헌다는 소식 듣고　　　　　　　聞說諸方壞佛廟

어쩔 수 없이 흐르는 두 눈의 눈물　　　　　　無端兩眼淚潸然

우리들 덕 없음이 부끄러울 뿐　　　　　　　　但慙我輩都無德

감히 합장하고 정성껏 하늘에 고하네　　　　　　　　合掌傾誠敢告天

－함허 득통

「有感」이라는 제가 붙은 시다. 유교를 국시로 하는 조선조에 들어와서는 여러 측면에서 불교가 폄하되고, 절이 헐리는 상황을 맞는다. 그러나 이 울분을, 스스로 부덕의 소치로 돌려야 하는 현실을 부끄러이 여길 수밖에 없음을 노래한다.

제2화

하늘엔 구름 병 속엔 물

雲在靑天水在瓶

몸은 연마하여 학과 같이 되었으니	鍊得身形似鶴形
천 그루 솔 밑 두어 권 경	千株松下兩函經
내가 도를 물으니 아무 말씀 없이	我來問道無餘說
푸른 하늘엔 구름 병 속엔 물	雲在靑天水在瓶

— 이고(李翶)

　낭주자사 이고는 약산(藥山惟儼, 745~828)의 덕화를 오래 전부터 듣고 흠모하여 산사로부터 내려 오셔서 설법하여 줄 것을 자주 간청했다. 그러나 약산이 끝내 하산하지 않자, 산사에 직접 찾아갔으나 선사가 경을 보면서 돌아보지도 않았다. 시자가 스님께 '태수가 왔다'고 아뢰었다. 약산이 미동도 하지 않자 태수는 성질이 나서 "얼굴을 보는 것이 이름을 듣는 것 보다 나을 게 없군" 하며 무안을 쏘아 보내자, 약산이 "어째서 태수는 귀만 귀히 여기고 직접 보는 눈을 천히 여기시오?” 하니, 이고가 약산에게 “어떤 것이 도냐?” 라고 물었다. 약산은 아무 말 없이 손을 들어 하늘과 땅을 가리키면서 “알겠습니까?” “모르겠습니다” 선사가 이어서 말했다, “구름은 하늘에 있고 물은 병 안에 있네.”(雲在靑天水在瓶)(『선문염송』 9권 335칙 「雲在」)

도道를 이렇게 기표와 기의가 알맞으며 미적인 시구로 즉시 읊을 수 있다는 것이 놀랍고, 또한 오늘 우리가 이런 선구를 만날 수 있다는 것이 큰 행운이다. 이고는 이 아름다운 선게를 듣고 환희심과 수치심으로 뒤범벅이 된 채, 절을 하고 시를 지어 올렸다.

> ‘송림 우거진 숲, 아무렇게나 짠 경상 위에 두어 권의 경전
>
> 그 앞 그림자는 솔가지와 솔잎, 조는 듯 일렁이는 바싹 마른 노스님
>
> 세속에 찌든 나, 도가 뭐냐고 물으니
>
> 푸른 하늘엔 구름, 병 속엔 맑은 물’

착어   **그렇다. 누군가 빠뜨린 외짝 버선.**

이렇게 아름다운 선게를 우리에게 보여준 약산은 84세에 입적하니 법제자로는 운암 담성과 선자 덕성, 도오 종지가 있다. 특히 운암은 동산 양개를 낳고 그 밑에 운거 도응, 용아 거둔, 조산 본적을 낳으니 오늘 날 조동종의 뿌리를 이룬다.

약산이 보여준 아름답고 매혹적인 선게 ‘雲在靑天水在瓶’에, 후세 선장들이 보고 읊은 게송 한 수를 음미하자. 또 그가 뒷사람을 위해,

죽음으로 펼치는 장면을 보면서 이 장을 마무리한다.

구름은 하늘에 있고 물은 병에 있으니	雲在靑天水在瓶
눈빛 가리키는 곳마다 깊은 구덩이 일세	眼光隨指落深坑
개울물 거품은 추위의 고통을 못 견디어	谿花不耐風霜苦
깊고 깊은 바다로 간다고 은근히 속삭이네	說與深深海底行

　　　　　　　　　　　　　　　　　　　　　　　　　－ 무진거사

착어　은근히 속삭이는 개울물 소리 듣지 말라. 저, 무진노인의 꼬드기는 소리
　　　야. 그저 구름은 하늘에 있고, 물은 병에 있다네.

장엄한 낙조다. 후학을 가르치기 위해 죽음조차 입체적으로 펼치
니, 790년 11월 6일 임종하기 직전 약산은 대중을 향해 외쳤다.

"법당이 쓰러진다. 법당이 쓰러진다."(法堂倒 法堂倒)
대중이 모두 기둥을 버티니, 선사께서 손을 흔들면서 마지막 말을 한다.
"그대들은 나의 뜻을 모르는군, 모르는군⋯⋯."

　　　　　　　　　　　　　　　－『경덕전등록』 제14권 「약산유엄선사」

제3화

입에다 풀 한줄기 물고 오너라
銜一莖草來

㉮

다닌 이력이 원래 이류 속에 있으니	行履從來異類中
머리의 뿔 누구와 같았던 줄 아는가	不知頭角與誰同
물과 풀을 물고 와서 만나 본다면	若銜水草來相見
꼬리치고 머리 흔들 때, 들바람 불리라	擺眉搖頭四野風

— 금산원

㉯

이류 속에 오고가기 자유로우니	異類中行得自由
콧구멍을 꿰어 끌기 아주 어렵네	拽穿鼻孔卒難收
풀 가지 물고 와서 만나는 곳에	草枝含得相逢處
짙은 구름 한가히 누워 백발 맡기네	高臥深雲任白頭

— 장산천

『전등록』은 열반에 가까이 온 대선사 남전의 면목을 다음과 같이
기록하고 있다.

남전이 세상을 뜨려할 때 제1좌가 물었다.

"스님께서 돌아가신 뒤에 어디로 가시렵니까?"

"산 밑에 가서 한 마리 검은 암소가 되련다."(山下 作一頭水牯牛去)

"저가 스님을 따라 가려 하는데 되겠습니까?"

"그대가 나를 따르려면 입에다 풀을 한 줄기 물고 오너라."(汝若隨我 卽須銜
一莖草來)

— 『경덕전등록』 권8 「남전보원장」. 『선문염송』 7권, 246칙 「順世」

모두의 게송 ㉮와 ㉯는『선문염송』246칙에서 위의 선화에 대하여
후대의 선객들이 뒤에 오는 참학인을 위해 부친 게송이다.

남전이 죽으면 산 밑에 가서 한 마리 검은 암소가 된다는 말에 제
1좌가 저도 따라 가려는데 어떻습니까? 하는 질문에 풀을 한 줄기
물고 오라한다. 이것은 이류중행異類中行을 행하려 하니 자네도 우리
와 같은 인간이 아닌 동물의 행을 보여주어야 한다. 아니 아주 소가
되어 풀 한줄기를 물고 오라고 한다.

㉮ 게송이나 ㉯ 게송 모두 동류同類가 이류異類고 이류가 동류여서
이항대립적인 의식이 해체되고, 허물어져 담담히 받아들이고 있다.
㉮ 게송 4행에서 담담히 아주 담담히 "꼬리치고 머리 흔들 때, 들바람
불리라." 노래한다. 또 ㉯ 게송에서 "풀 가지 물고 와서 만나는 곳에 /

짙은 구름 한가히 누워 백발 맡기네"가 그것이다. 동사섭同事攝의 대비행大悲行이고 자리이타自利利他한 보살행이다. 중생을 떠나지 못하는 보살의 마음. 이것이 바로 확암 지원의 「심우송」에 열 번째 단계인 '저자거리로 돌아와서 손을 드리운다'는 입전수수入廛垂手다. 이 입전수수의 행이야말로 삼세제불과 천하선지식의 본심본행이다.

이와 같은 아름다운 선화를 남긴 남전이 하루는 병을 나타내더니, 87세인 대화 8년 12월 25일 첫 새벽 문인을 모아놓고 눈을 감으며 말했다.

별·허공꽃·등불·허깨비가 오래 견디었다. 내가 가거나 온다고 하지 말라.
星翳燈幻亦久矣 勿謂吾有去來也

— 『경덕전등록』 권8 「남전보원장」

제4화

파초의 주장자

芭蕉 拄杖子

서옹 상순(西翁尙純, 1912~2003) 선사를 만나게 된 것은 내 삶의 크나큰 광영이었다. 스님께서 80노구에도 불구하고 강원도 강릉에서 찾아 올라간 나를 한 번도 마다하시지 않고 7년간 일곱 차례나 일천한 공부를 점검해 주시는 두터운 법은을 내리셨다. 참으로 지극한 낙초자비落草慈悲였고 간절노파심절懇切老婆心切이었다. 백골白骨이 난망難忘되어도 잊을 수 없는 은혜다.

그 중 잊혀 지지 않는 법문이 바로 파초산 혜청 선사의 주장자 법문이다.

파초 선사는 우리나라 신라인이며, 위앙종의 4대에 속한다. 그의 스승은 남탑 광용이고 광용은 앙산의 제자이다.

이 파초 선사의 주장자 공안은 오늘날까지도 우리나라 선방에서 살아 움직이는 현역 공안으로 빛을 발한다. 필자 역시 이 지팡이에 경을 친 적이 있다. 1990년경 서옹 선사를 참문 할 때, 나의 분별심을 향하여 비수같이 날아들던 지팡이였다.

㉮

있음과 없음은 고금에 두 겹의 관문이니	有無今古兩重關
바른 안목 가진 선객도 지나기 어렵다	正眼禪人過者難
장안으로 가는 큰길로 통하게 하려거든	欲通大道長安路
곤륜이 활개 펴고 다니지 못하게 하라	莫聽崑崙敍往還

— 투자청

㉯

그대에게 있으면 일체에 있고	你有則一切有
없으면 어디에도 없다	你無則一切無
있고 없는 것은	有無
오직 본인이 준다 뺏는다 할 뿐	自是當人與奪
파초에게 무슨 관계있으랴?	關芭蕉甚事
이럴 때, 어떤 것이 그대의 주장자인가?	正伊麼時作麼
	生是你拄杖子

— 천동각

무더운 한 여름 서옹 화상을 뵈었다. 스님이 나에게 말했다.

"억울하냐? 그래도 억울하면 다시 한번 해보자. 나에게 보배로운 지팡이가 하나 있는데, 네가 가졌다면 나는 이것을 너에게 줄 것이고, 너한테 이 지팡이가 없다면 내가 빼앗아 가겠노라는 법문이 있는데, 그럼 이 도리를 네가 한번 일러봐라."

잠시 양구하다가 말씀을 올렸다.

"스님, 스님과 저, 모두 같은 지팡이 안에 있는데, 무얼 주고받는 단 말씀입니까?"

물끄러미 바라보시던 스님이 말문을 열었다.

"아니야, 아니야 탕기에 때가 묻어 때가 묻어나. 다시 참구하라. 왜 국민학생이 100미터 달리기를 하듯, 철봉대에 마지막 턱걸이를 하듯 그렇게 다시 참구하라."

『선문염송』에 파초선사의 주장자 공안에 대해 후대 선객들의 게송이 몇 수 실려 있다.

꼼꼼히 살피며, 위 선시의 의미를 살펴보자.

투자 의청의 ㉠ 게송에서 보듯이 '이 '유 / 무' 양변의 관문은 실로 눈 푸른 납자들도 통과하기 어려움'을 읊었고, 또 '무상대도無上大道의 길을 사통오달되게 하려면, 4행에서 곤륜인이 활개치고 다니지 못하게 하라' 하였다. 곤륜족은 티베트 북쪽 일대에 사는 흑인종족이다. 곧 나의 마음이 나이며 자성이고, 이 자성의 활성화가 평평범범의 일상사이니, 특이한 생각으로, 밖에서 자성본원을 찾으려는 어리석음을 짓지 말기를 당부하고 있다.

㉡는 천동 정각이 시중한 염拈이다. 자성본원은 큰 거울과 같은 원만한 지혜로서, 일체 삼라만상이 비추어지지 않는 것이 없고 비치어지지 않은 것이 없다. '비친다 / 비춘다'를 완전히 벗어난다. 그러니

파초 자신이 괜히 '준다 / 뺏는다' 하며 분별하여 사람을 속일 뿐. 이 자성의 형상화인 주장과 파초와 사실 무슨 관계가 있으리오. 이럴 때 무엇이 주장자이고 무엇이 나인가?

서옹 스님께서 입적한지 10년도 채 안 된 지금 스님을 떠올리며 이 글을 쓰니 더욱 새롭다.

제5화

소를 타고 다시 소를 찾네

騎牛更覓牛

그림자 없는 나무를 베어다가	斫來無影樹
물 가운데 거품을 태워 다 할지니라	燋盡水中漚
가히 우습다 소 탄 자여	可笑騎牛者
소를 타고 다시 소를 찾는 구나	騎牛更覓牛
	– 소요 태능

오늘날까지 당상의 대중법문으로 많이 회자되는 '소를 타고 소를 찾는 구나' 하는 선화는 필자 역시, 오랫동안 무딘 머리를 괴롭혀 왔던, 꼼짝 달싹하지 못하게 하던 공안이었다.

이 선화로 대중법문하신 전강 선사(田岡永信, 1898~1974)의 법문을 옮긴다.

소요逍遙 스님은 어려서부터 총명하고 자비하여 성동이라고 고을 사람들한테 칭송을 받았다. 13세에 출가하여 부휴대사 밑에서 일대 시교를 통달하고 수백 명의 학인 가운데 운곡雲谷, 송월松月 스님과 더불어 법문삼걸이라고 칭호를 받았던 17세의 소년 강사 소요 스님이 묘향산에 계신 서산 대사를 찾아갔다 그날부터 시봉을 시키면서 『능엄경』 한 토막씩을 매일 가르쳐 주셨다. 이미 경전을 통달한 강사인지라 능엄경을 모를 리 없지만 서산대사의 가르침이라 매일 배우다보니 삼년이 다 지나갔다. 소요 스님이 생각하여 보니 한심하였다. 『능엄경』만을 가르쳐 주니 화가 나는 것이다.

그러나 참고 계속 배워 가는데 소요 스님이 잠깐 밖으로 나갔다가 들어오면 서산대사는 웬일인지 때 묻은 작은 책을 보시다가는 곧 안 주머니에 넣곤 하는데 이렇게 여러 번 계속되고 보니 소요 스님은 그 작은 책에 대하여 매우 관심이 많았다.

하루는 서산 대사가 잠자는 틈을 타서 그 작은 책을 보려고 하니 서산 대사는 깜짝 놀라 깨어나서 그 책을 더욱 소중히 감추는 것이다. 그러니 더욱 관심이 많아지고 또 무슨 책인지 점점 의심이 커졌던 것이다. 그러나 그 작은 책을 보려고 하면 할수록 더욱 단속이 심하고 또 그냥 그대로 아무런 법도 얻지 못하였으니, 더욱 화가 나서 그곳을 떠나기로 결심하였다.

그래서 소요 스님은 서산 대사에게 하직을 고하니 그때야 비로소 서산 대사가 그렇게도 소중히 여기던 때와 콧물이 묻은 그 작은 책을 주시면서 하시는 말씀이 "가려고 하거든 이 책이나 가지고 가게" 하셨다. 서산대사가 주신 책을 펴보니 게송이 있는데, 바로 모두에 게송이 쓰여 있었다.

이 게송을 가지고 호남으로 내려가 20년간을 참구하였으나 깨닫지를 못하고 나이 40에 이르러 다시 묘향산에 돌아가서 서산 대사를 뵈오니 감개가 무량하여 눈물이 왈칵 쏟아졌다.

20년간을 하루도 잊어본 적이 없는 스승이 아니었던가. 서산 대사께서 말씀하시기를 "공부가 어떻게 되었느냐?" "떠날 때 주신 게송의 의지를 아직도 깨닫지 못했습니다."

서산 대사께서 "가히 우습다 소 탄자여, 소를 타고 다시 소를 찾는구나" 하시는 바람에 소요 스님은 언하에 확철대오 하였다.

— 전강선사법어집 『언하대오』, 용화선원, 1999, 25~28

서산문하의 삼걸로는 사명, 소요, 편양을 예부터 일러왔다.

소요 태능(逍遙太能,1562~1649) 역시 당대의 많은 명사들로부터 선과 시가 빼어났다고 칭송을 받았다. 게송 한 편을 살펴보며 그 깊이를 가름해보자.

잎 지자 일천 산 조용하고	葉脫千峰靜
달뜨니 온갖 골짝 빼어나다	月臨萬壑奇
산가의 말 끊긴, 이 현묘함	山家絶言妙
바깥사람 알지 못하게 하시오	勿使外人知

— 소요 태능

위의 게송 1행과 2행 "잎 지자 일천 산, 조용하고 / 달뜨니 온갖 골짝 빼어나다"는 선리적인 입장에서는 쌍차쌍조雙遮雙照의 화엄도리를 겹겹이 드러내고 있다.

1행에서 '잎이 지다'는 '막다 빼앗다의 遮'의 표현이고, '조용하다'의 靜은 '되비침, 照'의 표현이다. 곧 '일천 산'이 있는 그대로 석가의 샛별처럼 드러난다. 그리고 2행에서 '달뜨다'는 照의 이치이니, 곧 되비치니 '만학이 갑자기' 그 자태를 여시하게 드러낸다.(송준영, 『현대언어로 읽는 선시의 세계』, 86쪽)

곧 선시의 적기적 어법 가운데 선시의 반상합도反常合道의 수사법이다.

3행과 4행 "산가의 말 끊긴, 이 현묘함 / 바깥사람 알지 못하게 하시오" 찰라에 읽고 멍해지는 것이야말로 선장들의 적기의 표현이다.

3행에서 보이는 '山家'는 숨어버리고, 도리는 들어나 妙로 표현되니, 우리를 다시 한번 뒹굴게 한다. 4행은 반어적 수사법인 아이러니다. 선사는 발가벗고 중요한 것을 만 사람에게 보여주고 있다.

깨친 자에게는 담담함이 있다.

착어　별무기특이라, 하늘 별들아 아직 무사한가. 오늘도 어둠을 갉아 먹는 너 정말 기특하구나.

제6화

뿌리도 포기도 없는 사람은 밥이 생명이다
人無根株 以食爲命

아래에 나오는 게송은 천황 도오(天皇道悟, 748~807)가 임종시에 우리에게 보인 활구법문에 대하여, 후대 선객의 염과 송이다.

되기는 되었으나 점검해 보지만	得卽得 點檢將來
그 노장 생전에 알랑알랑 속이고	這漢 生前滿滿頂頂
죽은 뒤에 갈팡질팡 한다	死後奔奔卤卤
만약 코끝이 하늘 찌르기를 원하면	若要鼻孔撩天
질뚝배기 대젓가락과	瓦椀竹筋
남은 밥 쉰 국, 한 쪽에 밀치고	殘羹餿飯
뜨거운 화로가, 호떡을	熱爐餬餅
원하거든 곧 청해야 한다	要請便請
알겠는가?	還會麼
사람은 포기도 뿌리도 없지만	人無根株

밥으로써 생명을 삼는다.

以食爲命

― 보녕수

단 것은 꼭지까지 달고

甘勘徹底甘

쓴 것은 뿌리까지 쓰다

苦苦連根苦

퇴침을 밀어낼 때

拈起枕頭時

신라에서는 삼경을 친다

新羅夜打鼓

― 원조

우리는 전위적인 행위 예술가들이 보여주는 퍼포먼스에도 놀라움을 금치 못한다. 더구나 이렇게 생과 사를 놓고 벌이는 무한실상의 정신세계를 보며 진실로 주눅이 들지 않는 사람이 어디 있겠는가?

또 죽음에 임한 사람이 이렇게 자유자재하게 자기의 삶을 마감할 수 있는지 의문이 앞선다. 생사를 초탈한 대자유인, 삶에도 죽음에도 마음을 두지 않는 무사한인無事閑人의 궤적, 한 생애의 낙조를 이렇게 다층적 양태로 보일 수 있는지 그저 놀라울 뿐이다. 간혹 선사들의 이러한 기록을 보면서 그 웅장한 생의 운행에 경의를 표하게 된다.

천황 역시 그렇다.

한평생 쾌활을 외치던 천황조실이 병이 중하게 되어 임종을 맞게 되었다.

"괴롭구나, 괴로워. 원주야 술을 가져와 좀 먹여다오. 고기를 가져와 나에게 먹여라. 염라대왕이 잡으로 온다. 어이할꼬."(院主 把酒來與我喫 將肉來與我喫

閻老子 來取我也)

하였다. 원주가 곁에 와서 물었다.

"큰 스님께서는 평소에 쾌활, 쾌활하시더니 지금은 왜 괴롭다를 연발 하십니까?"

"원주야, 말해봐라. 그 때가 옳은가, 지금이 옳은가?"(且道 當時是 如今是)

원주가 대답을 못하자, 퇴침을 밀어내고는 숨을 거두었다.

—『선문염송』 351칙 「快活」 제9권

천황, 그는 스승이었다. 그에게는 저승과 이승의 벽이 허물어졌고, 그의 가르침은 우주운용의 하나일 뿐, 철저히 미친 사람이다. 저승의 강을 무엇이 이렇게 당당히 건너게 하는가?

먼저 보녕수(保寧秀)의 염을 살펴보기로 하자.

'다들 깨달은 이라고 모시는 조실스님이니, 그의 일생을 조명하여 보면, 생전에 그저 덜렁덜렁 적당히 지내고 죽음에 이르러는 허겁지겁 천방지축으로 헤맨다'가 3행까지 내용이고, 4행에서 8행까지 내용은 '깨달음의 바른 소식을 꼭 보고자 원하면, 다른 것이 아니다. 일상사와 평상심을 벗어나지 않으니, 산사의 일상사와 살림살이를 알고자 하는가?

착어   요긴한 건 '질뚝배기 대젓가락과 / 남은 밥 쉰 국' 그리고 / 뜨거운 화로와 호떡 / 필요로 하면 곧 청하라

다시 원조의 게송을 살펴보면, 1행과 2행 "단 것은 꼭지까지 달고 /

쓴 것은 뿌리까지 쓰다”라는 것은 자성본원에 영회한 무사한인은 ‘철저히 한 통속이어서 안과 밖이 없어 내외명철內外明徹하고, 삶과 죽음이 같으며 늘 자발광하여 상적상조常寂常照하다’는 또 다른 표현이다.

4행과 5행 “퇴침을 밀어낼 때 / 신라에서는 삼경을 친다”의 풀이는 ‘지금 천황이 열반당의 정문을 밀치고 있는데, 먼 먼 신라에서 응답의 종을 친다’ 정도로 해두자.

제7화

부처를 태운 단하

丹霞燒佛

단하 천연(丹霞天然, 739~824)은 앞 선화에서 나온 천황이나 약산과 같이 석두의 법제자다.

눈이 바위 틈 사립 덮어 봄소식 멀고	雪擁岩扉凍不春
한 분이 목불을 쪼개어 땔감을 삼았네	一尊木佛劈爲薪
애꿎은 원주의 두 눈썹 빠지니	可憐院主眉毛落
그 집의 주인까지 몽땅 태웠네	燒殺儂家屋裏人
	— 무진거사

단하가 목불에 처음 불붙일 때	丹霞木佛火初焚
원주는 머리 뚫려 아교 부은 것 같네	院主剌頭入謬盆
동쪽 집이 초상나니 서쪽에서 곡하고	東舍暴喪西舍哭
남산의 소나기 북산이 컴컴하다	南山驟雨北山昏

안개와 구름 흩어지니, 집집이 달빛이오	煙雲散去家家月
눈과 서리 녹으니 곳곳에 봄이네	霜雪消來處處春
만나면 언제나 하찮게 여기지만	盡道相見猶無事
못 보면 님 생각 간절한 줄 뉘 알까.	誰知不來還憶君

– 숭승공

천연이 천하를 주유하던 중 혜림사에 묵게 되었는데 날씨가 매우 추웠다. 이때 법당에 목불이 있는 것을 끌어내려 불을 피웠다. 원주가 이를 보고 몹시 놀라 말했다.

"어째서 부처님으로 군불을 때시오?"

하니 천연이 주장자로 재를 헤치면서 말했다.

"나는 부처님을 다비하고 사리를 얻으려 했소."(吾燒取舍利)

"목불에 무슨 사리기 있겠소."(木佛有何舍利)

"사리가 없다면 양쪽 부처님마저 태워야하겠소."(旣無舍利 更請兩尊再取燒之)

—『선문염송』21칙「木佛」

이런 일이 있은 후에 원주는 눈썹이 몽땅 빠졌다는 기록이 『조당집』이나『전등록』에 실려 있다.

이 선화를 처음 접한 불교신도들이든 타종교 신앙인이든 아주 충격적일 것이다. 선사들은 어떤 정상화된 틀과 형식주의적이고 타성적이며 관습적인 신앙심을 맞대놓고 공격하기도 한다. 이것은 선의 본연이 그러하기 때문에 선을 닦은 선사들의 행위는 자연스러운 현상으로 나타난다. 선은, 선사들은 때로는 노골적으로 비종교적이다. 선사들은 이러한 타성적이고 획일적인 신앙심이 진실하고 원만한 신심信心을 일으키는 데 방해가 된다는 생각을 가지고 있으므로 그러하다.

앞의 게송들은 『선문염송』 321칙 「목불木佛」에서 발췌한 선시들이다. 이제 우리가 보고자 하는 『선문염송』 「木佛」에서 본칙으로 정한 무진거사와 숭승공의 게송을 살펴볼 차례다.

무진거사의 게송 1행 "눈이 바위 틈 사립 덮어 봄소식 멀고"(雪擁巖扉凍不春)는 '인습의 눈이 머리 귀 눈 사유에조차 덮이니, 자성본원에 계회하기 꿈조차 꾸지 못하는데' 천연이 이런 오랜 인습의 잡동사니를 몽땅 불태우니, 아니 지고지상의 부처님조차 불태우니, 더 태울 것이 없다.

숭승공의 게송, 2행에서 "단하가 목불에 불을 붙일 때(丹霞木佛火初焚) / 원주는 머리 뚫려 아교 부은 것 같네(院主剌頭入謬盆)"는 단하가 나무 불상에다 불을 붙일 때, 관습에 젖은 원주는 머리 찔린 것 같고, 그 뚫린 자리에 아교를 부은 것 같이 머리회전이 멈추어졌다. 단하가 목불에 불을 붙이는 풍광, 그 풍광의 전개야말로 3행과 4행, 5행과 6행이니 잘 보고 잘 보아야 한다. 무공간성이며 무시간적이다. 봄인데 원주는 머리 뚫린 것같이 어리둥절하니 누구에게 책임을 물어보나?

마지막 행, "만나면 언제나 하찮게 여기지만(盡道相見猶無事) / 못 보면 님 생각 간절한 줄 뉘 알까(誰知不來還憶君)"는 '만나면 너무 무관심

하여 하찮게 그냥 지나치지만, 눈을 뜨지 못하면 견성이니, 무위진
인이니, 무상정각이니 하며 간절히 평생을 찾아 헤맨다. 이런 낌새
를 누가 있어 알까?' 정도다.

단하가 열반에 들고자 문인들에게 말했다.

"나는 떠난다. 목욕물 데워라."
하고 삿갓을 쓰고 지팡이를 들고 신을 신은 후 한 발을 내딛되, 발이 미처
땅에 닿기 전에 입적하니 수명이 86세였다.

―『조당집』『경덕전등록』『오등회원』『선문염송』 참고

제8화

복사꽃 한 번 보고 난 뒤에

靈雲之一見桃花後

　　아래 선시의 작자 영운 지근(靈雲志勤, 唐대)은 위산의 고족이다. 영운이 어느 날 복사꽃을 보고 깨달은 후 읊은 오도송이다. 이 게송을 읽은 위산은 "인연으로부터 깨닫는 사람은 길이 상실함이 없는 법이다. 잘 수호하도록 하라" 하며 인가했다.(『경덕전등록』 11권 「복주영운지근선사」)

30년 동안 검을 찾던 나그네여	三十年來尋劍客
몇 차례나 잎 지고 가지가 돋았던가	幾回落葉又抽枝
복사꽃 한 번 보고 난 뒤엔	自從一見桃花後
아직까지 두 번 다시 의심치 않네	直至如今更不疑

― 영운근

　　『선문염송』 590칙에 「도화桃花」에는 뒷날 어떤 학인이 현사 사비

(玄沙沙備, 835~908)에게 이 선화를 말하니, 현사가 이르기를 "당연하기는 하나 노형은 아직 끝까지 깨닫지 못하였음을 보증한다"고 하였다. 현사의 이 말에 대해 『선문염송』에 무려 57수의 염과 송이 있다. 이것은 영운의 오도송이나, 이 깨달음에 대한 현사의 지적이 선객들 사이에 일대파란이 일어났음을 짐작하게 하는 것. 지금까지 제방에 납자들의 논란꺼리가 되고 있는 위 선화를 밝히기 전에 영운의 오도송을 짐작하고 살펴봄이 순서일 것이다.

게송 1행과 2행은 구도를 위해 각고했던 처참한 지난날을 담고 있다. 「유식론」은 '인식은 바로 오류다'고 말한다. 분별은 어쩔 수 없이 본체에서 쪼개진, 오류의 결과로 나타난다. 아무리 분별을 초월한 것이 진리라 해도 분별분석으로 접근하면 자성본원 역시 분별한 내용이 되는 까닭에 분별없는 진아를 생각하는 것 자체가 분별이고, 분별하지 않는다는 것 자체가 분별이요 분석이다.

분별과 분석은 아무리 분별하고 분석하여도 의심의 꼬리가 잘리지 않은 것. 2행에서 "몇 차례나 잎 지고 가지가 돋았던가(幾回落葉又抽枝)" 하는 것은, 분별과 분석에 의해 얻어지는 지혜는 다시 의심이 생기는 것과 마찬가지로 본체에 잎이 떨어지고 잔가지가 말라도 다시 햇가지가 돋아난다는 의미이다. 아무리 분석하여도 본체가 될 수 없으니, 언제 무분별의 자성본원에 도달할 수 있겠는가? 이곳은 본체에 통증通證되는 무분별지無分別智일 때만 가능한 것이 아니겠는가?

드디어 시절인연이 찾아오니, 영운이 한 번 본 복사꽃의 체험은 분별지를 곧 바로 절단적기絶斷賊機하고 무분별지에 영회한다.

3행에서 "복사꽃 한번 보고 난 뒤(自從一見桃花後)"란 시구에서 보듯이 복사꽃을 한 번 본 다음은, 4행에서 "아직까지 두 번 다시 의심치 않네(直至如今更不疑)"라고 했는데, 도대체 복사꽃을 어떻게 보았단 말인가? 문제는 복사꽃이 문제다. 복사꽃은 피었고, 복사꽃은 피고, 복사꽃은 필 것이다. 이렇게 설정되는 복사꽃은 시간과 공간 속에서 분별되는 복사꽃이다. 이 분별의 복사꽃은 관념과 합리적인 약속 아래 복사꽃일 뿐이다. 어제께 본 복사꽃, 지금도 보고 싶은 복사꽃, 내일에도 필 복사꽃, 창경원에서 본 복사꽃, 어린 날 고향산천에 피던 복사꽃일 뿐이다. 그러나 3행에서 영운이 '한번 본 복사꽃'은 영운과 복사꽃과 대립적인 분별이 끊어진 복사꽃이었고, '영운(自) / 복사꽃(他)'이 무너진 무간無間의 복사꽃이니, 바로 영운 자체이다. 이것은 자성본원에 영회이며, 진여 실상 자체인 절대 현재의 이 찰나에 한 몸이 되니, 다시는 의심을 갖지 않는 4행의 이유다.

그런데 현사가 영운의 깨달음을 인정할 수 없다고 공포한 것이다. 이것이 문제다. 그럼 위산이 영운의 견처見處를 잘못 봤단 말인가? 그렇지 않으면 현사가 짐짓해 본 말인가?

이 선화에 이치를 드러낸 고수들의 게송 중 한 수를 가름해 보고 음미해 보자.

현사가 기강을 세우지 않았으면	不是玄沙定紀綱
영운의 일이 어찌 완전히 드러나랴?	靈雲那得事全彰
도화인줄 깨닫고서 모두 안다고 하나	桃花覺了咸皆委
몇 사람이나 이 소식 체험했을까?	未徹何人共體量

사자가 홀로 걸으니 산천이 고요하고 　　　獅子離群山岳靜

코끼리가 걸음 옮길 때, 바다는 맑다 　　　象王廻步海澄光

두 스님 어울리지 않고 어디로 갔나? 　　　二師不竝歸何處

낚시 배 위의 사삼랑(謝三郎)이라 　　　釣魚船上謝三郎

— 부산원

　부산원의 게송에서 작가가 하고자 하는 주제는 1행과 2행에 있다. 앞에서도 살펴보았듯이 감히 위산이 인가한 영운을 깨달음이 미심쩍다고 현사가 장담을 하였으니, 대위산 문중이 시끌벅적할 수밖에 없다. 위산이 누구인가? 1,500명의 선객을 거느린 일대 종사가 아닌가? 그래서 『선문염송』에는 50여 수의 선시가 서로의 의견을 제각기 드러내고 있다. 이것만 보아도 현사가 한 말이 일파만파一波萬波하여 천하에 일대파란이 일어났음이 분명하다.

　위산인가, 현사인가? 지금도 어리석은 자들은 이 쪽 저 쪽으로 몰려다닌다. 우습다. 정신 차리고 들숨과 날숨 사이를 살펴볼 일이다. 마지막 행의 사삼랑謝三郎은 사씨 댁 셋째 아들이란 뜻.

　그 후 영운이 현사를 찾아가서 만나게 된다.

인사를 마치자 현사가 물었다. "거기는 여기에 비해 어떻습니까?"

"그저 고향일 뿐 다른 점은 없습니다."

"그럼 거기에 계셨다는 말이군요?" "네 언제나 거기에 있었습니다."

"그렇다면 거기에 대해 왜 말씀하지 않습니까?" "뭐, 어려울 것이 있겠습니까?"

"정말이라면 바로 말씀해 주십시오."

—『현사록』 상권, 백련선서간행회, 1988, 38~39쪽

영운이 이 말끝에 앞에 게송「삼십년래심검객(三十年來尋劍客)」으로 대답을 대신한다. 이 오도송으로 자성본원의 자발광함을 보여준 셈이다.

이에 현사가 물었다.

"고향에서부터 타고난 재주가 무엇입니까?" ""조금 전에 진실로 다른 것이 아니라고 했잖습니까?"

"암요, 그렇고말고요." "천만에 부끄럽습니다."

우리는 이 대화에서 현사가 영운을 치켜세우며 한 방에 거꾸러뜨리려는 의도를 읽게 된다. 아무런 동요 없이 가볍게 대답하는 영운을 향해 현사가 마지막 결정타를 날린다.

"옳고 옳도다, 노형은 아직도 깨닫지 못한 데가 있음을 내가 보증한다.(諦當甚 諦當 堪保老兄 猶未徹)"

"그럼, 스님은 깨치고 계신다는 말이군요." "그렇지요. 그렇게 나와야 되는 거지요."

"예나 지금이나 난 늘 이러합니다" "좋습니다. 좋아요."

그리고는 현사는 게송을 지어 영운에게 주었다.

영운과 현사의 선문답은 여기서 끝이 난다. 우리는 이 「현사록」에

펼치는 두 검객의 칼싸움은 언뜻 보아도 승부를 내지 못하고 있음을 느낀다. 서로가 서로의 실력을 인정하는 마지막 장면은 통쾌 그대로다. 그럼 문제가 된 "깨닫지 못한 데가 있다"고 한 현사의 의도는 무엇인가?(송준영, 『현대언어로 읽는 선시의 세계』, 274~278쪽 참조)

다시 영운의 말을 살펴보자.

"그럼 스님은 깨치고 계신다는 말이군요"라는 말은 어떻게 깨친 사람이 그 모양입니까? 뭐, 아직까지 깨쳤니 못 깨쳤니 하는 스님이야말로 깨쳤다는 앙금이 남아서 그런 표시를 내는 것이 아닙니까?

영운은 현사가 살수를 펼친 것과 똑 같은 방법으로 "그렇다면 당신은 깨쳤는가?" 되물은 것은, 현사 역시 철저한 깨침이 없이는 그 깨달았다는 흔적의 표시가 있을 터이니, 깨달았다는 의식이 조금이라도 남아있다면 그것이야말로 깨닫지 못하게 될 것이다.

다음은 임제종의 적손 수산 성념(首山省念, 923~993) 이 공안에 대해 한 수의 게송을 부쳤다.

분명히 30년이 흘러갔건만　　　　　　　　分明歷世三十春
복사꽃에 깨친 인연, 더욱 새롭다　　　　因悟桃花色轉新
사람마다 영운의 뜻 알았다 해도　　　　　人人盡得靈雲意
영운이 누군가를 알지 못한다　　　　　　不識靈雲是何人

　　　　　　　　　　　　　　　　　　　　　　－ 수산성념

위의 게송, 1행과 2행에서 '우리의 분별로 보아 30번의 봄은 분명히 흘러갔지만 / 30년이 지난 오늘 복사꽃을 다시 보니, 그대로 확연하다'란, 늘 봄마다 보아오던 복사꽃, 특별한 복사꽃이 아닌 누구나 모두 보던 복사꽃. 이 과거의 복사꽃은 복사꽃인데, 상대 대립적인 분별에 의해, 분별된 관습에 의해 본 복사꽃이니, 바로 살구꽃, 배꽃, 매화꽃이라 구분지어진 고정된 이름이 달린 복사꽃이고, 또 복사꽃이 눈 안에 감탄을 연발하며 다가와도 이 복사꽃은 '미 / 추'의 상대적인 아름다움의 감탄일 뿐이다. 따라서 그 복사꽃은 무수한 현상 중에 하나인 복사꽃일 뿐, 복사꽃에 대한 인식도 전성전일全性全一하게 증득된 체험이 아닌, 단지 분별에 의해 판단되는 한 번 두 번의 식識으로 누적되어 판별되는 성질의 경험일 뿐이다.

3행에서 '사람마다 영운의 뜻을 알았다'는 역시 '깨달음의 체험을 가진 영운' / '깨닫기 위해 열심히 공부하는 영운", 그런 따위에 판단을 할 뿐. 본래의 영운을 알 리 없다. 영운뿐만 아니라 우리는 누구나 깨달음 그 자체다로 읽히니 단지 4행의 "영운이 누군가를 알지 못한다"로 표현되니 아이러니다.

착어　참, 불쌍하기도 하다. 어쩌자고 한 뺨 빼문 혀. 당기지 않고 있는가.

　말이 너무 친절하면 손자도 돌아앉는다지.

제9화

조주의 구순피선

趙州口脣皮禪

조주 고불의 물 흐르는 듯한 세 치의 혀에 용솟음치는 말, 그 자체가 선에서 한 발자국도 벗어나지 않으니, 선문에서는 이를 조주의 구순피선口脣皮禪이라 한다.

우리는 저 덕산의 방棒이나 임제의 할喝을 능가하는 조주의 말의 향연으로 들어가 볼 일이다.

하루는 한 유생이 조주를 찾아왔다. 조주의 입과 입술에서 흘러나오는 선을 접한 손님은 크게 감명 받고 아낌없는 찬탄을 했다.

"대사께선 참으로 고불이시오!"

"그렇습니까? 수재야말로 신여래新如來이시오!"

有秀才見師 乃讚嘆師云 和尙是古佛 師云 秀才是新如來

— 『경덕전등록』제10「조주관음원종심선사」·『벽암록』45칙「조주만법귀일」

고불은 오래된 부처가 아니라, 우리 머리 속의 고정된 부처가 아
닌 바로 신여래新如來라는 것. 이 얼마나 기표를 뒤집는 속말인가. 고
불고불할 때는 바로 죽은 부처인 것. 우리의 관습화되고 고착된 사
유를 박살내는 조주야말로 신여래가 분명하다.

조주의 선은 미끄럽고 고불고불하여 살펴가기가 힘든다.

이제 조주에 대한 몇 가지 선화와 선화를 발명하기 위해 부친 선
시를 점검하며, 조주의 구순피선의 미묘함을 음미해보자.

1.

조주에게 어떤 학인이 물었다.

"만법이 하나로 돌아간다고 하는데 그럼 하나는 어디로 돌아갑니까?"

스님께서 말씀하셨다.

"내가 청주에 있을 때에 베 장삼 하나를 지었는데 무게가 일곱 근이나 되었
다."

趙州因僧問 萬法歸一 一歸何處 師云 我在靑州 作一領布衫 重七斤

―『선문염송』408칙「萬法」

이 공안은 만물이 하나로 귀착되니 하나는 응당히 만법에 귀일이
라는 식으로 이렇게 저렇게 따져보는 것은 원래 선화의 요체가 아니
다. 만법이 그대로 하나 자체의 모습으로 수긍되는 세계를 형상화하
니 바로 "내가 청주에 있을 때, 베적삼 하나를 지었는데 그 무게가

일곱 근(我在靑州 作一領布衫 重七斤)"이다.

그래도 모르는 독자들은 다음 선시를 읽어보자.

조주의 베 장삼이 일곱 근 여덟 근   趙州布衫七斤八斤
소매에 깃 달고 겨드랑에 동정 단다   袖頭打領腋下剜襟
천수천안 관음이 들어도 꼼짝 않네   千手大慈提不起
말없는 동자가 싱글벙글 하는구나   無言童子笑欣欣
                          — 대홍은

3행과 4행에서 "천수천안 관음이 들어도 꼼짝 않네(千手大慈諸佛起) / 말없는 동자가 싱글벙글하는구나(無言童子笑欣欣)" 하였는데 이것은 바로 진리 즉 자성본원의 형상화인 '청주포삼의 일곱 근 무게'를 진리 당체인 천수천안관음보살이 들지라도 꼼짝하지 않는다는 표현이다. 이런 인식은 당연하다. 이것은 불동자가 불을 끄고 물처녀가 물에 빠져 죽는다는 것과 같으니 그럴 수밖에 없다. 4행에서 이를 주시하는 무언동자無言童子는 꿀 먹은 벙어리 마냥 '싱글벙글'할 수밖에.

2.

조주가 한 학인에게 물었다.

"일찌기 여기에 온 일 있는가?" "예, 왔었습니다."

"차나 한 잔 하시게." 또 다른 중에게 물었다.

"여기에 왔던 일이 있는가?" "아니오, 왔던 일이 없습니다."

"그래, 자네도 차나 한 잔 하시지."

이에 원주가 물었다.

"어찌하여 일찍이 왔던 이도 차를 마시라 하고, 온 적이 없는 이도 차를 마시라 하십니까?"

하니, 스님이 원주! 하고 부르자 원주가 대답하니 스님이 말했다.

"자네도 차나 한 잔 마시게."

— 『선문염송』 411칙 「끽다」

선은 공개된 비밀. 누구에게나 허락하지만 아무 사람도 이곳에 도달할 순 없다. 이 선화 역시 조주의 독창적이고 익살맞은 구순피선을 그대로 우리에게 노정한다.

바로 '여기'라 하는 곳, 여기가 문제다. 여기야말로 천하 두두물물의 본원이다. 존재자를 존재하게 하는 존재자라 해도 조주는 세 치의 혀로 '나'를 빼앗아 버릴 것이다. 이럴 때 남는 것은 무엇인가?

우리의 삶에 있어서 일상적 행위 외에 여기에 남는 것은 무엇일까?

하루는 한 학인이 조주에게 물어왔다. "저는 이곳에 온 지 얼마 되지 않습니다. 스님 저에게 가르침을 주십시오" 하니 조주는 단박에 "아침을 먹었는가?" 하고 물었다. "예, 스님" "그렇다면 가서 바릿대나 씻게!" 하는 조주의 말에 질문을 하던 학인은 곧 활연돈오한다.

그래도 '여기'를 모른다면 다음 게송을 나무 아래에 앉아 잘 사량해 볼 일이다.

세 잔의 차로 가풍을 드날리니   三甌茶自振家風

멀고 가깝고 높고 낮음이 한길로 통하네   遠近高低一徑通

맑은 향기 알지 못하고 오가는 나그네야   未薦淸香往來者

동원의 서쪽에 사는 이, 누가 알랴   誰諳居止院西東

— 동림총

이쯤 되면 아무 할 말 없다. 오직 '한 물건'이 있으니 뭐라 말할 것인가?

3.

조주에게 한 학인이 물었다.

"개도 불성이 있습니까?" "있지."

"있다면 어째서 가죽 부대 속에 들어 있습니까?" "그가 알면서도 짐짓 범했기 때문이다."

다른 중이 물었다.

"개도 불성이 있습니까?" "없다."

"일체 중생이 모두 불성이 있다 했거늘 개는 어째서 없다 하십니까?"

"그에겐 업식이 있기 때문이다."

— 『선문염송』 417칙 「佛性」

이 선화는 우리나라의 납자들이 가장 많이 참구하는 공안이다.

이 무자화두無字話頭를 참구하는데, 유의할 점을 제방 선원에서는 무자화두의 십종병十種病이라 하여 참선하는 납자들이 간직해야 하는 금과옥조로 여긴다. 참선을 하다가 공부가 멈추었을 때, 나태해져 더 이상 정진이 없을 때, 스스로 회광반조하여 점검해야 하는 비방이다. 선지식들의 낙초자비의 결정체다. 무자화두 십종병통(송준영, 『현대언어로 읽는 선시의 세계』, 340~341쪽 참조)은 고려 보조 지눌도 가려 놓았으니 참선고류參禪高類들은 살피고 살필 일이다.

그럼 선시 한 수를 음미하여 보자.

개가 불성이 없다는 말   狗子無佛性

사람을 찌르고 생명마저 해친다   殺人便傷命

쓰라린 고통, 백 천 가지이나   楚痛百千般

삿됨으로 인하여 바름을 되찾았네   因邪却打正

    ― 밀암걸

위의 게송은 반어적 기법으로 자성본원의 무한실상을 드러내고 있다. 무자화두가 2행에서 "사람을 찌르고 생명마저 해친다"고 한 표현이나, 4행에서 바름으로 바름을 찾았다 하지 않고 "삿됨으로 인하여 바름을 되찾았네"라고 한 것은 아이러니다.

4.

조주가 어떤 학인에게 물었다.

"어떤 것이 조사가 서쪽에서 온 뜻입니까?" "뜰 앞에 잣나무니라."

중이 말했다. "화상께서는 경계로써 사람들을 보이지 마십시오."

"나는 경계로써 사람들에게 보이지 않는다."

중이 다시 스님께 물었다. "어떤 것이 조사께서 서쪽에서 오신 뜻입니까?"

"뜰 앞에 잣나무니라."

—『선문염송』 421칙「栢樹」

위의 '정전백수자' 공안 역시 우리들의 눈을 뜨게 하고 귀를 열게 하는, 우리의 알음알이를 빼앗아 가는 적기賊機의 명제다.

필자가 알음알이를 내어 사족을 붙이는 것보다는『선문염송』에 기록된 뒷말을 옮기어 조주의 본뜻을 발명하고자 한다.

뒷날, 법안이 조주의 제자 각철취에게 물었다. "듣건대 조주에게 뜰 앞의 잣나무 화두가 있다 하니, 사실인가?" 하니, 각철취가 "돌아가신 스님께서는 그런 말씀이 없었소" 하였다. 법안이 다시 묻되 "지금 천하에서는 모두가 말하기를 어떤 중이 조주에게 묻되 '어떤 것이 조사께서 서쪽에서 오신 뜻입니까? 하니, 조주가 대답하기를 뜰 앞의 잣나무니라 하였다' 하는데, 어째서 없다 하시오?" 하였다.

이에 각철취가 말했다. "스님을 비방치 마시오. 선사先師께서는 그런 말씀이 없었소."

이 선화에 대해 『선문염송』에 실려 있는 게송 한 수를 소개한다.

철우가 천고에 푸른 언덕에 누웠으니　　　　　　　　鐵牛千古臥靑坡

이 땅에 아무도 그를 어쩌지 못하네　　　　　　　　大地無人奈如何

그 누가 한 올 실 들고 가벼이 실타래를 움직이는가?　　誰把一絲輕摟轉

누런 밭의 시골 여인 밤에 북 던지네　　　　　　　　黃田村女夜抛梭

　　　　　　　　　　　　　　　　　　　　　　　　— 열재거사

열재의 게송 철우鐵牛는 적기 속에서 걸어 나오는 자성본원의 무한
실상이다. 또 푸른 언덕 역시 진리당처의 형상화니, 1행은 자성본원
자신이 자성본원에 계합하여 누웠으니 2행에서 그를 어쩔 수 있는
사람은 없을 수밖에 없다로 읽힌다. 3행에서 "그 누가 한 올 실을 들
고 가벼이 실타래를 움직이는가?(誰把一絲輕摟轉)"는 '누가 있어 실타
래를 움직이는 것이 아니라, 실타래 역시 스스로 연緣에 의해 움직임'
을 노래한다. 4행은 또 '황전촌녀黃田村女가 있어 이 찰라 북을 던지고
있다'는 황전촌녀가 던지는 북은 바로 조주의 '뜰 앞의 잣나무'이고,
'만법이 하나로 돌아가니 하나가 돌아간 자리'이며 '끽다거'의 그 찰
라다. 어느 것 하나 어긋남이 없고 벗어나지 않는 화엄법계의 도리
를 열재거사는 노래한다.

제10화

청풍이 태고로부터 불어오네

清風吹太古

태고 보우와 나옹 혜근은 고려 말에 출현한 대선사다.

이 장에서 다루어질 태고(太古普愚, 1306~1382)는 충렬왕에서 공민왕을 거쳐 우왕에 이르기까지 82년을 사셨다.

임종직후 그의 문도 유창維昌이 쓴 행장에 의하면 1301년 홍주 양근군(경기도 양평)에 태어났고, 13세에 회암사의 광지 선사에게 축발하니 가지산 법손이다. 26세에 승과에 급제. 뒷날 10여 년간 수도하여 38세(1338)에 활연대오하고 오도송을 짓는다.

조주고불 늙은이가	趙州古佛老
성인의 길을 앉은 채 끊었구나	坐斷千聖路
취모검으로 면목을 닦어내 보이니	吹毛覿面提
온 몸, 틈이 없는 구멍일세	通身無孔竅
여우와 토끼 자취를 끊기고	狐兎絶潛蹤

몸을 뒤집으니 사자가 나타나네   翻身獅子露

얽매인 관문 두드려 깨고나니   打破牢關後

청풍이 태고로부터 불어오네   淸風吹太古

— 태고 보우, 「태고화상행장」

문인 유창이 지은 「태고화상행장」의하면 채홍철(호 中庵)의 별장 전단원에서 삼동 결제 중에 활연대오하여 위의 오도송을 지었다. 태고라는 당호를 가지게 된다.

38세 되던 1938년 3월에 양근(경기도 양평) 고향의 초당으로 돌아와 1,700 공안을 낱낱이 들다가 「암두밀계처岩頭蜜計處」 공안을 들다가 막혀 앞으로 나가지 못하였다. 여기서 한참 묵묵히 있다가 갑자기 뜻을 깨치고 웃으면서 일렀다.

"암두 스님이 활을 잘 쏘기는 하지만 이슬에 옷 젖는 줄은 몰랐군." 이어서 "말후구를 아는 이가 천하에 몇 사람이나 있는가"라고 했다. 이로써 20년 동안 참구하던 근본 문제가 보림 끝에 완전히 풀렸다.

그럼 이 본칙 공안을 살펴보자. 이야기는 이렇다.

덕산이 어느 날, 밥이 늦으니 손수 바리때를 들고 법당에 이르렀다.

공양주였던 설봉이 보고 말했다.

"저 노장이 종도 치지 않고 북도 울리지 않았거늘, 바리때를 들고 어디로 가는가?"

하니, 덕산이 고개를 숙이고 방장으로 그냥 돌아갔다.

설봉이 이 일을 암두에게 전하니 암두가 말했다.

"보잘 것 없는 덕산이 말후구를 모르는군."

덕산이 그 말을 듣고 암두를 불러 물었다.

"네가 나를 긍정치 않느냐?" 암두가 은밀히 그 뜻을 말했다.

그 다음 날 덕산이 법상에 올라 법문을 하는데 그 전과 달랐다.

암두가 손뼉을 치고 크게 웃으면서 말했다.

"기쁘다, 노장이 이제야 말후구를 아는구나. 이 후로는 천하 사람들이 어떻게 할 수 없으리라. 그러나 단지 삼 년뿐이로다." 과연 삼 년 후에 덕산이 돌아가셨다.

— 『선문염송』 668칙 「탁발」・『종용록』 55칙 「설봉반두」

이 공안에 성철은 4가지 어려운 점이 있다고 하였다.

첫째 덕산대조사가 어째서 설봉의 말한 마디에 머리를 숙이고 방장으로 돌아갔는가?

둘째는 덕산이 과연 말후구를 몰랐는가?

셋째는 암두가 은밀히 그 뜻을 말하였다 했는데 무슨 말을 했을까?

넷째는 덕산이 암두의 가르침에 의해 말후구를 알았으면 암두의 수기를 받은 것일까?[1]

성철이 제시한 위의 네 가지 의문은 우리가 알고 있던 선문의 상

---

1 성철, 『본지풍광』 제1칙 「덕산탁발」. 허당과 도림의 착어는 『본지풍광』에서 재인용함.

식적 도리를 깨뜨리고 있다. 덕산은 오늘 날까지 임제할 덕산방으로 알려진 선문의 대선장 중 대선장이다. 그런 그가 제자인 암두가 한 말을 일거에 호령하지 못하고 고개를 타려밀고 다시 방장으로 바리 때를 들고 돌아간다는 첫째 둘째 셋째 넷째, 일체 상항은 우리를 한 순간에 빼앗는다. 선장들이 보여주는 간절노파심절인 적기賊機다.

이 공안을 드러내기 위해 후세 선장들의 착어와 게송 한 수를 살펴보기로 하자.

① 덕산이 어째서 설봉의 말한 마디에 머리를 숙이고 방장으로 돌아갔는가?

허당착어　귀하게 사서 천하게 판다.

착어　**그가 둥 둥 돌아가고 있지 않는가. 걸어간다고 생각 말라.**

② 설봉의 말을 들은 암두는 말후구를 덕산이 몰랐다 한다. 이 말을 들은 덕산조실이 암두를 불러 "네가 나를 긍정하지 않느냐?"하고 도리어 묻는다.

허당착어　시끄러운 시장 안에서 조용한 망치를 친다.

도림착어　서로 따라 온다.

착어　**배고픈 늙은이, 말후구를 알 턱이 있겠나? 삼부자가 줄줄이 엮였구나.**

③ 암두가 덕산조실에게 한 말은?

허당착어　귀신은 방아를 찧고 부처는 담장을 뛰어 넘는다.

착어　**도적을 좇다가 도적을 만나 도적의 물건을 준다.**

④ 암두의 가르침을 받은 덕산은 암두에게 수기를 받았으니, 덕산은 병졸인가?

도림착어　옴 마니 다니 홈 바타 로다.

착어 원래 이 동네는 머리에 구두신고 발바닥에 장갑 낀다. 굳이 이 문에 들려
면 알려고 하지 말라. 죽는다.

말후구를 아는가? 모르는가?　　　　　　　　　　　末後句會也無

덕산 부자는 몹시도 말을 씹기도 하네　　　　　　　德山父子太含胡

모인 자리에 강남 나그네도 있으니　　　　　　　　　坐中亦有江南客

그들 앞에는 자고곡을 부르지 마오시라　　　　　　　莫向人天唱鷓鴣

— 천동각(『종용록』 55칙 「설봉반두」)

위의 선시는 「덕산탁발화」에 대해 천동각이 읊은 게송이다. 이 공
안의 어려움은 바로 이마와 이마가 마주 닿는 하늘과 하늘이 포개어
지는 확연함 속이 나의 거주처고 그 집 주인임을 인식치 않는 데 있다.

천동의 게송을 점검해 보자. 천동각은 조동종의 제1 선서인 『종용
록』[2]을 송고한 선장이다.

1행에서 최후 向上의 絶代句를 아는가? 모르는가? 자문자답한다.

첫행에 대해 『종용록』의 편자인 만송 행수는 다음과 같이 착어했
다. 착어는 필자 꼼수.

만송착어 이것을 알려고 하지 말라. 그것이 융통성이다.

2행의 '덕산의 부자는 턱밑에 말을 넣어놓고 말한다'로 읽힌다.

만송착어 겉이 밝으면 속의 어둠을 모른다.

---

2 『종용록』 6권은 조동종의 선서로 임제종의 『벽암록』 10권과 쌍벽을 이루는 선적이다. 천동 정각
　이 고칙마다 송을 붙이고 만송 행수가 본칙 앞에 시중(수시)를 썼고, 본칙과 송 끝에는 각기 착어
　를 붙였다. 이것이 평창이고, 본칙과 송 구간에는 단평을 각주로 넣으니 이것이 평이다.

3행과 4행의 "모인 자리에 강남 나그네도 있으니(坐中亦有江南客) / 그 앞에는 자고곡을 부르지 마오시라(莫向人天唱鷓鴣)"는 路中에서 도인을 만나면 웃으며 지나치라는 말이 있다.

모두의 선시는 태고선사의 오도송이다.

1, 2행은 조주선사를 칭송함을 보아, 조주선사의 무자화두를 참구한 끝에 확철대오한 것으로 보인다(『태고집』「시염정당흥방」, 「示紹禪人」 월정사장판). 3,4행에서 취모검으로 번뇌 망상을 잘라내니, 온 몸이 바로 법신이 되어 틈이 없으니 온통 한 구멍이고 5, 6행에서는 이미 몸을 뒤집고 굴렀으니 바로 사자이어서 여우와 토끼와 같은 무리들이 자취를 감춘다. 마지막 행에서는 일체의 속박에서 벗이나 본래자리로 환지본처하니 태고의 맑은 바람이 쉼 없이 불어온다고 노래한다.

이렇게 장부일대사인연을 마친 보우는 1339년 소요산 백운암에 들어가서 보림하며 「백운가」를 지어 부르며 유유자적하였다.

82세가 되던 1382년 12월 17일에 가벼운 병을 보이고, 23일에는 문인들을 불러 "내일 유시에는 내가 떠난다, 군수를 청하여 인장을 봉하도록 해라" 하며 열반송을 남겼다.

사람의 목숨은 물거품처럼 빈 것이어서	人生命若水泡空
80여년이 봄날 꿈 속 같았네	八十餘年春夢中

죽음이 다다라 이제 가죽포대 버리노니   臨終如今放皮袋

수레바퀴 붉은 해가 서산으로 넘어가네   一輪紅日霞西峰

                                              — 열반송, 「태고화상행장」

제3부

선시의 백미, 심우송 그대로 읽기

I

1. 심우송의 원류를 찾아

「심우송」의 근원을 찾아 문헌을 거슬러 올라가보면 멀리 남전 보원(南泉普願, 748~843)에 이른다. 남전은 마조의 고족으로써 지주 남전산에 개당하였고 항상 문도가 수 백인이서 명성이 사방에 진동하였다(『전등록』「남전보원장」). 특히 그가 발안한 공안인 〈養牛〉 공안은 수선납자들을 골탕 먹였고, 후대에 더욱 발전하여 「심우송」으로 나타났다. 또 이 게송들을 알게 쉽게 풀어 10폭의 그림[尋牛圖]으로 그려졌다. 우리가 흔히 보아온 사찰 측면과 후면에 그려져 있는 소 그림이 이것이다.

「심우도」와 「심우송」은 불법을 알기 쉽게 하여 대중에게 널리 전도하는데 공헌하였을 뿐만 아니라, 선시 발전에도 기여한 바가 크다. 「심우송」은 흔히 「십우송」이라 불리듯이 심우10송이 주종을 이루고 그 외 「심우8송」「심우6송」「심우4송」「심우12송」 등이 역사상 남아 전한다.

일반적으로 목우의「심우도」는 2종의 도본과 게송이 널려 펴져있다. 하나는 보명(普明)이 지은 〈소 길들이기 이전〉(第一 未牧)에서 시작하여 〈모두 다 사라짐〉(第十 雙泯)으로 끝나는 10단계와 또 하나는 확암 지원(廓庵志遠)이 노래한 「백우십송」(白牛十頌)이라 불리어지는, 〈소를 찾음〉(第一 尋牛)으로부터 〈저자에 들어가 팔을 드리우는〉(第十 入塵垂手)데에 이르는 10단계의 노래가 있다. 이 2종의「심우도」는 모두 열 개의 그림과 10수의 게송이 있다. 전자의 그림은 소의 색깔이 검은색에서 흰색으로 변하게 하였고 후자의 그림은 소의 그림을 시종 모두 흰색으로 처리하였다.

이장에서는 〈소를 찾는 노래〉가 어떤 형태로 처음 형성되었고 이것이 후대에 「심우송」이 되어 세간에 널리 회자 되었으며, 이것이 우리나라로 이어져 「심우송」이 오늘날까지 면면히 이어옴을 살펴보기로 하자.

하루는 남전이 상당하여 대중에게 시중하였다.

왕노사가 어릴 적부터 한 마리의 검은 암쇠[水牯牛]를 길렀다. 개울 동쪽에서 풀을 먹이려니 다른 국왕의 수초를 뜯어 먹으려고 하고, 개울 서쪽에서 풀을 먹이자니 역시 또 다른 국왕의 수초를 뜯어 먹으려 한다. 지금 분수에 따라 조금씩 받아들이고 다른 것은 마음대로 내버려두는 것만 못하다.

南泉示衆云 王老師自少 養一頭水牯牛 擬向溪東放 不免食他國王水草 擬向溪西放 亦不免食他國王水草 如今 不如隨分納些些 他總不放

— 『선문염송』 206칙 「養牛」

남전 보원은 선도리를 형상화하였다. 곧 검은암소[水牯牛]는 마음, 진아 본래면목의 형상화이니 바로 자성본원인 무한실상의 표현이다. 개울 동쪽 서쪽은 이쪽과 저쪽을 가리키니, 이 역시 우리의 이항 대립적인 인식세계를 말한다. 동쪽과 서쪽을 '차안 / 피안'으로 설정하였을 때는, '색계 / 공계'니, 어느 쪽도 한 곳에 집착하면 영원히 소를 찾을 길 없다. 차안인 색계는 환상의 세계, 범속의 세계이고, 피안인 공계는 진리의 세계며 극락의 세계다. 그러나 양변적인 흑백에 의한 마음의 선택 역시 모두 자성본원에 이르지 못하게 될 것이다. 이런 까닭에 자기 자신이 자기의 풀을 먹는 것이 아니라, 모두 타국 왕의 풀을 먹이는 격이 되어버린다. 바로 일체의 분별의식은 모두 선도리와 상호 적응하지 못한다. 남전은 목우牧牛를 가까이 하여 살 피므로 스스로의 마음 상태를 조절하고 길러, 마음이 집착하지 않도록 하였다. 위의 선화에서 '마음대로 소를 내버려 두는 것'은 인연 따라 임운등등任運騰騰하여 본분에 따르는 것. 따라서 분수에 따라 받아들이는 것만 못하게 된다.

그리고 남전과 제자 조주가 진검을 들고 살수를 펼치는 부자간의 진검승부를 하나 더 읽으며 〈소 찾기〉를 읽기 위한 준비를 해두자.

남전이 욕실을 지나다가 浴頭가 목욕물을 데우는 것을 보고 물었다.

"무엇을 하고 있나?"

"목욕물을 데우고 있습니다."

"잊지 말고 검은 암소를 불러다가 목욕을 시켜라."(記取來 喚水牯牛浴)

욕두는 "네" 하고 대답하였다. 밤이 되어 욕두는 방장으로 들어왔다.

"뭣 하러 왔나?"

"스님, 준비가 되었습니다. 어서 검은 암소를 욕실로 들여 주십시오.(請水牯牛
去浴)"

"그래, 소고삐는 가지고 왔는가?(將得繩索來不)"

욕두는 대답이 없었다.

조주가 와서 문안을 드렸을 때 남전은 이 이야기를 하였다. 조주가 말했다.

"저에게는 한마디의 말이 있습니다."

말이 끝나자 말자 남전이 말했다.

"소고삐를 가지고 왔는가?(還將得繩索來麽)"

이에 조주가 곧장 앞으로 다가가 남전의 코를 당겼다.

"야 이 사람아, 아주 좋아 그렇지만 너무 난폭하군(是卽是 太麤生)."

─『조주록』권상 8칙

위의 선화는 남전과 그의 상족 조주 종심, 그리고 선원의 목욕탕
운영에 소임을 맡고 있는 욕두스님이 나온다. 욕두가 수고우 즉 검
은 암소를 남전으로 간주하여 마중하러 간 것까지는 수자다운 행
위였지만, 결국은 생각을 지어 선적인 깨침이 없이 스승에게 다가
간 것이 금방 드러난다. 관념적인 분석과 이해는 실제 우리가 살아
가는데 큰 도움이 되지 않는다는 것을 다시 한 번 느낄 수 있는 대
목이다.

남전이 욕두에게 "소고삐를 가지고 왔는가?"에 바로 혼비백산해
져 말문이 막혀버린다. 기막힌 일이다. 목숨을 걸고선 수행을 한 수

행자에겐 바로 목숨을 앗기는 순간이다. 변화가 무쌍한 삶, 삶의 궤적에 있어서 학습에 의한 지식의 축적은 별 쓸모가 없음이 느껴지는 대목이다.

다음 조주의 선기, 번쩍이는 행위 자체가 소고삐임을 여지없이 보여주는 장면. 얼마나 통쾌한 것인가.

Ⅱ

2. 보명의 심우송과 확암의 심우송

「심우도」는 2종의 도본과 게송이 널려 퍼져있다. 보명(普明)이 지은 「심우도」는 소의 색깔이 소를 길들임에 따라 검은색에서 흰색으로 변하게 하였다. 〈소 길들이기 이전〉(第一 未牧)에서 시작하여 〈모두 다 사라짐〉(第十 雙泯)으로 끝나는 10단계와 또 하나는 확암 지원(廓庵志遠)이 노래한 소의 색깔을 시종 흰색으로 처리된 「백우십송」이라 불리어지는, 〈소를 찾음〉(第一 尋牛)으로부터 〈저자에 들어가 팔을 드리우는〉(第十 入廛垂手)데에 이르는 10단계의 노래가 있다. 두 「십우송」을 비교하여 보면 보명의 「십우도」가 더 오래된 것이고, 확암의 「십우도」가 나중에 이루어진 것이다. 확암의 「십우도」가 훨씬 짜임이나 발상이 더 치밀하고 확연하다. 또 자원(慈遠)이 쓴 확암 화상 「십우도」 서문에도 보명의 「십우도」에 보완점을 지적하며, 확암의 「십우도」는 처음 〈소를 찾다〉(尋牛)에서부터 마지막 〈저자에 들어가다〉(入廛垂手)에 이르기까지 '온갖 기틀에 대응하는 것이 마치 목마른 사람에게 물을 주고 배고픈 사람에게 밥을 주는 것 같다'고 쓰여 있다.

1) 보명의 십우송

① 미목(未牧)

사납게 뿔 치켜들고 포효하며	狰擰頭角恣咆哮
계곡으로 내달려도 길은 멀다	奔走溪山路轉遙
한 조각 검은 구름 골짝 가로지르니	一片黑雲橫溪口
걸음걸음 곡식 짓밟을 줄 누가 알랴	誰知步步犯佳苗

소가 된 나, 길들여지지 않는 소가 된 자성본원. 바깥 경계에 대해 일어나는 망상은 지혜를 막는다. 원효는 원래 일체만물은 명明으로 태어났으나, 비수에 녹이 슬 듯 어느덧 무명無明으로 변한다 하였다. 육체를 가지므로 오는 오관작용 때문일 것이다.

② 초조(初調)

내게 소고삐가 있어 재빨리 코를 뚫어	我有芒繩驀鼻穿
날뛸 적마다 모질게 채찍질했지만	一廻奔競痛加鞭

내려오는 못된 성질 길들이기 어려워   從來劣性難調制

목동들조차 있는 힘 다해 끌어당긴다   猶得山童盡力牽

자, 이젠 우리는 소다. 스스로 콧구멍을 뚫어 고삐를 꿰어서 끝없는 외경의 유혹을 스스로 견책하고 절제하며 견제한다. 처음 발심한 참선인들은 스스로 참회하고 기도하여서, 무시 이래 이어져 오는 관습의 훈기를 없애고 마음을 다잡아야 함을 노래했다.

③ 수제(受制)

점점 고르고 길들여 날뛰지 않으니   漸調漸伏息奔馳

물 건너 구름 뚫고 걸음걸음 따라와도   渡水穿雲步步隨

고삐 잡은 손 조금도 늦추지 않고   手把芒繩無少緩

목동은 종일 저절로 피곤을 잊네   牧童終日自忘疲

소는 이제 코뚜레나 고삐에 의해 제재를 받아 하고 싶은 대로 하지 못하게 된다. 이와 같이 사람도 마음을 밝힌 후에는 자연스럽게 스스로 발하는 빛에 의해 다스려지게 됨을 비유하고 있다.

④ 회수(廻首)

날이 감에 공부 깊어 비로소 머리 돌리니   日久功深始轉頭

미친 마음 점점 길들여가네   顚狂心力漸調柔

목동은 그래도 전혀 믿기지 않은 양　　　　山童未肯全相許

여전히 고삐 잡고 묶어 두네　　　　猶把芒繩且繫留

"머리를 돌이켜 본다" 함은 공부가 순숙해져 이제 한시름 놓게 됨을 말한다. 바로 1행의 "날이 감에 공부 깊어 비로소 머리 돌리니"란 시구의 의미다. 그렇지만 오랜 관습의 때, '옳고 / 그름'으로 판단되어지는 훈습이 떨어지지 않아서 아직 소를 묶어두듯, 우리는 우리를 돌아보고 마음을 고르고 깨끗이 한다.

⑤ 순복(馴伏)

푸른 버들 그늘 아래 옛 시냇가　　　　綠楊陰下古溪邊

풀어주나 몰아오나 자연스럽네　　　　放去收來得自然

해지자 푸른 구름 향기로운 초원　　　　日暮碧雲芳草地

목동이 돌아가는 길 고삐 끎이 없네　　　　牧童歸去不須牽

순복은 잘 길들여짐을 말한다. 소가 마치 오랫동안 제 마구간을 자연스럽게 드나드는 것과 같다. 이럴 때 무슨 고삐나 멍에가 필요한가. 참학인도 이쯤 되면 자성본원을 밝게 들여다보며 오직 한 마음 깨달음의 길로 정진한다. 소가 목동의 견제를 필요로 하지 않듯이 마음가는 대로 맡겨 두어도 스스로 착함에 든다.

⑥ 무애(無碍)

넓은 대지 편한 잠 스스로 이와 같아　　　　　露地安眠意自如

굳이 채찍 칠게 없어 묶어두지 않네　　　　　不勞鞭策永無拘

목동은 푸른 소나무 아래 편히 앉아　　　　　山童穩坐靑松下

읊는 태평가 한 곡조, 즐거움 깃드네　　　　　一曲昇平樂有餘

무애는 자유자재, 즉 걸림이 없는 행위다. 그러니 더더욱 외양간에 소를 가둘 필요가 없다. 오직 1행, 2행과 같이 "넓은 대지 편한 잠 스스로 이와 같아 / 굳이 채찍 칠게 없어 묶어두지 않네"에서 보이듯이 마음을 길들이는 주인, 즉 목동은 한가로이 태평가를 부르며 여유로움을 만끽하게 된다. 그렇지만 아직 혹 훈습된 관념의 때가 나타나지 않을까 미심쩍다 할까?

⑦ 임운(任運)

버들 언덕 봄 물결 석양에 비치고　　　　　柳岸春波夕照中

아지랑이 향기로운 풀, 푸름이 무성하네　　　　　淡煙芳草綠茸茸

배고프면 밥 목마르면 물, 그렇게 지내니　　　　　饑餐渴飮隨時過

바위 위 누운 목동 깊은 잠들었네　　　　　石上山童睡正濃

임운등등任運騰騰은 소가 하고자 하는 대로 맡겨둔다는 말. 이쯤 되면 자성본원의 자발광이어서 무슨 일을 하든 진리의 파동태波動態인

까닭에 털끝만큼도 벗어나지 않는다. 곧 밝음은 밝게 어둠은 어둡게 순일하게 보인다. 이럴 때는 1행, 2행 같이 "버들 언덕 봄 물결 석양에 비치고 / 아지랑이 향기로운 풀, 푸름이 무성하네"가 된다. '배고프면 밥 먹고 목마르면 물을 마시며 또 잠 오면 잠 자며' 지낸다. 소는 목동이 필요 없고, 마음은 어떤 수련도 필요로 하지 않는다. 그렇지만 아직 소가 있고 목동도 있다.

⑧ 상망(相忘)

흰 소는 언제나 흰 구름 속에 있고	白牛常在白雲中
사람은 스스로 무심, 소 또한 그러하네	人自無心牛亦同
달은 백운을 뚫고 구름그림자는 희니	月透白雲雲影白
흰 구름 밝은 달 서로 동으로 오가네	白雲明月任西東

상망은 서로 잊은 것. 그러나 목동도 있고 소도 있다. 목동과 소가 있지만 서로가 서로를 의식하지 않고 자유롭다. 곧 목동은 소를 잊고 소는 목동의 존재를 잊는다. 이때에 벽화에 나타나는 십우도의 소 색깔은 순백색이다. 이미 우리 마음에는 이항대립적인 구분을 가지지 않는다. 어떤 구분이 없는 세계로 듦을 말한다. 이것이 1행과 2행의 "흰소는 언제나 흰구름 속에 있고 / 사람은 스스로 무심, 소 또한 그러하네"라고 한 시행이나 4행 5행이 가리키는 의미다.

⑨ 독조(獨照)

소는 간 데 없고 목동은 한가하다	牛兒無處牧童閑
한 조각 외로운 구름 사이 푸른 봉우리	一片孤雲碧嶂間
밝은 달 아래 박수치고 노래하다	拍手高歌明月下
돌아옴에 아직 한 관문 있다네	歸來猶有一重關

　서로가 서로를 잊고 있었지만, 이젠 아무 것도 보이지 않는다. 이 아홉 번째 단계에 와서는 그림 속엔 소가 없고 목동만 보인다. 오랜 참선 끝, 자성본원에 합일되었음을 비유한 것이다. 그러나 아직도 자성본원이 있고 자성본원이 된 내가 있고, 자아의 견해와 자아의 존재가 있다. 그래서 그림엔 목동이 혼자 있다. 이 내가 있음을 게송에선 "돌아옴에 아직 한 관문 있다(歸來猶有一重關)"고 노래하였다.

⑩ 쌍민(雙泯)

사람과 소보이지 않고 자취 묘연한데	人牛不見杳無蹤
밝은 달빛 머금고 만상이 비었어라	明月光含萬象空
만약 그 중 분명한 뜻 묻는다면	若問其中端的意
들꽃 향기로운 풀 절로 무성하다 하리	野花芳草自叢叢

　모두가 사라진 쌍민에 오면 일체만상이 자성본원에 합일된다. 「십우도」에서는 보름달 같은 둥근 원圓만 있다. 〈텅 빈 원상〉 이것

은 바로 삼라만상이 진공으로 표현되고, 이 진공이야말로 구경의 경지며 이 구경의 경지의 활성화가 물질적 현상계다. 진유眞有의 세계인 동시에 묘유妙有의 세계다.

이 진유의 세계를 알고자 하는가?

바로 "들꽃 향기로운 풀 절로 무성하다(野花芳草自叢叢)"라고 표현되어지는 묘유의 세계다. 이 세계는 일상사의 원래적 입장인 '有/無'가 '非有/非無'의 사상적 탐구 뒤에 나타나는 현상을 거쳐 다시 '亦有/亦無', 즉 체험적 결과로 나타나는 세계가 바로 4행의 "야화방초자총총(野花芳草自叢叢)"이다. 『열반경』에 "불성은 있는 것도 아니고 없는 것도 아니니, 또한 있는 것은 있고 없는 것은 또한 없는 것이니 바로 있고 없고가 융합된 까닭이다(佛性 非有非無 亦有亦無 有無合故)"라고 말하는 세계다.

2) 확암 지원의 십우송

확암 지원은 정주 양산 출신이며 사원이라고도 한다. 생몰 년대는 확실치 않으나 북송北宋시대인 1150년 전후로 추정된다. 확암의 법계는 임제종 양기파의 양기 방회-백운 수단-오조 법연-장수 원정(1135)의 법을 이었다. 이 「십우도」는 게송과 그림 모두 확암이 직접 짓고 그린 것이다.

곧 소는 우리의 자성 본원의 형상화이며 적기에 의해 다시 태어나는 잃어버린 자기다. 소를 찾는다 함은 바로 잃어버린 자기를 찾는 것이다.

확암의 「십우도」(경허, 『선문촬요』 「십우도」, 441~462쪽)는 모든 그림이 제8단계인 '사람도 소도 모두 잊는[人牛俱忘]' 인우구망의 장場으로 꿰어달려 있다. 제8의 주제인 사방 두루 〈텅 빈 球〉인 절대무絕代無, 곧 〈앞생각 뒷생각이 끊기는 절대 현재의 이 찰나〉에 이르고, 이어 스스로 발현하는 어디서든지 열리는 궁극의 장에서 마치 되비치는 투명한 거울의 비침으로 제9단계 10단계가 나타난다. 이것이야말로 부정과 긍정을 쌍으로 막으므로[雙遮] 쌍으로 자발광[雙照]되어져, 막고 되비침이 동시[遮照同時]인 도리와 같다.

「십우도」 10단계의 그림이 모두 〈텅 빈 球相〉을 떠나 이루어지지는 않는다. 다시 말하면 제1단계인 소를 찾아나서는 심우尋牛나 제7단계인 소는 잊고 나만 있는 망우존인忘牛存人도 모두 이 〈텅 빈 구상〉인 일원상 안에서 전개된다. 우리는 애초부터 삶의 여정을 존재케 한 세계가 일원상임을 알게 된다. 우리는 텍스트를 따라 읽다보면 제8단계인 사람도 소도 모두 잊는 인우구망人牛俱忘에 이르게 된다. 그림은 사면팔방이 텅 빈 둥근 공[球]으로 표현되어지는데, 이 일원상이 바로 장場이며, 본래의 세계며, 이 본래의 세계가 시를 짓는 시인의 입장에서는 바로 시며, 세계다. 분명 이러할 진데 각 장의 그림을 더욱 자세히 궁구하여 보면, 한 장의 그림마다 이 일원상을 다갖추고 있고, 또 그에 따르는 게송마다 제8단계로 이 본래의 세계에 돈입시키려는 작가의 의도가 갈무리됨을 알게 된다. 곧 소도 사람도 모두 없는 일원상의 〈텅 빈 원상〉과 일대 일로 상응되는 도리가 내포되어 있다. 슬기란 무시간無時間, 무공간無空間에 자유자재한다고나 할까.

앞생각 뒷생각이 모두 끊기는 절대현재의 이 찰나, 이것은 절대무絶代無며 절대현재의 참사람이나 무위진인이라고 표현되어지는 진공이며 묘유의 자리가 바로 제8단계인 인우구망의 자리다.

물론 이런 것들은 슬기[機]의 찰나작용이니, 이럴 때 무슨 소가 있고 사람이 있겠는가?

그래서 게송의 작가는 각 단계마다 이런 자리의 본래자리를 설치하고 있으나, 우리는 소 찾기에 급급한 나머지 그 자리를 건너뛰어 저 편에서 찾고 있기 때문에 발견하지 못할 뿐이다. 이제 우리는 십우도의 작가가 설치한 절대현재의 찰나, 이 〈참나〉를 보기 위해 단계를 밟지만, 눈 밝은 분들은 바로 이 찰나, 선사들이 외친 그 자리를 조고각하照顧脚下하여 환지본처還至本處하기 바란다.

① 심우(尋牛)

아득한 초원 헤치며 소를 찾아간다	茫茫撥草去追尋
물은 트이고 산은 아득, 길은 다시 깊어	水闊山遙路更深
힘은 다하고 정신은 지쳐 찾을 곳 없어	力盡神疲無處覓
단풍나무엔 늦 매미 울음 들리는구나	但聞楓樹晚蟬吟

제1 심우, 역시 소(마음)를 찾아 나선 목동의 어려움을 표현하고 있다. 여기서 알고 보면 목동이 소를 찾는 것은 자기 자신인 목동이 자기 자신인 소를 찾는 것이다. 자성이 무자성이어서 일체에 두루 편재되어 있기 때문에, 소를 찾는다는 것은 본래면목인 자성 본원을

찾는 것.

1행과 2행에서 일체 두두물물에 편재된 자성은 본래 진공이며 묘유해 있다. 그러나 바깥 경계에 끄달리어 자성본원에 비켜 앉은 우리는 눈이 있어도 보이지 않는다. 사실 자기 착각으로 인해 소의 모습을 찾는다. 따지고 보면 자기 착각 역시 자성의 변질된 것이지만. 3행과 4행, 힘이 다하여 깊이깊이 침잠하여 6식이 꺼져갈 즈음 홀로 울어대는 매미 소리. 단풍나무를 붉게 물들이는 매미 소리가 들려온다.

이 소리를 듣는가? 하며 되묻는다. 바로 3행에서 "힘은 다하고 정신은 지쳐 찾을 곳 없어(力盡神疲無處覓)"에서 〈힘이 다하고 정신이 지쳐 소를 찾을 수 없어〉가 바로 그것임을 알면 8단계까지 갈 필요가 없다. 이렇게 되면 9단계와 10단계에서 노닐면 그뿐이니, 이것이 일초직입여래지—超直入地고 직지인심直指人心인 그곳이고 그것이다. 이럴 땐 소도 사람도 없다.

② 견적(見積)

물가 나무아래 소 발자취 흩어졌다	水邊林下跡偏多
원 헤치며 가도 보이지 않네	芳草離披見也麼
깊은 산 심심유곡일지라도	縱是深山更深處
우주를 덮는 콧구멍, 어찌 숨기랴	遼天鼻孔怎藏也

2의 견적, 〈발자취를 발견하다〉에서 바로 발자취를 발견하는 순간, 그 순간임을 알면 그 뿐이다. 무얼 더 찾고 더 생각할 것이 있다

는 말인가?

그래도 모르면 어쩔 수 없이 갖은 고생 끝에 드디어 소의 발자취를 찾게 된다. 곧 수선하는 길, 공부하는 방법이 잡혔음을 노래하고 있다.

그러나 아무리 찾아봐도 자취가 없다. 그러나 원래 있는 것, 숨겨도 숨겨도 원래 그냥 있는 것. 어느 한 순간, 아! 이것이다, 하는 그 찰나다. 그러나 우리는 이걸 모르고 있을 뿐이니 어찌하랴!

③ 견우(見牛)

황금 꾀꼬리 가지 위에 일성의 소리	黃鶯枝上一聲聲
따슨 햇살 부드런 바람, 언덕엔 청버들	日暖風和岸柳靑
단지 피해갈 길 없는 이것이네	只此更無廻避路
삼삼히 어리는 소뿔, 어이 이를 그릴까나	森森頭角畵亂成

소를 발견함은 자성본원의 참모습을 발견한 것. 소는 초원 도처에 드리워져 있는데, 시절인연이 무르녹으면 언뜻 언뜻 우리들 앞에 나타난다.

가지위에 뭇 새. 그 노래 또렷하고, 따사로운 햇살과 바람, 푸른 버들 그런 것을 통하여 자성의 활성화 그 형상을 본다. 색즉시공 공즉시색의 도리, 3행에서와 같이 "단지 피해갈 길 없는 이것(只此更無廻避路)"이구나. 이것만 알면 된다.

자, 이제 자성본원의 형체를 어떻게 그리나? 이것을 '삼삼히 어리는 소뿔[森森頭角]'이라고 형상화하려 한다. 이것을 어떻게 꼭 붙잡는가? 아! 이것이구나 하는 순간만 떠나지 않으면 된다.

④ 득우(得牛)

몸과 마음 다해 소를 잡았지만	竭盡精神獲得渠
강인한 마음과 힘 실로 꺾기 어렵네	心强力壯卒難除
때로는 겨우 이르러 높은 들에 노닐다	有時纔到高原上
다시 구름과 안개 숲, 깊은 곳에 숨네	又入煙雲深處去

〈소를 붙들었다〉는 것은 자성본원의 실체를 얻었다는 뜻. 소를 잡았지만, 야생의 소는 길들여져야 한다. 돈오견성한 뒤에도 보임을 해야 하듯이.

3행과 4행은 보임되어 고정된 관습의 때를 벗지 못한 우리의 성근 마음을 형상화하였다. 소의 고삐를 바짝 잡아야 하리.

아직 소는 목장 안에서 방목되어야 한다. 그렇지만 우리는 소의 고삐를 잡고 바짝 당기는 긴장된 순간을 벗어나 나도 목동도 소도 없다. 모든 것이 1행의 소를 잡는 순간을 벗어나지 않는다.

⑤ 목우(牧牛)

때때로 채찍질하여 그대 몸을 지킴은	鞭索時時不離身
옛을 좇아 티끌에 듦을 두려워함이라	恐伊縱步入埃塵

장차 방목하여 뜻대로 길들어진다면   相將牧得純和也

고삐와 멍에 없어도 스스로 따르리라   羈鎖無拘自逐人

소를 붙든 후에는 놓아기르듯이 돈오 뒤에 오는 보임은 만리에 풀
한포기 없는 순수한 그 곳에 되돌아가는 것.

1행과 2행에서 오랜 관습의 훈습된 무명과 분별의 세계로 다시 돌
아가는 것을 막는 것. 그래서 고삐와 멍에를 바짝 당겨 소를 기르면,
있는 그대로 임운등등하여 가두거나 풀어놓거나 모두 자유롭게 활동
하여도 범함이 없다. 그럴지라도 우리는 우리의 목동이 앞서고 우리
의 소가 스스로 뒤따르는 그 순간, 이 순간을 무엇이라 부를 것인가?

⑥ 기우귀가(騎牛歸家)

구불구불 소타고 집으로 돌아가네   騎牛迤邐欲還家

흥겨운 피리소리 저녁놀 타고오고   羌笛聲聲送晚霞

한 박자 한 노래, 무한한 이 뜻   一拍一歌無限意

아는 이는 알지, 어찌 말로 다하리오   知音何必鼓脣牙

귀우귀가도騎牛歸家圖는 구불구불 길게 이어진 산길 따라 우리가 떠
나온 곳인 자성본원으로 목동이 소 잔등이에 올라앉아 피리를 불며
돌아가는 그림이다.

어떻게 돌아갈 수 있는가?

바로 자성본원의 실상인 소를 타고, 자성본원 자신인 목동이 자성

본원으로 되돌아갈 뿐. 삼라만상에 펼쳐지는 두두물물, 무한한 이 뜻. 바로 그 자리가 그 자리여서 말로 할 수 없다. 이것이야『벽암록』의 선구 "진리를 알고자 하는가? 다만 진리를 아는 것은 허락하지만, 진리를 만나는 것은 허락하지 않는(只許老胡知 不許老胡會)"이니, 만났다 영회했다 함은 바로 〈보는 자〉와 〈보여주는 자〉가 분리된다. 이렇게 되면 상대 대립의 세계로 떨어진다.

언어는 분별의 속성을 기본으로 하는 표현이다. 그래서 4행에서 "아는 이는 알지, 어찌 말로 다하리오(知音何必鼓脣牙)"라고 표현할 수밖에 다른 도리가 없다. 이 말로 다하지 못하는 그 순간이 그것이니 달리 생각하지 말라. 바로 1행에서 자기 자신인 목동이 소를 타는 그 순간을 바로 알면 장부일대사를 마치는 것이며, 4행의 말로 못하는 바로 그 놈임을 알면 그 뿐이다.

⑦ 망우존인(忘牛存人)

소타고 이미 고향집에 왔어라	騎牛已得到家山
소 없음이여 나는 한가로움이 겨웁네	牛也空兮人也閑
긴 해, 낮잠 속에 아직 꿈꾸니	紅日三竿猶作夢
채찍과 멍에는 초당에나 던져두세	鞭繩空頓草堂間

소는 잊고 나만 있으니, 바로 소가 사라진 순간이다. 이 순간이 절대현재의 찰나인 참나이다. 이미 소가 잘 길들어져 채찍과 고삐가 필요가 없다. 이 정도에 이르면 다시 분별의 세계로 떨어지지 않는

경지를 말한다. 망우忘牛는 소다 자성이다 도다 하는 개념이 무너졌으니, 사람과 깨달음이 하나 되어 분별심이 없다. 배고프면 밥 먹고 목마르면 물 마시는 경지다.

이렇게 1단계에서 7단계에 이르는 각 장場마다 한 순간에 깨달음의 세계, 자성본원으로 돈입할 수 있었지만, 우리는 착각에 의해 만들어진 소를 찾느라고, 그 긴요한 곳을 뛰어넘어선 채, 소만 찾는 어리석음을 범했다. 그러나 다시 한 번 생각하면 우리가 소를 찾는 걸음걸음 모두 이 〈텅 빈 球相〉에서 묘용의 슬기에 의해 행해진 것이고, 처음부터 우리가 스스로 깨닫지 못하였을 뿐, 원래 텅 빈 묘용의 일원상―圓相을 가지고 있었다 할 것이다.

⑧ 인우구망(人牛俱忘)

채찍과 고삐 사람과 소, 속 속대로 비어	鞭索人牛盡屬空
탁 튄 푸른 하늘 통하지 않음 있겠는가	碧天遼闊信難通
활활 타는 이불속, 흰눈 어이 머무리오	紅爐焰上爭容雪
이곳이 이르면 능히 조종에 계합되네	到此方能合祖宗

이쯤 되면 일체가 활연히 관통되어, 이젠 이항대립적인 견해의 장애가 없다. 소도 잊고 사람도 모두 잊으니 흔적과 형상 찾을 길 없다. 빛은 빛이고 어둠은 어둠일 뿐이다. 이 어둠 속에 동서남북은 어디로 갔나? 이렇게 비고 가물해야 우리가 우리임을 안다. 그림에는 둥그런 텅 빈 구球로 나타난다.

그러나 1장場에서부터 7장까지 우리가 자각하지 못하고 있었을 뿐이지 모두 〈텅 빈 구상〉의 되비침으로 나타난 명징한 참된 밝음의 세계이니, 사실 깨달음 속에서 깨달음을 구하고 있었다고 하겠다. 자기착각[無明]에 의해 처음부터 참된 자기 속에서 참된 자기로서의 자기가 자기를 찾아 나서고 찾아 나섰던 것이다. 이렇게 보면 소가 자기 자신이 아니고, 소는 묘용의 가유고 애초부터 우리의 진여자성은 일원상으로 존재했던 것이다.

원래 그렇게 성취되어 있는 밝음[明]의 세계를 수행에 의해 원래 밝아있었음을 증명한 것이 된다. 이래서 원상은 사라지니 일체의 세계가 더 이상 있지 않으니 새벽에 본 샛별이나 늘 보던 담장에 핀 나팔꽃도 밝음의 세계, 단출하고 오롯한 세계의 자기로 보아진다.

⑨ 반본환원(返本還源)

근원으로 돌아간다 이미 경비와 애쓴 건	返本還源已費功
어찌 바로 눈멀고 귀먹은 것 같겠는가	爭如直下若盲聾
암자 속에서 암자를 보지 못하나니	庵中不見庵前物
물 스스로 아득하고 꽃 절로 붉은 걸	水自茫茫花自紅

자성본원으로 돌아가려 공들이고 애 쓴 것은 애 쓴 것이다. 이것이 어찌 귀만 먹고 눈만 먼 것뿐이랴? 본지환처本地還處하여 자발광의 당처로 돌아가니 '눈·귀·코·혀·몸·뜻(眼耳鼻舌身意)'인 6식과 그의 對境이 되는 '물질·소리·냄새·맛·촉감·뜻(色聲香味觸法)' 역시 모두 캄캄

하게 한 빛으로 밝아, 바로 스스로의 몸에 앉아 스스로를 볼 뿐이니, 그저 물 절로 아득하고 꽃 절로 붉고 붉을 뿐이다.

일체 두두물물이 확연하니 이것이 고향 소식이라 하지마라.

냇가 뚝방에 핀 패랭이꽃이든 매일 차 마시고 잠을 자던 일, 역시 밝음의 참된 세계에서 일어난 명징하고 온전한 묘용의 사건이 되는 것.

냇가에 앉아 흐르는 물속에 생각생각 잠겨 불일이다.

⑩ 입전수수(入廛垂手)

맨발로 가슴 풀고 저자에 뛰어드네	露胷洗足入廛來
흙먼지 쑥머리 두 뺨 가득 웃음바다	抹土塗灰笑滿顋
신선의 용도가 아니라 진짜로 비결	不用神仙眞秘訣
옛 나무에 꽃피는 바로 그 소식일세	直敎古木放花開

〈저자에 들어 손을 드리운다〉(入廛垂手)는 것은 '스스로 이득을 얻어 중생을 이롭게 한다'[自利利他]는 것이다. 자신의 깨달음을 얻어 즐기는데 그치지 않고, 중생을 위해 삶의 본 터로 돌아가 중생과 동고동락하며 중생을 바른 길로 이끌어 준다.

이것은 그야말로 맨발로 저자거리로 뛰어들고 스스로 몸 바꾸고 환골탈태한 이류중행異類中行의 행위니, 성인의 지위[聖位]에 머무르지 않고 몸을 돌려 저자거리로 뛰어드는 나툼이다. 이것은 동사섭同事攝의 대비심大悲心이다. 또한 무위에 머무르지 않고 근원의 자리로 돌아옴이니, 더 이상 나갈 길도 들어 갈 길도 없는 절대현재의 이 순간이다.

절대현재의 이 순간은 바로 입전수수로 피어난다. 무위無爲에 머뭄과 유위有爲의 행위가 둘이 아니니 유일무이唯一無二요, 온통 하나이니 전성전일全性全一이고, 이것은 안과 밖이 떨어지지 않으니 내외명철內外明徹이며, 늘 빨려들어 고요하고 햇살같이 스스로 비추니 상적상조常寂常照다.

이러할진대 이 「십우도」는 각각 다른 10개의 일원상一圓相이라는 구상球相 안에 그림이 있는 것이 아니라, 오직 사방팔면이 〈텅 빈 구상〉이 있을 뿐이다. 단면으로 짤린 〈텅 빈 원상〉에 시시각각 나타나는 10가지 모습은 일원상 스스로가 스스로 속에 반영해낸 것이다. 이 10개의 그림들이 단면으로 볼 때 한 장면 한 장면이지만 이것을 입체화 시키면 한 알의 투명한 구슬이어서 천장만장千場萬場의 묘용을 산출시키고도 장면을 담아두지 않는 유리구슬이 된다.

이것은 마치 손가락으로 허공에다 일원상을 그리는 것 같아서 그리는 동시에 없어져버린다. 다시 말하면 허공에서 원을 그리는 것은 원상이 허공으로 없어지고 허공에서 원상이 다시 나타나는, 이것은 그려가면서 사라지고 사라지면서 그려가는 것이 된다. 여기서 우리의 착각은 삶의 단면을 상상하고 관습적으로 고정시켜 생각하고 눈에 보이는 이것을 전부인양 정상화定相化한다. 이것이 바로 우리의 삶이다.

사실 우리가 볼 수 있는 것은 일원상이 아니라 〈텅 빈 구상〉에 그려지는 동작이듯이 절대현재에 살아가는 순간일 뿐이다. 저『반야심경』의 명구 '색즉시공 공즉시색(色卽是空 空卽是色)'이나, 선가에서 말하는 '마음 밖에 일없고 일밖에 마음 없다(心外無事 事外無心)'는 것과 딱 포개어진다.

그리고 '산은 산, 물은 물(山是山 水是水)'인 원래적 입장이 '산이 물이고 물이 산(山是水 水是山)'인 산은 산이 아니고 물은 물이 아닌 사상적 표현으로 전환되고 다시 자성본원으로 돌아와 '산 역시 산이고 물 역시 물(山亦是山 水亦是水)'의 체험적 결과로 전환하는 것, 모두 십우도식 스타일로 볼 때는 제8인 人牛俱忘의 단계, 즉 그림에서 보듯이 소도 사람도 모두 사라지고 〈텅 빈 원상〉으로 표현되었다가, 다시 제9 반본환원返本還源이나 마지막 제10 입전수수入廛垂手로 들어서는 원의 전환 운동으로 볼 수 있다. 이것은 저 아인슈타인이 만년에 탐구에 몰두한 통일장 이론과 흡사함을 알 수 있다.

마치 생과 사, 색과 공이 그러하듯이 사는 동시에 슬금슬금 죽어가며 죽어지지 않고는 살 수가 없는 것과 마찬가지다. 이것은 확암의 「십우도」에 보았듯이 손가락으로 허공에 원을 그리면 그리는 동시에 사라져버리듯이 천장만장을 연출하면서 돌아보면 아무 것도 남지 않는 투명한 유리구슬이다. 이것이 나이며 너이고 그대인 것이다.

3. 한국의 심우송

앞 장에서 「심우송」의 뿌리를 살펴보았다. 중국 문헌상 8세기 남전 보원 장에 심우의 공안이 보이나, 티베트의 「十象圖」가 전해지는 것으로 보아, 이와 같은 내용의 그림들이 인도로부터 전해진 것으로 보인다. 단 「십상도」는 소가 아니고 코끼리이며, 검은 코끼리가 수도에 따라 희게 변하는 것으로 보아 보명의 「심우도」 타입일 것이다. 중국으로 들어와 확암식 스타일의 선시가 발전되었음을 추축된다.

우리나라 역시 많은 선장들의 「심우송」이 보이나 그중 경허, 만해, 구산, 설악 등의 게송이 세간에 퍼져있다.

경허가 북송의 확암의 「심우도」를 보고 화답한 시다. 세상에 여러 종류의 심우도(혹은 십우도)가 있으나, 보명의 「심우도」와 확암의 「심우도」가 지금까지 사찰 법당에 벽화로 사용되고 있다. 그중 확암의 「심우도」가 가장 잘 갖추어져 있을 뿐 아니라, 선禪을 차제로 나타낸 단계 역시 분명하다. 여기에 많은 선장들이 차운하였지만, 우리나라에서는 경허와 만해(한용운)의 「심우송」과 근래의 설악(조오현)의 「심우송」이 우뚝하다.

확암이나 만해는 깨달음의 차제, 곧 점수로 단계적 깨달음의 여행을 시키고 있고, 이와는 달리 경허의 「심우10송」과 설악의 「심우송」은 돈오적 입장에서 화답하였다. 그리고 확암의 게송을 차운한 경허의 「심우8송」도 있다. 또 지금 수덕사 금선대에 비장되어 있는 경허의 「심우도」 6폭도 살펴보자. 경허의 「심우8송」과 「심우도」 6폭의 게송은 깨달음의 차제를 밟고 있다.

선장들의 게송이 점오의 차제 법문이던 돈오의 일할의 법문이던 모두 순역종횡하여 보는 이를 적기賊機로 몰아넣기에 충분하다. 곧 조사의 간절노파심절의 면목인, 일할一喝의 할喝로 있을 뿐이다.

　* 우리나라 선을 중흥시킨 한국의 달마로 일컫는 경허 성우의 법계

　임제의현(38대) …… 양기방회(45대) …… 급암종신(55대)−석옥청공−태고보우(57대) …… 청허휴정(63대)−편양언기−풍담의심−월담설제−환성지안(67대)−호암체정−청봉거안−율봉청고−금허법침−용암혜언−영월봉율−만화보선−경허성우(75대)

　* 현금 설악산에 주석하는 선승이며 시인인 설악 조오현의 법계는 아래와 같다.

　임제의현(38대) …… 양기방회(45대) …… 급암종신(55대)−석옥청공−태고보우(57대) …… 청허휴정(63대)−편양언기−풍담의심−월담설제−환성지안(67대)−용성진종(68대)−고암상언(69대)−성준성각−설악무산(오현)

1) 경허의 심우 10송과 설악의 심우송

〈1. 소를 찾다〉

본래부터 잃지 않았으니 어찌 찾을 필요 있겠는가. 다만 이렇게 찾는 게 비로자나불의 스승이야. 푸른 산 맑은 물에 꾀꼬리 제비 지저귀니, 가지가지 물건물

건 기밀 누설하네. 쯧!

〈第一 尋牛〉

本自不失何用更尋祇這尋底毘盧之師山靑水綠鶯吟燕語頭頭漏泄 咄

— 경허

* 〈설악의 심우송 1. 소를 찾다〉

누가 내 이마에 좌우 무인拇印[1]을 찍어 놓고

누가 나로 하여금 수배하게 하였는가

천만금 현상으로도 찾지 못할 내 행방을.

천 개 눈으로도 볼 수 없는 화살이다.

팔이 무릎까지 닿아도 잡지 못할 화살이다.

도살장 쇠도끼 먹고 그 화살로 간 도둑이어.

— 설악

❶ 무인 : 엄지로 찍은 손도장.

[주해]

분주히 소를 찾는 상을 그렸다. 마음을 소로 가차하여 표현했지만, 마음이 소이고, 소고 중이다.

본문은 송나라의 확암의 「尋牛頌」을 보고 경허가 스스로 경지를 읊은 게송이다.

여기에 많은 선장들이 차운하였지만, 우리나라에서는 돈오적 게

송으로는 경허와 설악의 게송이 백미다. 특기할 것은 경허의 「심우
10송」은 산문시로 된 반면에 설악의 「심우10송」은 우리나라 전통
시조의 스타일을 띠고 있다. 확암과 만해의 차운은 차제에 맞추어
노래하였고, 경허와 설악의 「심우송」은 격외적이고 파격적이며, 일
초직입의 돈오적 게송이다. 그리고 주해와 착어는 필자의 소견이다.

착어   나와 너 너, 나

무얼 찾나? 나도 없이

소도 없이

〈2. 자취를 보다〉

봄빛의 오묘함은 백화가 난만한 데 있지 않네. 누런 동자와 푸른 귤이야말로
최고 중에 최고. 노래노래 부르네. 발자취 있는 것은 소 돌아가고 있고, 마음 없
으면 도가 바로 여기 있네. 좋고 좋아 노래노래 부르네. 옛 사당 속의 향로, 맑은
가을 들판의 물이네. 좋고 좋아 노래노래 부르네.

〈第二 見積〉

昭光之妙不在百花爛熳最是橙黃橘綠好好哥哥跡在牛還在無心道易親好好哥哥
古廟裏香爐澄秋野水好好哥哥

— 경허

* 〈설악의 심우송 2. 자취를 보다〉

명의名醫, 진맥으로도 끝내 알 수 없는 도심盜心

그 무슨 인감도 없이 하늘까지 팔고 갔나

낭자히 흩어진 자국 음담淫談 속으로 음담 속으로.

세상을 물장구치듯 그렇게 산 엄적掩迹❶이다.

그 엄적 석녀石女❷가 지켜 외려 죽은 도산倒産이다.

그물을 찢고 간 고기 다시 물에 걸림이어.

— 설악

❶ 엄적 : 감춘 발자취. ❷ 석녀 : 실상을 형상화한 표현.

[주해]

차차 소의 발자취를 발견한다. 처음 공부하여 점차 마음의 자취를 본다.

착어   숲은 아득하고

아무리 숲을 향해도

아무리 맨땅을 밟아도

숲밖에 있음이여!

이 저녁

아물아물 아지랑이

〈3. 소를 보다〉

할하고 이르길 '설사 신령한 빛이 홀로 비추어 하늘과 땅을 덮을지라도 여전히 섬돌 밑 사람이 혼을 희롱하는 손과 발이니 도깨비장난은 하지 않는 게 좋다자 말하라 무엇을 보았는가?

할! 일할.

〈第三 見牛〉

喝云得如靈光獨耀箇天箇地猶是階下漢弄精魂脚手莫魑魅魍魎好且道見箇甚麼喝 一喝

— 경허

* 〈설악의 심우송 3. 소를 보다〉

어젯밤 그늘에 비친 고삐 벗고 선 그림자

그 무형의 그 열상裂傷을 초범으로 다스린다

태어난 목숨의 빚을 아직 갚지 못했는데

하늘 위 둔석窀穸❶에서 누가 앓는 천만이다 둔석 광중❷

상두꾼도 없는 상여 마을 밖을 가는 거다

어머니 사련의 아들 그 목숨의 반경反徑❸이여.

— 설악

❶ 둔석 : 무덤구덩이. ❷ 광중壙中 : 광 가운데. ❸ 반경 : 지름길을 돌아옴.

[주해]

소의 형태와 모양을 본다. 선지식에 법을 묻고 수학하여 본래 마음의 소 면목을 본다.

  없다, 없어. 목 달아난다.

돌아 돌아가라.

〈4. 소를 얻다〉

보아 얻었다면 없지는 않으나 제2두[1]를 어찌 하려는가? 아직 보지 못한 자는 보라 이미 본 자는 오히려 미혹되어 잃게 하네. 깨달은 자는 영겁토록 깨달은 자 미혹되어 잃은 자는 영원히 미혹되어 잃은 자 자, 이러함이 정당한가 정당치 못한가?

탁자를 한 번 치고, 이르다.

한 번 버들가지 잡았으나 거두어들일 순 없으니 온풍이 옥난간에 걸리네.

〈第四 得牛〉

見得則不無爭奈爲第二頭未見得者永得見已見得者却令迷失又却令悟得者永悟得迷失者永迷失還正當得也未以柱杖打卓一下云

一把柳條收不得和風搭在玉欄干

— 경허

[1] 제2두 : 第2義에 떨어짐.

* 〈설악의 심우송 4. 소를 얻다〉

삶도 올가미도 없이 코뚜레를 움켜잡고

헤맨 걸음 몇 만보냐 매어둘 형법을 찾아

죽어도 한뢰로 우는 생령이어, 강도여.

과녁을 뚫지 못하고 돌아오는 명적鳴鏑[2]이다

짜릿한 감전의 아픔 복사해본 살빛이다

이 천지 돌쩌귀에 얽혀 죽지 못한 운명이어.

— 설악

[2] 명적 : 화살이 우는 소리.

[주해]

소를 붙든 후에는 놓아기르듯이 돈오 뒤에 오는 보임은 만리에 풀 한포기 없는 순수한 실상본지로 되돌아간다.

〈5. 소를 기르다〉

선함과 악함은 모두 마음이라서 닦을 수도 없고 끊을 수도 없는 것 마치 벌레 독이 깔린 마을을 지나는 것같이 한 방울이라도 닿아서는 안 되는 것이다. 마음은 별다른 마음 없으니, 탐욕과 음욕을 끊지 못하면 마침내 금생을 다할 때 죽은 사람의 눈처럼 되지 행할 수 있는 것이 아니야. 자 말하라. 어떻게 해야 옳은지를 구구는 팔십일 이 또한 쓸 데 없네. 용천 선사는 사십년에도 항상 바삐 돌아다녔고 향엄 선사는 사십년 만에 부딪쳐서 한 조각을 이루었다.

아! 진정 얻기는 쉬워도 지키기는 어렵네. 조금 얻었다고 해서 만족하지 말지니 반드시 선지식을 참례하여 다방면으로 단련해야 비로소 얻어진다.

〈第五 牧牛〉

善惡俱是心不可以修斷是如過蠱毒之鄉水也不得霑着一滴是心無異心不斷貪婬是及盡今時如死人眼是俱是險路不可以行且道如何則是九九八十一又椀達邱湧泉

四十年尚有走作香林四十年打成一片盰得易守難且莫得少爲足須參知識鑪鞴多方
始得

— 경허

* 〈설악의 심우송 5. 소를 기르다〉
돌도 풀도 없는 그 성부城府의 원야原野를
쟁기도 또 보삽도 없이 형벌처럼 다 갈았나
이제는 하늘이 울어도 외박할 줄 모르네.

마지막 이름 두자를 날인할 하늘이다
무슨 그 측연測鉛으로도 잴 수 없는 바다다
다시금 반답反畓을 하는 섬지기의 육신이어.

— 설악

[주해]

고삐 풀린 소를 잡았으나 아직 야성이 있어서 길들인다. 곧 수도로 힘을 얻었으나 아직 탐·진·치(貪·嗔·痴)의 관습을 끊지 못함을 노래한다.

착어　갈려 있는 빈손의 너그러움이여 입 없는
　　　고놈 말마디 맵짜다
　　　넌 원래부터 금지옥엽이어라

〈6. 소타고 집에 돌아가다〉

사생 육도를 거치면서 억겁토록 쓰디쓴 고생을 하였지만 어찌 한 걸음인들 고향을 떠났으리.

하하하

피리 소리는 갈운곡[1], 그 이름은 〈동정호의 마음이요 청산의 다리〉리.

비록 그렇다 해도 노형께선 아직 돌아가지 못했다고 말하려니 알겠는가?

계침[2]에 이르리라.

〈第六 騎牛歸家〉

六途四生歷劫辛酸何曾一步移着家鄉呵呵笛聲遏雲谷①名同庭湖青山脚雖然如是敢保老兄猶未歸會麼桂琛②道底

— 경허

> ❶ 갈운곡 : 피리소리가 너무 아름다워 가던 구름도 멈춘다는 골짜기. ❷ 계침 : 나한계침(羅漢桂琛, 867~928) 선사. 현사사비의 법제자.『경허어록』에서는 선의 秘密句 라고 의역하였다.

* 〈설악의 심우송 6. 소타고 집에 돌아가다〉

징소리로 비 개이고 동천洞天 물소리 높던 날

한 웃음 만발하여 신고 가는 이 소식을

그 고향 어느 가풍에 매혼埋魂[3]해야 하는가.

살아온 죄적罪迹 속에 못살릴 그 사구死句다

도매盜買[4]할 삶을 따라 달아난 그 탈구脫句[5]다

그 무슨 도필刀筆을 잡고도 못 새길 음양각陽陰刻이어

— 설악

❸ 매혼 : 넋을 물음. 마음을 물음. ❹ 도매 : 도적질하여 팜. ❺ 탈구 : 벗어난 글귀.

[주해]

사람과 소가 하나가 되어 집으로 돌아온다. 고르고 복종시켜 하모니를 얻으매 들노래 부르고 피리 불며 편안히 집으로 들아 간다. 곧 이미 깨침이 있어 번뇌망상에 벗어나 본래 마음소를 타고 집으로 돌아가다.

〈7. 소는 잊고 사람만 있다〉

한 숨 자세 어찌 이리 설칠 일 있는가. 홀로 일없이 앉아 있으니 봄이 오고 풀이 저절로 푸르다. 이 낡은 종기 난 위에 쑥뜸을 더하는 것 같다.

보지 못했는가. 곧 바로 푸른 하늘에 한 방망이를 먹여야 한다.

왜 그런가? 비 내리기 좋은 비 오지 않고, 날이 개여야 할 때 개이지 않으니, 그렇네. 비로 그렇다 하더라도 이 무슨 심보냐?

아! 오랫동안 문을 나서지 않으니 이 무슨 경계인가? 이 낡 속을 향하여 되돌아보지 않으니 이 무슨 경계인가? 뜬 세상에 이러쿵 저러쿵 상관치 않으니 이 또한 무슨 경계인가?

양 눈썹을 아끼지 않고 너를 위해 보인다.

머리를 숙이거나 얼굴을 들어도 감출 곳이 없고

구름은 푸른 하늘에 있고 물은 병 속에 있네.❶

〈7. 忘牛存人〉

撞眼去何得恁地狼藉兀然無事坐春來草自靑這箇是癭瘤上添艾炙相似不見道直

須靑天也須喫棒爲甚如此好作雨時不作雨堪晴天時不晴天雖然如是是甚麼心行噫

噫長年不出戶是何境界莫向這裏屙出去是何境界浮生穿鑿不相關是何境界不惜兩

莖眉毛爲爾提出

低頭仰面無藏處

雲在靑天水在瓶

— 경허

❶ 雲在靑天水在瓶은 약산 유엄과 낭주자사 이고 사이에서 출생한 아름답고 매혹적인
  선시다. 이 선화를 덧붙여 보여주고 싶다.

몸은 연마하여 학과 같이 되었으니	鍊得身形似鶴形
천 그루 솔 밑 두어 권 경	千株松下兩函經
내가 도를 물으니 아무 말씀 없이	我來問道無餘說
푸른 하늘엔 구름 병 속엔 물	雲在靑天水在瓶

— 이고(李翶)

낭주자사 이고는 약산(藥山惟嚴, 745~828)의 덕화를 오래 전부터 듣고 흠모
하여 산사로부터 내려오셔서 설법하여 줄 것을 자주 간청했다. 그러나 약산이
끝내 하산하지 않자, 산사에 직접 찾아갔으나 선사가 경을 보면서 돌아보지도
않았다. 시자가 스님께 〈태수가 왔다〉고 아뢰었다. 약산이 미동도 하지 않자
태수는 성질이 나서 〈얼굴을 보는 것이 이름을 듣는 것 보다 나을 게 없군〉 하
며 무안을 쏘아 보내자, 약산이 〈어째서 태수는 귀만 귀히 여기고 직접 보는 눈
을 천히 여기시오?〉 하니, 이고가 약산에게 〈어떤 것이 도냐?〉 라고 물었다. 약

산은 아무 말 없이 손을 들어 하늘과 땅을 가리키면서 〈알겠습니까?〉〈모르겠습니다.〉

선사가 이어서 읊다. 〈구름은 하늘에 있고 물은 병 안에 있네(雲在靑天水在瓶).〉

— 『선문염송』 9권 335칙 「雲在」·『경덕전등록』 14권 「약산유엄선사」

* 〈설악의 심우송 7. 소 잊고 사람만 있다〉

과태료 백 원 있으면 침 뱉어도 좋은 세상

낚시를 그냥 삼킨들 무슨 걸림 있으리까

살아온 생각 하나도 어디로 가 버렸는데 ……

눈감고도 갈 수 있는 이승의 칼끝이다

천만개 칼만 벼르는 저승의 도산刀山이다.

이·저승 다 팔아먹고 새김질하는 나날이어.

— 설악

[주해]

집에 돌아와 소가 더 이상 필요치 않는 경지이다. 다른 판본을 〈到家忘牛〉, 곧 〈집에 이르는 소를 잊다〉라는 제목으로 나온다. 자기 수중에 소는 잊었으니 오히려 득우得牛했다는 상은 버리지 못하니, 이것은 사람이 본각本覺에 이르러 무위無爲의 땅에 도달하여 모든 상이 비었으나 오히려 아공我空이 되지 못한 것이다.

착어　…… 그래도 내가 있다 여기 저기

　　　달그림자 천장만장에 저것이 없다고

　　　말한다 그게 너는 네가 있지 무한창공이

　　　흐르는 달이 있어 달을 보네

〈8. 사람과 소 몰록 잊다〉

시리소로 못다야 지다야 사바하

또 버들꽃을 따고 버들꽃을 따다. 오랫동안 수행을 했어도 여기에 이르러서는

몰록 미하고 아득하여 갈팡질팡하니 한 푼어치 가치도 없다

알겠는가?

변방은 장군의 명령이고 나라 안에는 천자의 칙령이로다. 할! 일할

〈第八 人牛俱忘〉

悉利蘇魯沒多野地多野娑婆訶

又摘楊花摘楊花長年修行到此却是迷茫顚倒不直一分錢會麼塞外將軍令寰中天

子勅喝 一喝

— 경허

* 〈설악의 심우송 8. 사람과 소 몰록 잊다〉

히히히 호호호호 으히히히 으허허허

하하하 으하하하 으이이이 이 흐흐흐

껄껄껄 으아으아이 우후후후 후이이

악없는 마른버짐이 온 몸에 번진 거다

손으로 짚는 육갑 명씨 박힌 전생의 눈이다

한 생각 한 방망이로 부셔버린 삼천대계여.

— 설악

[주해]

소도 잊고 사람도 잊은 것이니 바로 7단계에서 남아 있던 사람마저 잊는다. 곧 사람도 잊고 소도 잊다(人牛俱忘)의 경지는 9. 근원으로 돌아오다(返本還源)와 같은 경지이니 군이 표현하자면, 〈어허리 달게 어허리 달게〉이요, 〈시리시리 소로소로 못다야 지다야 사바하〉이고 〈울 넘어 물외 따오너라〉이며 〈봄이 오니 풀은 저절로 푸르다〉와 〈옛 향로에 찬 재만 그윽하다〉의 경지이니 참의 경지인 바로 진공묘용眞空妙用의 진공眞空이고 고요와 되비침(寂照)의 적寂의 경지이다.

착어   조주가 말한 〈부처 있는 곳엔 머물지 말고

부처 없는 곳엔 뛰어가라. 그리고

삼천리 밖에서 사람을 만나도 거론하지 말라

〈버들강아지 버들강아지〉라

한 말

발로 차고 오라.

〈9. 근원에 돌아오다〉

학의 다리 비록 길어도 자르려면 걱정되고 오리의 다리는 짧아도 이으려 하면 걱정되네. 발우는 자루가 필요가 없고 조리는 새는 것이 맞지 않은가.

금주에는 부자요 병주에는 철이로다.

만물이 저마다 본래 땅이 좋지 않은가.

양식이 풍부하고 땔감 많아서 네 이웃이 풍족하다. 이것이 호남성 밑에 불을 부는 입술은 뾰족하고 글을 읽는 혀는 날름대니 이것은 대우의 가풍이네.

다시 한 구가 있지 내일로 미루겠노라.

〈第九 返本還源〉

鶴脛雖長斷之則憂鳧脛雖短續之則愁鉢盂不得着柄笊籬且宜有漏綿州附子幷州鐵萬物無非本處好米賤紫多足四隣是箇湖南城下吹火尖嘴讀書彈舌也是大愚家風更有一句付在來日

— 경허

* 〈설악의 심우도 9. 근원에 돌아오다〉

석녀와 살아 백정을 낳고 금리金利 속에 사는 뜻을

스스로 믿지를 못해 내가 나를 수감했으리

몇 겹을 간통 당해도 아, 나는 아직 동진童眞이네.

길가의 돌사자가 내 발등을 물어

놀라 나자빠진 세상 일으킬 장수가 없어

스스로 일어나 앉아 만져보는 삶이여.

— 설악

[주해]

이는 소와 사람의 상조차 모두 여의고 한 물건도 존재하지 않는 '산 저절로 산이고 물 저절로 물'의 경계에 도달한다. 스스로 마음이 본래 청정한 무소득無所得의 소득所得을 얻어 무실무득無失無得의 아무도 모르는 불회처不會處에 이른 것이다.

8. 人牛俱忘과 9. 返本還源은 〈부처를 초월하고 진인을 뛰어넘다〉(超佛越祖是眞人)의 경지이니 우리는 그저 선의 진경, 부처님의 경지라 부른다. 그럼 위 선게에 초불월조시진인超佛越祖是眞人의 말은 무엇인가? 이것이 바로 선의 진경이고 부처님의 경지라 부르는 줄 알라.

〈10. 저자에 손을 드리우다〉

목녀의 꿈과 석인의 노래여! 이것은 六塵의 그림자다. 상이 없는 부처도 용납지 못하는데 비로자나불의 정수리가 무엇이 그리 귀할까 보냐?

방초언덕에 놀다가 갈대꽃 숲에서 잠을 자네.

포대를 메고 저자에서 교화함과 요령을 흔들며 마을에 들어가는 것은 실로 일을 마친 사람의 경계이네.

전날에 풀 속을 헤치고 소를 찾던 시절과 같은가 다른가? 가죽 밑에 피가 있는 놈이면 모름지기 착안해보라.

〈10. 垂手入塵〉

木女之夢石人之歌也是前塵影事無相之佛難容毘盧之頂何貴遊芳草岸宿蘆花洲

荷岱遊市振鈴入村寔爲了事漢境界與前日撥草尋牛的時節同耶不同耶皮下有血底

幸須着眼始得

— 경허

* 〈설악의 심우송 10. 저자에 손을 드리우다〉

생선 비린내가 좋아 견대肩帶 차고 나온 저자

장가들어 본처는 버리고 소실을 얻어 살아볼까

나막신 그 나막신 하나 남 주고도 부자라네.

일금 삼백 원에 마누라를 팔아먹고

일금 삼백 원에 두 눈까지 빼 팔고

해돋는 보리밭머리 밥 얻으려 가는 문둥이어, 진문둥이어.

— 설악

[주해]

시장거리로 돌아와 중생에 대한 노파심절로 자비의 손을 드리우고 제도한다. 마치 한 사람이라도 성불치 못하면 불국토로 가지 않는 경계를 뭐라 하겠는가?

이 경지는 바로 격외가格外歌로 바보들의 행진이라 할까? "깔깔 허허 우우 호호 멍멍 엄매엄매 꼬끼오 꼬 야옹야옹"이니 아는 사람 알 뿐이다. 그러나 세상만사 모른다고들 한다. 고요의, 부처님의, 진경眞景의 진공眞空이고, 적寂에서 되살아나니 묘용妙用이고 조照의 경지, 진성眞性의 활성화라 까불지 말라.

착어 모른다 몰라. 제자리에서 자기 일 하는

돌 사람.

여기 깔깔 저기허허

우우 호호 멍멍

엄매엄매 꼬끼 야옹

야옹

Ⅳ

한국의 달마대사로 칭호를 받는 경허화상은 희미해져 가는 선의 등불을 크게 진작시킨 대선사다. 21화와 22화에서 「심우송」의 뿌리가 되는 남전과 조주의 선화와 북송 확암의 「심우송」과 보명의 「심우송」을 살펴보았다. 그리고 우리나라 경허의 「심우10송」을 중심으로 현금의 선승인 설악 오현의 「심우송」도 살펴보았다. 그리고 그 원류가 되는 확암 지원의 「심우송」에서 담담하게 차제를 따라 소를 기르고 자기화하는 과정도 익혀 보았다. 그리고 살활자재함이 경허의 「심우송」을 다시 읽는 듯한, 설악의 「심우송」에서 활활발발한 활구에 눈을 밝혀 보기도 했다.

이 장에서 소개하고자 하는 경허의 「심우 8송」은 앞 돈오돈수적인 경허의 「심우 10송」과 설악의 「심우송」에서 보여준 가풍과는 다른 중생의 근기에 알맞게 보살피고 적기하는, 대선장의 간절노파심절을 읽을 수 있게 된다.

또 경허의 「심우송법문」은 수덕사 금선대에 병풍으로 비장되어 있는 것으로 진기한 선가의 보물이다. 법문 중 게송은 확암의 게송이며 수시나 착어는 경허 자신이 지은 것이다.

그리고 확암의 점수적인 가르침을 이은 만해 한용운의 차제 법문도 같이 읽기로 한다.

2) 경허의 심우 8송과 만해의 심우송

〈1. 소를 찾다〉	〈尋牛〉
가소롭다 소 찾는 이여	可笑尋牛者
소를 타고도 소를 찾네	騎牛更覓牛
노을 진 방초길에	斜陽芳草路
이 일이 실로 아득하구나	那事實悠悠
	― 경허

분주히 소를 찾는 상을 그린 것. 마음을 소로 가차하여 표현했다.

우리의 태어나기 전 마음이 곧 우리의 마음인데 빛나는 쇠에 녹이 슬듯 몸을 받으면서 어느덧 녹이 쓸어버린다. 어느덧이 언제이냐? 비롯함이 없는 지금(無始以來)이라고 성현들은 말한다. 마음소가 약간 바깥 경계에 끄달리어 조금 아주 조금 비켜 앉았다 할까? 마음소가 초발심한다. 소를 찾는다. 이것이 〈尋牛〉다.

다시 말하면 경허가 노래하듯이 "소타고 있으면서 다시 소를 찾는

구나"(騎牛更覓牛) 이다. 이것은 아는 것이 아니다. 선장들은 한결같이 불회不會, 부지不知 혹은 불식不識 이라고 만 말한다.

그럼 소를 찾는 〈尋牛〉인, 만해의 심우송을 읽어 보자.

원래 못 찾을 리 없긴 없어도

산 속에 흰 구름이 이리 낄 줄이야!

다가서는 벼랑이라 발 못 붙인 채

호랑이와 용울음에 생을 떠네

此物元非無處尋

山中但覺白雲沈

絶壑斷崖攀不得

風生虎嘯復龍吟

— 만해

만해의 「심우송」은 착실히 앞장에서 보아 온 확암의 「심우송」을 차운하고 있다. 그와 동시에 내용 역시 패러디하고 있음을 우리는 살필 수 있다.

1행과 2행의 확암의 게송과 배대하여 보면 잘 드러난다. "아득히 풀 헤치면 소를 찾아도(茫茫撥草去追尋) / 물 넓고 산은 멀어 길은 끝없네(水闊山遙路更深)" 그리고 3행과 4행 역시 이와 같다. 직접 확암의 게송과 만해의 게송을 읽어 보자. "몸과 마음 지쳤는데 찾을 곳 없고(力盡神疲無處覓) / 들리느니 단풍나무 늦매미 소리(但聞楓樹晚蟬唫)"

이것은 조사님네가 시를 작시하는데 목적이 있지 않고 스스로 진흙탕에 빠져 다른 부류의 중생[異類中行]에 섞여, 중생을 눈뜨게 하는데 목적이 있기 때문이다.

<2. 자취를 보다> 〈見跡〉

원숭이와 새들 춘심에 겨워하는데 猿鳥春心慣

옛길 오르지 못해 시름에 젖었네 未登古路悠

그 가운데 소식 있으니 箇中消息在

자취가 구름 숲속에 그윽하구나 跡向藪雲悠

— 경허

소의 발자취를 발견한다. 처음 공부하여 점차 마음의 자취를 본다.
〈猿鳥春心〉은 모든 물물은 삶의 흥이 절로 넘치지만, 발심한 나는
오직 〈이것〉 뿐이다. 이것의 발자취는 물물의 두두頭頭이니 숨을 곳
이 없다.

여기서 확암은 "산이 깊고 또다시 깊고 깊은 들 / 하늘 닿는 소 콧
구멍 어찌 숨기리"하며 노래했고, 경허는 〈심우 10송〉에서 "옛 사당
속의 향로 맑은 가을 들판의 물이네, 좋고 좋아 노래 부르네"라고 읊
었다. 4행에서 말하듯 "자취가 구름 숲속에 그윽하구나(跡向藪雲悠)"
하지만 구름 밖에도 그윽하니 아는 사람은 안다.

여우 삵괭이 득실대는 산 狐狸滿山凡幾多

머리 돌려 다시 묻네, 이 뭣꼬 回頭又問是甚麽

문득 보니 풀 헤치고 꽃 밟은 자취 忽看披草踏花跡

굳이 다른데 가서 찾을 리 있으랴 別徑何須更覓他

— 만해

〈3. 온전히 드러나다〉　　　　　　　　　　　　　　〈露現全體〉

광겁에 田地를 지니고 있었는데　　　　　　　　　　曠劫相將地

갑자기 한 구역이 뚫렸네　　　　　　　　　　　　驀然透一區

일찍이 듣자니 설산 속에　　　　　　　　　　　　曾聞雪山裏

젖 향기 만년이나 머물렀다 하네　　　　　　　　　浮香萬年留

　　　　　　　　　　　　　　　　　　　　　　　－ 경허

　소의 형태와 모양을 보고 득의한다. 선지식에 법을 묻고 수학하여 본래 마음의 소 면목을 보고 얻는다. 그러나 오랜 습성에 의해 소는 야성 그대로이니 길들여 조복을 받아야 하리.

　원래 가지고 있는 것. 하지만 우리는 코 구멍 막힌 채 살았을 뿐이다. 우리 석가 스승님, 이 코 구멍을 뚫으니 젖 향기가 만년을 머물렀고 만년 흐름이 분명하다. 무엇으로 뚫었나? 손가락이다. 경허는 말한다. "보아 얻었다면 없지는 않으나 제2두를 어찌 하려는가?" 이 〈낱〉은 어찌하려는가?

　확암이나 경허 심우 10송과 배대하면 〈3. 露現全體〉은 〈3. 견우〉와 〈4. 득우〉에 해당한다. 그저 그렇게 보아 얻었다면 그대는 헛것을 얻었다고 감히 필자가 보증한다. 선장들은 이것을 〈나무아래서 잘 생각해보라〉(林下好商量)고 권한다. 바로 〈이것〉이다.

이제 하필 그 소리 들어야 하랴　　　　　　　　　至今何必更聞聲

푸른 밭 밟고 선 희고 흰 모습이여　　　　　　　拂白白兮踏青青

일보도 옮기지 않고 그를 보노니　　　　　　　　不離一步立看披

| 털과 뿔 원래 오늘 이룸이 아닐세 | 毛角元非到此成 |

— 만해

〈4. 길들이고 보임하다〉	〈調伏保任〉
풀밭에 놓아 먹인지 얼마였던지	幾廻成落草
고삐를 잡아당기기 어려웠네	鼻索實難投
다행히 오늘 같은 노력이 있어	賴有今日事
강산을 내가 모두 거두었네	江山盡我收

— 경허

고삐 풀린 소를 잡았으나 아직 야성이 있어서 길들인다. 곧 수도로 힘을 얻었으나 아직 탐·진·치(貪·嗔·痴) 관습을 끊지 못함을 노래하지만 한 번 이른 나는 꾸준히 성태聖胎를 장양長養할 뿐이다. 본문의 게송 4행에서 경허는 말한다. "강산을 내가 모두 거두었네(江山盡我收)"라고, 그렇다. 이젠 소를 길들이고 항복받고 다진다. 곧 깨친 다음 보림[保任]에 임한다.

만해는 차운하기를 "어느덧 굴레 씌워 끌지 않아도 / 온갖 일 따르게 됨 신기하여"라고 노래하고, 확암 역시 "돌보는 중 소의 성미 차차 순해져 / 안 끌어도 제 먼저 사람 따르네"라고 노래한다.

여기에 이르면 이제 실상본지實相本地로 소타고 환지본처還至本處하는 일만 남는다.

| 보고는 다 잡지 못할까 애태워듯이 | 已見更疑不得渠 |

잃을세라 이 걱정 끊기 어렵네　　　　　　　擾擾失心亦離除

몰록 깨달으니 그 재갈 손에 있는데　　　　　頓覺其縛紀在手

본래 같이 있는 듯해 이상도 하지　　　　　　大似元來不離居

　　　　　　　　　　　　　　　　　　　　　— 만해

기르고 길들이기 잊지 않음은　　　　　　　飼養馴致兩加身

행여나 옛 버릇 나서 달아날세라　　　　　　恐彼野性逸入塵

어느덧 굴레 씌워 끌지 않아도　　　　　　　片時不待羈與絆

온갖 일 따르게 됨 신기하여　　　　　　　　萬事於今必須人

　　　　　　　　　　　　　　　　　　　　　— 만해

〈5. 마음대로 집에 돌아오다〉　　　　　　　〈任運歸家〉

동서와 내외가 원래 없거늘　　　　　　　　東西非內外

내 마음대로 집을 향해 간다　　　　　　　　任運向家邱

한 가자 구멍 없는 젓대　　　　　　　　　　無孔一枝笛

소리마다 자유롭기는 아직 일러　　　　　　聲聲難自由

　　　　　　　　　　　　　　　　　　　　　— 경허

　사람과 소가 하나가 되어 집으로 돌아온다. 고르고 복종시켜 하모니를 얻으매 들노래 부르고 피리 불며 편안히 집으로 들아 간다. 곧 이미 깨침이 있어 번뇌 망상에서 벗어나 본래 마음소를 타고 집으로 돌아간다.

　경허는 그의 〈심우 10가〉에서 이 대목을 통쾌 장쾌하게 노래한다. 들으라.

"사생 육도를 거치면서 억겁토록 쓰디쓴 고생을 하였지만 어찌 한 걸음인들 고향을 떠났으리

하하하

피리 소리는 갈운곡, 그 이름은 〈동정호의 마음이요 청산의 다리〉리 비록 그렇다 해도 노형께선 아직 돌아가지 못했다고 말하려니 알겠는가?"

또 만해는 읊는다.

"채찍질함도 없이 돌아가는 길 / 안개 늘 낀들 상관있으랴."

채찍질함도 없이 돌아가는 길	不費鞭影任歸家
안개 늘 낀들 상관있으랴	溪山何妨隔烟霞
긴 길가 그 많은 풀 먹어치울 제	斜日吃盡長程草
봄바람의 향기도 입에 씹히네	春風未見香入牙
	― 만해

〈6. 소는 없고 사람만 있다〉	〈忘牛存人〉
바람 앞 등불, 물거품 일 마쳤는데	風燈泡沫了
무엇을 다시 구하려 하는가	何法更堪求
장안 큰 길에 말을 부치노니	寄語長安道
소리 앞에 아직 쉬지 못하였네	聲前不得休
	― 경허

경허의 〈심우 10가〉에서는 이곳을 경허는 후련하게 토설한다.

'한 숨 자세 어찌 이리 설칠 일 있는가. 홀로 일없이 앉아 있으니 봄이 오고 풀이 저절로 푸르다. 이 낡은 종기 난 위에 쑥뜸을 더하는 것 같다. 보지 못했는가? 곧 바로 푸른 하늘에 한 방망이를 먹여야 한다.'

마음대로 귀가任運歸家]한다. 고향집이 동쪽이라고만 생각하지 말라. 동쪽도 좋고 서쪽도 좋다. 그러나 귀하는 아직 한 가지 잊은 것이 있나니. 경허는 이른다.

"보지 못했는가. 곧 바로 푸른 하늘에 한 방망이를 먹여야 한다.

왜 그런가? 비 내리기 좋은 비 오지 않고, 날이 개여야 할 때 개이지 않으니, 그렇네. 바로 그렇다 하더라도 이 무슨 심보냐? 아! 오랫동안 문을 나서지 않으니 이 무슨 경계인가? 이 낡 속을 향하여 되돌아보지 않으니 이 무슨 경계인가? 뜬 세상에 이러쿵 저러쿵 상관치 않으니 이 또한 무슨 경계인가?

양 눈썹을 아끼지 않고 너를 위해 보인다.

머리를 숙이거나 얼굴을 들어도 감출 곳이 없고

구름은 푸른 하늘에 있고 물은 병 속에 있네."

요컨대 그럼 뜻대로 왜? 되지 않는가. 이것은 경계는 잊었으나, 마음속에 내가 있기 때문이다. 내가 있음을 깨닫게 해주니 잘 보고 보라. "머리를 숙이고 얼굴을 들어도 감출 곳 없네 / 오직 구름은 푸른 하늘에 물은 물병에 있지." 그렇다. 바로 망우존인忘牛存人이기 때문이다.

빠른 걸음 소에 맡겨 산이며 물을   自任逸蹄水復山

달리느니 세월은 한가롭기만   綠水靑山白日閑

복숭아 숲을 휘돌던 일 잊고 난 뒤   雖然已忘桃林野

간간이 창밖으로 꿈은 달리네   片夢猶在小窓間

— 만해

〈7. 사람과 소가 함께 없다〉   〈人牛俱忘〉

적광토엔 아직 이르지 못했는데   寂光猶未至

쪽방울만 하나 더 얻었네   添得一毛毬

이 도리 별스런 데 있지 않아서❶   此道無多在

산은 높고 물 저절로 흐르는구나   山高水自流

— 경허

❶의 별스럽지 않다(無多在)라는 말은 임제가 황벽에게 불법이 별스럽지 않다고 말했음.

　이곳은 부처의 진경이고 진인眞人의 본향이다. 곧 인우구망하고 반본환원의 경지이니 바로 진공묘유의 진공이고, 적조동시의 적의 진경이다. 소도 잊고 사람도 잊은 것이니 바로 7단계에서 남아 있던 사람마저 잊는다. 곧 조주가 말한 '부처 있는 곳엔 머물지 말고 부처 없는 곳엔 뛰어가라. 그리고 삼천리 밖에서 사람을 만나도 거론하지 말라' 하였고 또 "버들강아지 버들강아지"라 한 말을 음미해보자.

　확암은 "화로 불꽃이 어찌 눈을 용납하리요 / 여기에서 조종과 하나가 된다" 하였고 만해는 "하늘로 빼어든 칼 먼지 하나 못 앉거니 / 천추에 조종 있음 그 어찌 용납하리오"하였다.

　또 경허가 말한, '버들꽃을 따고 버들꽃을 따다. 오랫동안 수행을 했어도 여기에 이르러서는 몰록, 미하고 아득하여 갈팡질팡하니 한 푼어치 가치도 없다'고 노래했다. 그리고 이어 우리에게 왜 가치가 없다고 생각하는가? 되묻는다.

'알겠는가? 변방은 장군의 명령이고 나라 안에는 천자의 칙령이로다. 할! 일할'.

다시 경허가 9. 반본환원에서 "학의 다리 비록 길어도 자르려면 걱정되고 오리의 다리는 짧아도 이으려 하면 걱정되네. 발우는 자루가 필요가 없고 조리는 새는 것이 맞지 않은가" 그리고 "다시 한 구가 있지 내일로 미루겠노라"한 진경처다.

* 〈심우송 8. 사람과 소 몰록 잊다〉

색만 공이 아니라 공 또한 공이기에	非徒色空空亦空
막힘도 없으려니 통함인들 있을 줄이	已無塞處復無通
하늘로 빼어든 칼 먼지 하나 못 앉거니	纖塵不立依天劍
천추에 조종 있음 그 어찌 용납하리	肯許千秋有朝宗

　　　　　　　　　　　　　　　　　　— 만해

* 〈심우송 9. 근원에 돌아오다〉

삼명이라 육통이라 별것 없나니	三明六通元非功
소경인양 벙어린양	何似若盲復如聾
돌아보니 털도 뿔도 나지 않은 곳	回首毛角未生外
봄이라 활짝 핀 꽃 붉기도 한 빛	春來依舊百花紅

　　　　　　　　　　　　　　　　　　— 만해

〈8. 이류가운데 일〉　　　　　　　　　　　　　　　　　　〈異類中事〉

터럭을 쓰고 겸하여 뿔 이었으니　　　　　　　　　　　　被毛兼戴角

등탑❶이 말하기를 추추❷하더라　　　　　　　　　　　　燈榻語啾啾

불조 밖의 이 몸이여　　　　　　　　　　　　　　　　　　祖佛今身外

긴 세월 저자 거리로 싸다니네　　　　　　　　　　　　　長年走市頭

　　　　　　　　　　　　　　　　　　　　　　　　　　　　－ 경허

❶ 등탑 : 대웅전 앞의 석등.　❷ 啾啾 : 벌레 우는 소리, 새 우는 소리, 원숭이 우는 소리,
　방울 소리, 피리소리, 망령이 우는 소리.

이는 소와 사람의 상조차 모두 여의고 한 물건도 존재하지 않는 〈산 저절로 산이고 물 저절로 물〉의 경계에 도달한다. 스스로 마음이 본래 청정한 무소득의 소득을 얻어 무실무득無失無得의 아무도 모르는 불회처不會處에 이른 것. 곧 진공묘유眞空妙有의 묘유이고 적조동시寂照同時의 되비침[照]의 세계다.

그럼 환지본처한 마음소는 어떠한가? 시장거리로 돌아와 중생에 대한 노파심절로 자비의 손을 드리우고 나와 남을 제도한다. 마치 한 사람이라도 성불치 못하면 불국토로 가지 않는 경계를 뭐라 하겠는가? 우리는 그저 모른다 몰라. 제자리에서 자기 일 하는 저 사람. 그렇게 말할 뿐.

「심우송」에 배대하면 입전수수入廛垂手이다. 경허는 노래한다.

목녀의 꿈과 석인의 노래여! 이것은 육진六塵의 그림자다. 상이 없는 부처도 용납지 못하는데 비로자나불의 정수리가 무엇이 그리 귀할까 보냐?

방초언덕에 놀다가 갈대꽃 숲에서 잠을 자네.

포대를 메고 저자에서 교화함과 요령을 흔들며 마을에 들어가는 것은 실로 일을 마친 사람의 경계이네.

전날에 풀 속을 헤치고 소를 찾던 시절과 같은가 다른가? 가죽 밑에 피가 있는 놈이면 모르지기 착안해보라.

〈異類中行〉, 같은 종류에 속하지 않고 다른 종류에 가서 제도함이니 바로 〈반본환원〉한 다음, 〈입전수수〉행을 말한다.

정육점에서 살점하나 묻히지 않고 뼈를 추려내는 저 성자

분필가루 하나 떨어뜨리지 않고 학생들 이마에 촛불을 밝히는 저 성자

경포정 난간에 하염없이 턱을 괴고 있는 저 성자

다섯 자식 두고 다시 배부른 저 성자

거듭거듭 가운데를 달리는 저 성자

진중.

* 〈심우송 10. 저자에서 손을 드리우다〉

어디에나 마음대로 드나들면서	入泥入水任去來
울고 웃고 그 뺨엔 흔적도 못내	哭笑無端不盈顋
괴로움의 바다 속 언젠가는	他日茫茫苦海裡
불꽃가운데 연꽃을 피게하려니	更教蓮花火中開

— 만해

Ⅴ

4. 심우송 법문

이 〈심우도 법문〉은 확암의 「심우송」을 〈제6. 기우귀가〉까지를 경허가 법문한 것이다. 삼단계로 짜여 있다.

앞부분에 경허 스스로 수시垂示하였고, 가운데는 확암의 「심우송」을 본칙本則으로 삼고, 뒷부분에 붙인 경허의 4.4구 평으로 각 장마다 착어著語하였다. 수덕사 금선대에 비장된 〈심우도〉 6폭 병풍에 담겨있다.

1) 경허의 심우송 법문

〈1. 소를 찾다〉

일찍이 잃지 않았으니 무엇 하려고 애써 찾는가? 깨달음을 등짐으로 말미암아 성불법에 소외되어 티끌세상으로만 향하여 드디어 집을 잃고 헤매는데 길은 점점 멀고 겹겹이 높은 산, 얻고 잃어버림이 치연하여 시비가 벌떼 일어나듯 하도다.

망망한 풀숲 헤치고 찾아 들어가니
물은 흐르고 산은 먼데 길은 갈수록 깊기만 하여라
몸과 마음 다하여 찾을 수 없는 곳에
다만 시원한 나뭇가지에 늦 매미 소리만 들려라

* 30년 동안 몇 사람에게나 되먹이장사로 속여 왔던가.

〈第一 尋牛〉

從來不失 何用追尋

由 背覺以 成疎在 向塵而 遂失家 山漸遠 峽路嵯峨 得失 熾然 是非蜂起

茫茫撥艸去追尋

水濶山遙路更深

力盡神疲無處覓

但聞風樹晚蟬吟

三十年來 賺殺幾人

〈2. 자취를 발견하다〉

경을 의지하여 뜻을 알고 교를 열람하여 종지에 알음알이를 밝히라 하니, 슬
프다 대중이여. 전체는 오직 하나를 위함이며, 만물은 곧 자기가 됨이로다. 사
(邪)와 정(正)을 가리지 못하는데 참과 거짓을 어찌 구분하랴. 이문으로 드는 자
는 권세와 방편으로 견적을 삼는다.

물가의 숲 아래 흔한 건 소 발자취

풀 우거진 그 속엔 보는가 못보는가?

산이 깊고 또다시 깊고 깊은 들

하늘 닿는 소 콧구멍 어찌 숨기리

＊ 남산의 풍월 적선謫仙에게 실어 보낸다.

〈第二 見跡〉

依經解義 閱教知宗 明衆哭 爲一全體 萬物爲自己 邪正不辨 眞僞奚分 未入斯門

權爲見跡

水邊林下跡偏多

芳草難披見耶麼

縱是深山更深處

遼天鼻孔怎藏他

南山風月 輸了謫仙[1]

[1] 적선 : 일반적으로 이백을 통칭하나 여기에서는 불특정 다수를 지칭함.

〈3. 소를 보다〉

소리를 좇아 들어가 보이는 곳에서는 근원을 만나 6근 문에 부딪쳐옴과 부딪

침이 서로 분명하여 움직이는 가운데 머리 머리 온전히 드러나 물 가운데

가지에 앉아 꾀꼬리 울음 울고

따스한 햇볕 기슭에는 버들 푸르러

이제는 피하려야 피치 못하기

보이네, 뚜렷한 저 뿔! 그려도 못 미쳐

*남산南山에 북수北水가 다시 돌아오지 않는다.

〈第三 見牛〉

從聲得入 見處逢源 六根門着 着無差動用中 頭頭現路 水中鹹味 色裡膠精 貶上
眉毛 但非他物

黃鶯枝上一聲聲

日暖風和岸柳靑

只此更無回避處

森森頭角畵難性

南山❶北水❷ 一返不再

❶ 南山은 진공묘유할 때 妙有, 應用, 照, 他鄕을 뜻한다. ❷ 北水는 寂照나 體用을 말할
때 眞空, 本體, 寂, 故鄕을 말한다.

〈4. 소를 얻다〉

오래 동안 문 밖에 매몰되었던 저를 금일에야 만나니, 아무리 수승한 경지로
도 쫓기가 어렵다. 저 산의 우거진 방초 어쩌지 못하여 우악한 마음은 아직 일어
나, 야성을 순화하고자 할진대 반드시 채찍의 재촉을 더할 일이다.

온갖 힘 기울여서 붙잡은 이 소

힘이 세어 다루기 정말 어렵네

고원 위로 겨우 끌고 오르기도 하고

안개구름 깊은 속에 거처하라

* 이러한 면목은 멀찍이 나누어 붙지 않게 하라.

〈第四 得牛〉

久埋郊外 今日逢渠 由境勝以 難追 戀芳叢而 不已 頑心尙湧 野性猶存 欲得純化

必加鞭楚

竭盡神通獲得渠

心强力將卒難除

有時纏到高原上

又入烟雲深處去

這般面目 分疎不下❶

❶ 우리는 너무나 오랜 관습으로 인한 자기 확신이 참인양 하는 믿음과 사유로
고정화되어 있다. 이제 이 〈낱〉을 잡았다. 움직이지 마라. 무소뿔처럼 가라.
올라갔다 내려갔다 넘어졌다 엎어졌다. 발광하는구나.
필자가 오대산에서 미수가 넘은 노선객 고송종협 선사에게 물었다.
"끝이 가물가물할 때 어떻게 실참실수해야 하는지 일러주십시오?"
"똑 바로 가라."
삼배의 예를 드렸다.

〈5. 소를 먹이다〉

앞생각을 겨우 일으키면 뒷생각이 서로 따르니 깨닫는 길로는 참을 이루고 혼미(迷)한 경계로는 거짓(妄)을 이룬다. 경계를 원인하지 않아도 스스로 마음은 일게 된다. 고삐 잡아당기는 알음알이로 의논함은 용납지 못하리라.

고삐를 부여잡고 놓치 않음은

행여나 제멋대로 달아날새라

돌보는 중 소의 성미 차차 순해져

안 끌어도 제 먼저 사람 따르네

* 환영의 성城 환영의 누각樓閣 남가일몽南柯一夢일레.

〈第五 牧牛〉

前思纏起 後念相隨 由覺路以 成眞 在迷境而 成妄 不由境有 唯自心生 鼻索 牢牽 不用議擬

鞭索時時不離身

恐伊縱步入埃塵

相將牧得純和也

覊鎖無抑自逐人

幻城幻樓 夢中南柯[1]

❶ 南柯 : 남가일몽. 당나라 덕종 때 순우분은 그의 집에 늙은 느티나무 아래서 잠이 들었는데, 괴안국 사자가 와서 느티나무 안으로 따라갔다. 괴안국의 임금이 보고 매우 기뻐하여 순우분을 사위로 삼고 남가군의 태수로 삼았다. 태수가 된지 20년 황폐한 고장을 잘 다스려 그곳 백성들은 순우분의 공덕을 칭찬하여 송덕비로 삼았고, 임금은 순우분을 믿고 영지를 주어 재상을 삼았다. 그러나 그의 아내가 병으로 죽으므로 순우분은 태수를 그만두고 서울로 올라갔다. 모든 고관대작은 순우분과 사귀기를 원했고 따라서 권세가 점점 커 갔다. 이에 국왕은 내심 불안을 느낄 때, 신하 중 한 사람이 도읍을 옮겨야 함을 상소하였다. 세상에는 순우분의 세력이 너무 강하여 화를 불러온 것이라 했다. 왕은 드디어 순우분을 가택연금 시켰다. 그 후 순우분이 별다른 잘못이 없음을 알은 왕은 순우분을 고향집으로 돌려보냈다. 이때 순우분은 바로 느티나무 아래에서 잠이 깨었다. (이공좌의 〈南柯記〉를 간추림)

〈6. 소타고 집에 돌아가다〉

예리한 창으로 이미 타파해 버리고 보니, 득실이 도리어 공이다. 나무꾼은 촌에서 노래 부르고 아이들은 들어서 피리를 분다. 소위에 가로지른 몸, 눈으로 아득히 하늘에 구름을 보아 부르고 대답함이 역력하여 뇌롱樏籠에 있지 않는구나.

멀리 소를 타고 집에 돌아가는 길

피리소리에 실려가네 저녁놀 빛

한 박자 한 곡조의 무한한 뜻은

아는 이면 어이 꼭 입을 놀리랴

* 즐거운 일 아직 거두지 못했는데 또한 타향으로 어찌 나부끼는가

〈第六 騎牛歸家〉

干戈已罷 得失還空 唱樵子之村歌 吹兒童之野笛 身横牛上 目視雲霄 呼嗅不回

樏籠不在❶

騎牛迤邐欲還家

羌笛聲聲送晚霞

一拍一歌無限意

知音何必鼓脣牙

樂事未遂 又飄他鄉^❷

❶ 楞籠 : 힘을 들여 억지로 만들어 놓은 집.　❷ 樂事 : 공부가 다된 경지.

제4부

선시의 현대적 읽기에 대한 이해와 오해

프리즈나(prajna)의 현대적 탐색
이교수의 「선과 쟈크 데리다 · 새로운 격의 불교의 모색」에 대한 논변

이만식 교수의 「선과 쟈크 데리다 · 새로운 격의 불교의 모색」은 동서의 문화가 쌍전하고 교차되는 혼동의 시점에서, 매우 유익하고 반상합도의 원동력이 될 새로운 세계를 선험적으로 제시하는 가치 있는 논문으로 사료된다.

인도의 사변적이고 명상적인 불교와 다른 세계인 중국의 실용적이고 현실적인 문화와 충돌내지 반상합도反常合道 됨으로 새로운 수승된 문화가 탄생되었음을 여려 선학들은 문헌을 통하여 제시하였다. 적절한 실례로 판단된다. 서로 다른 대륙의 문명과 문화가 상호 충돌하여 상호 포용하여 새로운 세계를 펼쳐짐은 충분히 역사상 증명된다. 예컨대 인도라는 세계에서 탄생된 선나禪那와 중국이라는

세계에서 자생된 노장사상老莊思想, 서로 다른 문화가 부딪쳐 이루어진 격의불교(논문—1차 격의불교)는 찬란한 당唐 송宋 원元 명明 사대의 세계적인 중심국가를 형성하는데 원동력이 되었다. 이들은 당시 역사상 가장 찬란한 문화를 꽃 피웠고, 경제적으로는 세계에서 제일 잘 사는 나라였으며 군사적으로도 강병의 중심국가였다.

사상적 측면에서 격의불교를 딛고 일어선 선종이 오늘날 다시 서구사상과 반상합도 됨으로 서로 원융한 세계가 탄생(이만식—2차 격의불교)됨이, 오늘날 서구의 물질문명과 기계문명의 팽배로 오는 세기말적인 불안과 새천년에도 여전히 이어지는 인류의 불안을 극복할 수 있음을 예견, 새로운 페레다임을 제시하는 이교수는 탁월한 지견을 보이고 있다. 그리고 2차 격의불교의 준동으로 쟈크 데리다의 해체론이 선불교를 현대적 언어로 읽음으로, 새로운 격의불교의 검색엔진이 될 수 있다는 것을 예시함은 본 토론자도 긍정하는 명제적 제시라 본다. 일단 모든 물리와 지혜는 고정되지 않는다는 견해로 토론자는 보기 때문이다.

Ⅰ 긍정적인 성과에 대한 견해

1. 선과 자크 데리다(본문)

1) 해체론에 의한 상구보리 연구

(1) 해체론에 의거한 불립문자의 연구

선을 현대 언어로 정립하는 데 있어 동서의 반상합도에 의한 2차 격의불교格義佛敎, 구체적인 방안으로 자크 데리다와 선의 현대에 알맞은 새로운 세계의 모색은, 이런 명제적 제시는 실로 놀라운 탁견이다.

데리다의 신어 '흔적痕迹'은 불교에서 '실상實相', 곧 구체적으로 '유일물有一物' 등과 같이 읽힌다. 곧 표현되어 지지 않은 '흔적'을 선장들은 이렇게 곤혹스럽게 불렀다.

(2) 해체론에 의한 연기관 연구

연기설은 선 자체의 강종綱宗이며 종지宗旨다.

① **언어적 현기증**은 우리는 이원적인 논리적 경계와 함께, 논리적 명료성에 의해 심적 만족을 느끼며 살아왔기 때문에 양변의 견해를 통견하는 차조동시遮照同時적 봄에 의하여 현기증이 생기고, 곧 '이 현기증은 사라지고 새로운 지혜, 새로운 세계 그 진실에 대한 새로운 인식에 다다를 것'이라는 말, 이것은 데리다의 난경難境, 즉 **아포리아**

aporia라는 용어로 제시 된다.

곧 차조동시遮照同時의 봄에 의한 '정신적 현기증'을 데리다는 난경, 아포리아라 명명하였다. 선에 있어서 적기상태賊機狀態에 배대된다. '적기'란 선장들이 차조동시 시킴으로 오는 '뻥뚫림', 정신적 공황을 말한다. 선문답에서 오는 곧 진기한 일화逸話, 엉뚱한 사건들, 신비하고 은밀한 발언들, 모순당착, 부정이나 역설, 아이러니나 돌발적인 언행, 어긋남에 오는 위트와 유머의 사태沙汰, 알고도 시치미 떼는 것 같은 천연덕스러움, 비논리적인 횡설수설과 같은 일상의 논리로서는 도저히 생각할 수 없는 이러함은 진리의 근원인 우리의 실상본지를 안내하기 위한 선장들의 자비의 간절노파심절이다. 이만식 교수가 차용하여 설명하는 차조遮照의 설은 『화엄경』의 도리로서, 동시에 막고 동시에 비치니, 이항대립적인 우리의 관습화된 양변의 견해를 회감융통回感融通하는 자성이 무자성인 도리를 말한다. 이것은 데리다의 '유령성幽靈性'과 관계가 지워진다.

② 모든 존재는 시간을 공유한다. 곧 나(시간)와 송준영(존재)은 인대靭帶되어진다. 곧 시간이 감에 따라 나는 없어지고 이름은 생과 사에 관계없이 존재되어진다. 이런 명제는 나가르주나의 '이이일異而一', 곧 서로 다르면 동시에 같다. 一의 입장, 내적이 입장에서 보면 시간과 존재는 영원하며, 이異의 입장에서 시간과 존재는 다르다. 곧 송준영은 이름으로 남는다.

과거에 관습과 합리에 의해 결정 지워진, 각종의 논의에 대한 책임에 있어 진실에 대한 새로운 인식이 시작되어야 한다는 주장이다. 이런 극점의 아포리아에 의해 새로운 논의, 곧 새로운 지혜에, 새로운 경험에, 진실에 대한 새로운 인식이 시작될 수 있다.

데리다가 아포리아에서 말하는 것처럼, 아포리아는 외형상으로는 쌍차쌍조雙遮雙照, 즉 차조동시遮照同時와 유사한 부정의 형식으로 나타난다고 하지만, 토론자가 선적 입장으로 볼 때는, 안으로 모든 것이 내통되어 회감융섭回感融攝하는 절대 긍정의 세계다.

그리고 이교수는 '언어적 현기증으로 인해 아포리아라는 난경難境에 도달한다면, 난경이 된 언어의 새로운 이름은 흔적이다.' 곧 아포리아는 라즈니쉬가 말하는 '진실에 도달하는 새로운 길'이고 아포리아에 봉착해 불립문자식 '흔적'은 '적기賊機' 상태인 바. '이것은 진실에 대한 새로운 인식이다'(라즈니쉬) 하는 것은 '실재와 비실재 존재와 비존재등과 같이 대립되는 양변의 견해에 대한 비대립非對立, 곧 회감융섭을 말한다. 이것은 현실성에 대한 유령성幽靈性인데, 바로 '진실에 대한 새로운 인식' 자체다. 이교수는 유령성이라는 단어가 금강경의 제상諸相에 대한 비상非相의 현대적 해석의 용어가 된다고 말한다. 이 유령성이야말로 새로운 현실, 곧 실상이다.

또 이교수는 격의 불교의 현대적 해석을 위해 나가르주나의 '이이일異而一'을 연기관의 설명을 가져온다. 존재와 시간은 서로 인대하여 이이일異而一인데, 이異의 입장에서 보면 둘은 서로 다르고, 일一의 입장에서 보면 존재와 시간은 서로 구별이 없다. 연기설 첫 행 "이것이 있음으로 저것이 있고 이것이 일어나므로 저것이 일어난다" 함은 서로 의지하여 생멸한다는 의미이니 연기설의 전문의 구절이다. 곧 연기란 서로 의지하여 생멸한다는 뜻, 곧 실상연기를 말한다. 이것은 생사윤회의 교설이 아니라 강종인 실상설의 다른 표현이다.

이교수는 이어 나가르주나의 '이이일'은 데리다의 차연差延개념에 의해 현대적 해석으로 가능해진다.

2) 해체론에 의한 利他, 下化衆生 연구

(1) 해체론에 의한 사성체四聖諦 연구

사성제라 불리는 근본불교의 핵심 교설이다. 사제四諦는 고苦 집集 멸滅 도道니, 곧 괴로움[苦], 괴로움의 원인[集]은 순관順觀이고, 괴로운 소멸[滅], 괴로움에 벗어나는 길[道]은 역관逆觀이다. 사제는 십이연기의 정리이다. 곧 고와 집의 순관찰에 의하여 무명無明, 행行, 식識, 무색名色, 육처六處, 촉觸, 수受, 애愛, 취取, 유有, 생生으로 이어져 노사老死에 이르는 것을 괴로움과 괴로움의 원인을 보였고, 멸과 도는 노사, 생, 유로 거꾸로 내려가 무명에 이르는 역관찰의 표현이다.

나가르주나는 여래는 적멸상이므로 존재한다고 해서는 안 되며, 속세 즐거움, 세간락世間樂은 있는 것으로 존재하지 않는다고 하면 안 된다고 『중론』에서 노래하고 있다.

데리다는 끊임없이 자기 거부에서 오는 확신에 의해 선불교와 만나는데, 이교수는 '데리다의 논리에 힘입어 선이 격의에 의한 현대적 해설은, 사성제는 12연기와 같은 것'이라 주장한다. 여래가 존재하기도 하고 존재하지 않기도 한다는 애매모호한, 추론적 표현은 단순하고 선명한 표현이 아니다. 세속적 삶과 '다른 방향'을 제시하면서 우리의 사고 체계 자체에 대한 총체적인 반성을 요구한다. 현재의 세속적 삶이 서구 계몽주의에 바탕을 두고 있다는 점을 감안한다면, 데리다 논리가 "계몽적 가치 속에서의 새로운 혁명뿐만 아니라 혁명과 계몽이라는 그 개념의 혁명의 필요성을 생각하도록 요구한다."(본문 중)

이것은 데리다가 생각하는 우리의 사고 체계 자체에 대한 총체적 반성의 방안, 즉 서구 계몽주의 개념 자체의 혁명을 위한 논리는 차연이다.

차연은 데리다에 의하면 "모든 존재론적이며 신학적인, 즉 존재신학적인 것으로 재전유(再 專有) 않으며 존재신학, 즉 철학이 자신의 체계와 자신의 역사를 산출해 내는 바로 그 장소의 비밀을 밝혀낸다. 그리하여 차연은 존재신학, 즉 철학을 감싸고 되돌릴 수 없게 넘어가버린다." 곧 해체론은 존재신학을 포함하면서 초월超越, 포월包越한다는 것이 차연의 기본 논리임을 이교수는 명징하게 말한다.

여기서 이교수는 초월은 여래의 적멸상인 역관을 위한 현대적 해석 논리이며, 포함은 여래의 세간락인 순관을 위한 현대적 해석 논리가 된다고 말한다. 따라서 사성제와 십이연기가 별개의 도리가 아니고, 적멸상 / 역관, 세간락 / 순관을 포함하는 포월의 논리에서 만난다는 근거가 확보된다고 말한다. 다시 말하면 여래는 초월하므로 존재하는 것이 아니라, 포월하므로 존재한다는 존재하면서도 포월하는 과정에서만 여래가 존재함을 볼 수 있다고 말하고 있다.

이만식 교수는 '이것은 대리다의 존재신학의 본질적 포월작업은 존재신학과 불교를 위한 본격적인 대화 국면을 열어 놓는다고 볼 수 있다'고 논문에 적고 있다. 이교수는 데리다에 의거하면 '근대 개인

주의의 문제점은 사람이 아니라 역할만 중시하는 데에서 기인한다'
고 갈파하고 있다. 이러한 사람은 즉 핵심인 수련을 하지 않고 교수
사라는 역할에 매달리어 본질을 놓친 선사로 신수를 지칭하고 있다.

(2) 해체론에 의한 慈悲 연구

소승불교에서 우리의 삶을 아공법유我空法有로 보았다. 곧 일체의
사물은 고정되어 있음이 아니라, 끊임없이 생성과 소멸을 거듭한다
고 보면서도, 어떤 법칙이 존재한다고 믿었다. 그러나 대승불교에서
는 아공법공我空法空으로 보는 데, 이것은 우주만물의 실상은 법칙조
차 성주괴공成住壞空한다고 보았다. 이 실상을 그대로 보는 것이 공관
空觀이다. 이 공관을 통하여 반야지般若智가 완성된다고 보았다.

사실 중도에 양변을 여윈다는 부정의 면으로 보이지만 사실 대긍
정이니 양변을 살린다는 것이다. 상구보리上求菩提＝하화중생下化衆生,
진공眞空＝묘유妙有, 자리自利＝이타利他와 저 십우도에서 근원으로 돌
아가는 반본환원返本還元한 다음은 삶 속으로 포월 됨은 입전수수入廛
手垂이니, 곧 반본환원＝입전수수이다. 이렇게 범부가 보살로 말미암
아 바꾸어짐이 아니라, 자연이 지혜가 생하니 이것이 정견이다.

이와 같은 도리를 이교수는 현대적 언어로 다시 설명하고 있다.
곧 '불교계가 여래의 적멸상인 역관의 추론, 즉 초월의 논리에는 쉽
게 동의하지만, 여래의 세간락인 순관의 추론, 즉 포함의 논리는 받
아들이기 어려워한다는 것이다. 사제와 12연기는 본래 다른 도리가
아닌데 두 개의 도리가 초월의 논리(寂滅相 / 逆觀)와 포함의 논리(世間
樂 / 順觀)를 통합하는 포월의 논리에서 만난다고 주장한다. 곧 여래

는 초월로 존재함이 아니라, 세간에 포함되어 있기 때문에 존재한
다. 여래는 존재하면서도 초월하는 포월의 과정에서만 볼 수 있다'
고 해설하고 있다. 곧 (적멸상 / 역관)=(세간락 / 순관)이니, 이 도식
은 'A는 A가 아니므로 A이다' 라는 도식인 A=Ā로 존재한다.

데리다는 적멸상과 세간락의 포월 상황을 현실 속에서 아래와 같
이 구체적으로 제시한다.

> 사건은 불가능한 것에 의해서 시작되며, 경제를 넘어선 **선물**, 법을 넘어선 **정
> 의**, 소유권을
>
> 넘어선 **환대**, 앙갚음을 넘어선 **용서**, 동일한 것의 도래를 넘어선 **전혀 다른
> 것**의 도래,
>
> 신플라톤주의 형이상학을 포기한다면 왕국의 연인들이 사용할 수 있는 사랑
> 스러운 생각이면서 왕국과 거의 아무런 관련이 없으며 나사렛 예수의 말문을 막
> 히게 했을 존재를 넘어선 **선善**의 과다過多라고 레비나스가 고대 전통에서 알아
> 내어 명명했던 것을 위한 욕망에 의해서 움직여지고 몰려나간다.(Caputo 479)

라즈니쉬는 배경의 일부가 되어 개별성을 상실하는 주체와 대상
이 아름답다고 다음과 같이 설명한다. "배경에서 따로 떨어진 형태
는 존재하지 않는다. 그것은 그것으로서의 개별성을 상실한다. 그러
면 그것들은 이미 대상이 아니다. 왜냐하면 거기에서 그대는 이미
주체가 아니기 때문이다. 크리슈나무르티가 정말 아름다운 말을 하
고 있다. 그것은 깊은 명상 속에서 보는 자는 관찰당하는 자가 된다
는 말이다. 이것은 진실이다."(라즈니쉬 179) 환대의 윤리는 자신의 소

유권에 대한 고려를 포월하는 것이다. "보는 자는 관찰당하는 자가 된다"는 말은 주체성의 포월 논리의 표현이다. 따라서 라즈니쉬의 추론과 데리다의 추론은 행복하게 만난다고 말할 수 있다.

불교적 자비는 환대의 윤리의 궁극적 양상이다. 라즈니쉬는 선의 3조 승찬을 다음과 같이 정말 아름답게 묘사한다.

승찬과 같은 사람 역시 사랑하지만, 그 사랑은 착취가 아니다. 그가 사랑하는 이유는 너무 많은 것을 갖고 있어 흘러 넘치기 때문이다. 그는 어느 누구의 주위에도 꿈을 흩뿌리지 않는다. 길에서 만나는 누구와도 나누어 갖는다. 그 나누어 주는 행위는 아무 조건도 없다.

그는 상대한테서 무엇 하나 기대하지 않는다. 사랑을 기대한다면 있는 것은 실망뿐이다.

사랑을 기대한다면 결코 충족되는 일이 없다. 사랑을 기대한다면 모든 것은 참담하고 광기뿐이다.

"아니다"라고 승찬은 말한다. "사랑도 미움도 아니다. 그저 상대의 진실을 보도록 하라"고. 이것이 붓다의 사랑이다. 상대의 진실을 보는 것이다. 상대를 있는 그대로 보는 것, 오로지 참된 그 모습을 보는 것이다. 투영하는 것도 아니고, 꿈을 꾸는 것도 아니고, 이미지를 만드는 것도 아니고, 그 이미지에 맞춰서 상대를 고정시키려는 것도 아니다.

라즈니쉬의 추론이 아름답기는 하지만, 현실 속에서의 실천을 위해서는 현대적 해석이 요구된다. 이 지점에서 데리다의 해체론은 아주 유용한 도구가 된다.

타자와의 관계 외부에 본래의 개인은 없다. 그래서 모든 개인적 인간이나 사물은 언제나 이미 내부에서부터 분열되어 있다. 개인이란 특성은 현존이 아니라 차이에서 시작된다. 그러므로 개인에 관해 정당하게 말하려면 '자기 자신의' 개인적 특성을 포함하여 개인에게 부적절한 것과 불가능한 것을 인정하는 것이 필요하다. 이는 데리다가 '자신과 하나가 되는 것의 불가능성'(「빌라노바 원탁회의」 14)이라고 명명한 것을 해명하는 책임('윤리적이며 정치적인 의무')을 함의含意한다. 이러한 불가능성 또는 이러한 부적절성이야말로 타자와의 관계의 기반이다.(Lucy 105)

그리고 데리다는 기독교와 이슬람을 포월하는 종교적 대안으로 환대歡待를 제시한다.

미래란 타자가 발생하는[찾아오는] 열린 곳이기 때문이다. 그리고 그것이 궁극적으로 정당화의 근거가 될 것인 타자 혹은 타자성의 가치인 것이다. 궁극적으로 이것이 구세주의적 구조를 해석하는 나의 방식이다. 타자가 올 수도 있고 또는 오지 않을 수도 있다. 나는 그를 프로그램화하고 싶지 않고, 차라리 그가 온다면 그가 올 수 있는 장소를 남겨놓고 싶다. 이것이 환대의 윤리다.(Derrida and Ferraris)

불교를 포함한 모든 종교가 언어에 속해 있어 구세주의적 구조를 갖고 있기 때문에, 데리다의 존재신학의 포월 작업은 존재신학과 불교의 본격적인 대화 국면을 열어놓는다. 데리다의 환대의 윤리는 불교적 자비의 현대적 해석으로 읽을 수 있다. 라즈니쉬는 "배경에서 따로 떨어진 형태는 존재하지 않는다. 그것은 그것으로서의 개별성을 상실한다. 그러면 그것들은 이미 대상이 아니다. 왜냐하면 거기에서 그대는 이미 주체가 아니기 때문이다. 크리슈나무르티가 정말 아름다운 말을 하고 있다. 그것은 깊은 명상 속에서 보는 자는 관찰당하는 자가 된다는 말이다. 이것은 진실이다" 환대의 윤리는 자신의 소유권에 대한 고려를 포월하는 것이다. "보는 자는 관찰당하는 자가 된다"는 말은 주체성의 포월 논리의 표현이다. 따라서 라즈니쉬의 추론과 데리다의 추론은 행복하게 만난다고 말할 수 있다.

불교적 자비는 환대**의 윤리**의 궁극적 양상이다.

Ⅱ 토론자의 부정적 질의

세부적인 문제에서 몇 가지 질의를 하고자 한다. 특히 언어문제에서 동양의 학자들은 개념을 정확히 논증하지 못함을 질타하고 있다. 이것은 동서양 문화의 차이에서도 잘 들어나며, 특히 분석적이고 논증적이 못한 동양 학자들에게 호된 질책임이 틀림없다.

그렇지만 이런 문제는 동서양의 사유와 언어를 다루는 표현의 차이로 사료된다. (이러한 것도 점차 같음과 다름 속에 다름과 같음 속에 원융하게 향상 되겠지만) 특히 선에서는 불립문자 직지인심 교외별전 견성성불이라는 4구게를 종지로 삼고 있다. 이와 같이 역사적이나 사회적으로 상호 같은 맥락에서 발달된 동양적인 사상 표현체계와 서양의 논증적 언어표현체계와 극심한 차이를 보이고 있음도 사실이다.

예컨대, 서구에서 발달되어 오늘날 우리시대의 글쓰기의 잣대로 삼고 있는 논설문은 분명 연구와 실험 논증을 대상을 체계적으로 논리적으로 쓰고 있다. 이러한 것은 서구의 이원적 사유의 결과물이 아닌가 생각된다. 그러나 동양, 특히 오늘 주제로 다루고 있는 선禪에서 말하는 둘이 아닌 불이不二의 사유 자체는 논설문 스타일로 쓰기는 부적절하다. 과거 논, 논문이라는 같은 언어가 사용되었다 해도 그것은 오늘날 논설문과는 다르다. 특히 선에서는 선어록, 혹은 법어란 형태로 선장들의 사상이 전달되고 있다. 이것은 한 사유가 있으면 한 글쓰기가 생기듯이 마지막을 추구하는 인류의 오랜 방법 상 자연스럽게 두 글쓰기가 오늘날 실재實在로 존재하는 것이라 생각된다.

앞에서도 예문을 들은 유有 · 무無 · 중中 어느 한 자를 통증함으로 모두 철증徹證되는 이런 도道를 무슨 분석과 논증으로 확연히 보여줄 수 있을까? 우리들은 그저 최선을 다해 언어로 쓸 뿐이고, 그런 위치에 올라온 자만이 불 보듯이 아는 게 아닌가. 마치 간장인지 콜라인지 찍어 먹어야 확신하듯이.

토론자의 논변 역시 서로 둥근 구멍에 모난 막대기로 막을 뿐이다. 아니라 하여도 할 수 없다. 그렇지만 몇 곳을 예들어, 특히 토론자 졸저 『현대 언어로 읽는 선시의 세계』에 대한 편달을 겸허하게 받아들이며 논변하는 바다.

1)

　이만식 교수는 본 논문 4쪽에 있어서

　희철의 유·무·중 3구를 통하여 3구를 설명하려고 시도한 다음 "유·무·중 3구는 꼭두각시와 같은 것이니 이것을 가차한 것일 뿐 진실이라 할 것이 없다"(희철 78)는 주장은 독자의 입장에서 무책임하다고 비난할 수 있다. 진실과 가차라는 정반대되는 입장의 차이가 세심하게 고려되지 않은 채 동일한 단어가 사용되고 있기 때문이다.

〔논변〕

우선 이교수의 진실과 가차를 정반대되는 입장의 차이가 세심하게 고려되지 않았다. 하는 것은 문제가 있다고 생각된다.

　이것은 본체적 입장이 아닌 분석적 입장에서 진실과 가차라는 단어를 보았을 때는 정반대라는 말이 성립되겠지만, 실제 유·무·중 어느 것 하나 실상이 아닌 것이 없다는 궁극적인 선적으로 통증되는 근본지인 반야 속에서 볼 때, 가차가 진실이며 진실 역시 가차이다. 그렇지만 "유 무 중 삼구는 꼭두각시와 같은 것이니 이것을 가차한 것일 뿐 진실이라 할 것이 없다"는 이 말은 반야지인 실상지實相地의 입장에서 아지랑이와 같이, 부초와 같이 쓰임만을 가지고 설명되어질 때는 위의 말이 성립된다 할 것이다.

　그럼 이것을 어떻게 써야 독자가 속 시원하게 알 것인가? 아무리 언어로 옮겨놓아도 시원하지 않을 것은 분명한 사실일 것이다. 이것은 실참실수에 의해 스스로 알 일이 아닌가. 불립문자不立文字를 부르짖지만 바로 불리문자不離文字로 볼 수밖에 없는 부분이다.

2)

이어 송준영은 智를 설명하면서 아무런 개념 설명 없이 자신의 입
장을 다음과 같이 세 번이나 바꾼다 하고 아래 (1)(2)(3)을 같이 묶
어 智에 대한 설명으로 적고 있다.

(1) "무지역무득"은 반야심경 가운데 가장 핵심이 된다. 여기서 지智란 산스크
리트어로 jnana인데, 이것은 주관과 객관이 대립에서 벗어나 사물을 투시할 수
있는 직관지直觀智다.((1) -①) 반야(般若 prajna)는 지智에서 한층 심화된 근본
지根本智를 말한다. 주관과 객관이 완전히 허물어진, '자 / 타', '능 / 소', '주 / 객'
이 미분화되기 전의 둘이 아닌 절대경지, 최상의 경지를 말한다.((1) -②) (송준
영 33)

(2) 흔히 지식을 선가에서는 알음알이라 한다. 머리 하나만 이해되고 통달되
어 아는 지식과는 달리 선적체험은 정신적 지혜와 육체적 경험, 머리와 마음을
모두 통하여 증장增長시킴을 의미한다. (송준영 41)

(3) 이를테면 knowledge는 경험을 갖지 않고 얻어진다면, wisdom은 삶의 경
험을 통하여 얻어진다. 그러나 prajna는 존재 자체의 자발광으로 '본질에서 솟는
근원적인 예지'다. 곧 분별함이 없는 상태에서 솟는 지혜인 무분별지無分別智
다. (송준영 44)

송준영 개인의 문제가 아니다. 간화선 언어체계 자체, 즉 불립문자 자체에서 개념의 혼란이 발생한다.

이만식 교수는

본문((1)－①)

"無智亦無得"은 『반야심경』 가운데 가장 핵심이 된다. 여기서 지智란 산스크리트어로 jnana인데, 이것은 주관과 객관이 대립에서 벗어나 사물을 투시할 수 있는 직관지直觀智다. 반야(般若 prajna)는 지智에서 한층 심화된 근본지根本智를 말한다.

〔논변〕

예문 (1), (2), (3)을 들기 전에 '송준영은 지智를 설명하면서 아무런 개념 설명 없이 자신의 입장을 다음과 같이 세 번이나 바꾼다'로 지적하고 있다.

그러나 예문 (1), (2), (3)은 모두 필자인 송준영은 다른 문맥으로 사용하고 있다.

(1)의 지智는 반야를 설하기 위해 이미 격의적인 입장의 지를 전초단위로 쓰고 있을 뿐이다. 『반야심경』의 핵심인 '무지역무득'의 지는 직관지인 산스크리트어 jnana의 번역이다. 이것은 반야 실상본지를 꿰뚫어볼 수 있는 지혜다. 근본지인 반야와 붙어 있는 용用의 지智라할까?

'무지역무득'이란 말은 종래는 반야지도 없고 반야깨달음도 없다

로 읽히지만, 결국 반야지는 미분화되기 전 불이不二의 아욕다라삼막
삼보리(Anuttara-sammak-sambodhi, 無上正等正覺)의 다른 표현이다. 여기
서는 지智를 설명하기 위해, 지를 사용한 것이 아니라 반야지를 설하
고 있다.

　위와 같은 것은 독자의 근기에 따라 시원하게 읽을 수도 있고, 그
렇지 못하게 읽을 수도 있다. 분석하고 논증으로 될 문제가 아니라
본다.

이어 이교수는

본문((1)-②)

　(반야지는) 주관과 객관이 완전히 허물어진, '자 / 타,' '능 / 소,' '주 / 객'이 미분
화되기 전의 둘이 아닌 절대경지, 최상의 경지를 말한다.

〔논변〕

반야지에 대한 종속 구절로서, 서로 배대되는 '정靜 / 동動'과 같은
양변견적인 견해가 함몰되는, 서로 관통되고 허물어진 환지본처還至
本處된 본래실상지가 반야임을 설하고 있다. 곧 지에 대한 설명이 아
니다.

본문 (2)

　흔히 지식을 선가에서는 알음알이라 한다. 머리 하나만 이해되고
통달되어 아는 지식과는 달리 선적체험은 정신적 지혜와 육체적 경
험, 머리와 마음을 모두 통하여 증장시킴을 의미한다.

〔논변〕

본문(2)의 문장은 모두 지식, 즉 이해와 반복으로 이루어진 알음알이, 아는 습관에 의해 쌓여진 앎과 실참실수된 선적체험은 근본적으로 다름을 말하고 있다. 이원적 사유에 의해 대상은 참구하고 연구하여 알게 된 식견과 우리의 본래자리인 실상지로 환지본처하였을 때 얻어지는, 곧 본래자리인 반야실상지가 증장되었을 때를 구분하는 문장으로 쓰이고 있다.

곧 이교수가 말하는 지智를 개념을 정하지 않은 채 바꾸고 있다는 말과는 거리가 있다.

본문 (3)

이를테면 knowledge는 경험을 갖지 않고 얻어진다면, wisdom은 삶의 경험을 통하여 얻어진다. 그러나 prajna는 존재 자체의 자발광으로 '본질에서 솟는 근원적인 예지'다. 곧 분별함이 없는 상태에서 솟는 지혜인 무분별지無分別智다.

〔논변〕

여기서는 따로 변은 필요 없고 이글의 텍스트인 졸저『현대 언어로 읽는 선시의 세계』를 옮기면 자연 드러나니 원전의 앞부분을 옮기고자 한다.

"선지식아 마음을 깨끗이 하여 마하반야바라밀을 생각하시오.

잠시 후,

"보리자성은 본래 청정하니 단지 이 마음을 사용하시오. 바로 성불되어질 것 입니다."

善知識 總淨心 念摩訶般若波羅密 大師良久 復告衆曰 善知識 菩提自性 本來淸 淨 但用此心 直了成佛

— 탄허,『육조단경』「오법전의」제1, 2쪽

이 말은 혜능이 조계의 보림에 이르렀을 때, 대범사 강당에서 베푼 설법의 첫 마디며,『단경』모두의 글귀다. 돈오법문을 간결하게 나타낸 것이다. '마음을 깨 끗이 하시오.' 여기서 말하는 마음이 바로 선을 아는 요체이다. 선은 앉아서 고 요를 지키고 고요를 즐기는 것이 아니라, 마음의 본성 곧 자성을 보아야 하며, 자성을 봄이 견성이며, 견성은 혜능에겐 성불이다. 바로 견성성불이 선의 궁극 적인 목표이기 때문에 대중에게 총정심總淨心하라한 것이다. "염마하반야바라 밀念摩訶般若波羅密"을 해석하면 〈마하〉는 '크다, 많다, 뛰어나다'의 의미를 가진 산스크리트어고 〈반야〉는 프리즈나란 산스크리트어를 음사한 말인데, '근원적 지혜'를 말한다. 이를테면 knowledge는 경험을 갖지 않고 얻어진다면, wisdom 은 삶의 경험을 통하여 얻어진다. 그러나 prajñā는 존재 자체의 자발광自發光으 로 '본질에서 솟는 근원적인 예지'다. 곧 분별함이 없는 상태에서 솟는 지혜인 무 분별지無分別智다. 이제 혜능은 '지혜의 완성만 생각 하십시오' 하고 대중에게 조 용히 말한다. 그리고 '지혜자성은 본래 맑고 깨끗합니다. 단지 이 자성의 응용인 이 마음만 사용하십시오. 이러면 성불해 마칠 것입니다.'

— 송준영,『현대 언어로 읽는 선시의 세계』, 43~44쪽.

곧 육조 혜능의 자성은 반야이고 참 마음은 반야다. 참 마음 나쁜 마음이 없다. 위의 '지혜자성은 본래 맑고 깨끗합니다' 한 것 자체가 온통 반야의 자발광이다. 이렇게 볼 때 智는 반야의 다른 말인 동시에 반야를 볼 수 있는 직관지이다. 그러나 종내 반야지가 바로 반야이다.

3)

이교수가 발의한, 아마 그렇게 둥굴둥굴 굴러가는 球에 발동을 거는 제2의 격의불교운동을 찬성하면서, 『금강경』 제5「여래실견분」의 4구게를 푸는 데 있어(5.선과 쟈크 데리다, (1)해체론에 의한 불립문자의 연구) 김태완의 의역을 빌려 "제상諸相을 비상非相 즉 성性으로 보는 것이 바로 여래를 보는 것 즉 견성이라는 뜻이다"를 받아들인다 (…중략…) 또한 라즈니쉬는 제상이 비상이거나 비상이 아닌 두 가지 경우 밖에 없다고 한다. 그러나 여래를 본다면 제상이 비상이면서 동시에 성이기 때문에, 제상을 비상이라고 성의 입장에서 볼 수 있어야 여래를 볼 수 있다고 정의 된 것이다. 라즈니쉬가 피할 수 없었던 이분법적 논리를 피하기 위하여, 데리다의 언어로 대신하는 '흔적痕迹'이라는 개념을 소개한다.

〔논변〕

우선 『금강경』 4구게 凡所有相 / 皆是虛妄 / 若見諸相非相 / 卽見如來(무릇 모든 상이 다 허망한 것이다 / 만약 모든 상이 상 아님을 보면 / 곧 여래를 보는 것이다ㅡ구마라십 본). 그리고 이기영 교수는 산스크리트어 번역을 "특징이 있다고 하는 것과, 특징이 없다고 하는 그 양쪽에서 여래를 보지 않으면 안 된다"고 번역하고 있다. 토론자가 보기에는 발표자 이 교수가 수용한 김태완의 의역 "제상諸相을 비상非相 즉 성性으로 보는 것이 바로 여래를 보는 것 즉 견성이라는 뜻이다"에 이어 '여래를 본다면 제상이 비상이면서 동시에 성이기 때문에, 제상을 비상이라고 성의 입장에서 볼 수 있어야 여래를 볼 수 있다고 정의 된 것이다'라고 볼 때에는 '흔적'이 분명히 읽히지 않는다.

토론자는 '제상이 비상이면서 동시에 성이며, 성인 동시에 제상이어서 '본질 / 현상'이 아니라 '본질=현상'으로 '제상=비상'으로 논증 논증될 문제가 아니라 철증되어야 될 문제다. 그것은 마치 여기 계신 '부처님이 부처님이 아닐 때 부처님이다'라는 말이니, 이것은 일체만상이 자성을 가지고 있지 않다는 데 있다. 내가 잡고 있는 연필이 상황에 따라 흉기일 수도 있고, 불쏘시개가 될 수도 있다. 제상의 자성이 무자성이어서 책상이 의자이고 장작일 수 있고 장작은 필기도구이고 구름이고 여자이고 모든 것을 태우는 불일 수 있고 반딧불일 수 있고 반딧불은 비로자나불인 것이다. 그래서 "바다 밑 진흙소가 달리고 나무까치가 하늘을 뚫는다"로 이어질 수 있다.

4)

이 교수는 표현되어지지 않는 것의 언어를 데리다의 **'흔적'**이라는 언어 사용으로 대치함을 말하면서 '본질 / 물질', '제상 / 비상'에 대한 혼란을 피할 수 있다고 하였다. 그 이유는 "제상과 비상은 관찰할 수 있는 사물의 형상인 현상으로 나타나거나 자신의 존재 자체만으로 드러내 보여줄 수 없는 흔적일 뿐이기 때문이다.” 그리고 라즈니쉬의 말을 빌려 라즈니쉬가 '**흔적**'의 개념 없이 '언어'가 흔적임을 설명하려고 노력하고 있다'고 논박한 후, '흔적' 동양사상을 현대적으로 해석할 수 있게 해주는 유용한 도구라고 말한다.

〔논변〕

선승들이 실참實參에 의해 통증철견通證徹見하는 부분을 언어로 표현하지 못할 바는 아니나, 확연하게 표현하지 못하는 그 부분을 과거 선장에 따라 '반야' '자성' '유일물有一物' '무영수無影樹' '이것' '그것' '무위진인無位眞人' '판치생모板齒生毛' '끽다거喫茶去' 등 많은 말을 하였고, 그때마다 이런 표현지칭이 모두 한 겹 막힌 것이지, 그것이라 하지 않았다. 이것은 초기 선종사에는 성性(6조혜능), 지知(하택신해), 평상심시도平常心是道(마조도일), 정전백수자庭前栢樹子(조주종심) 무위진인無位眞人(임제의현) 할喝, 방棒과 같이 정체적인 것에서 동태적인 것으로 변하여 갔고, 극단적이 할이나 방을 사용하여 '흔적痕迹'을 흔적이 아닌 구체적인 것으로 표현한 바 있다. 또 조주 같은 선사는 세치의 혓바닥과 입술로서 반어적인 기법으로 당처를 바로 찌름(조주의 구순피선口脣皮禪)으로서 '적기賊機'의 대선장 면목을 잘 보여주었다.

5)

이어 이 교수는 '청원에게 한 학인이 불법의 대의는 무엇입니까?

하고 물으니 청원이 대답하되, 여릉의 쌀값은 어떻던가?' 하는 대답을 함으로, 질문자를 '텅비임'으로 몰아넣는 반어적인 적기는, "인간의 관념과 개념, 관습으로 뒤덮여 있는 두꺼운 벽을 깨는 줄탁동시의 비범하고 매혹적인 수법"(송준영 88)인데, 이것은 현대적 데리다의 고명古名에 의해 모색해 볼 필요가 있다. 그리고 이어 "지를 설명하면서 아무런 개념 설명 없이 자신의 입장을 세 번이나 바꾸는 문제점을 해결할 수 있다. 결국 고명론에 의해 지가 새로운 개념을 진수眞髓시키기 위해 예비적으로 유지되는 예전의 고명이라는 점을 지적하면 될 것"이라 하였다.

〔논변〕

우리에게 현실적으로 좀 더 구체적으로 다가옴을 현대적이라는 언어를 쓰고 있다고 짐작이 되지만, 서구적 개념에서 발상되는 언어가 아닌지? 어쨌든 2,500여 년의 계통적 뿌리를 가지고 발달되어온 동양의 유구한 사유가 방편상 맞추어 만들어진 소위 '흔적'의 '그것', 낯선 표현을 선장들은 행주좌와 어묵동정行住坐臥 語默動靜으로 보여 왔다. 이것은 각자覺者의 간절노파심절懇切老婆心切이라 볼 수 있다.

그리고 "지智를 설명하면서 아무런 개념 설명 없이 자신의 입장을 바꾸었다" 함도 앞의 2)에서 논변하듯이 프리즈냐(반야) 본지에 대한 설이었지 지를 설명하고자 한 것이 아니다. 지의 개념이 캄캄하면 지를 더 살펴보면 된다. 곧 반야에 대한 개념을 설한 것이다. 더 이상 논변할 필요가 느끼지 않는다.

결국 데리다의 '흔적痕迹'이나 '고명古名'을 사용하여 제2의 격의불교에 의한 새로운 세계가 열리는 것, 이런 빼어나고 뛰어난 세계에 장관은 누구나 바라는 바이지만, 이것이 과연 데리다만이 주장한 독창적인 새로움인지, 혹은 창망한 선적사유에서 이미 다른 이름과 개념으로 사용되어 왔던, 단지 새로운 언어의 보탬인지, 더 넓고 깊게 참구해 봐야 할 것 같다. 곧 지智는 고명이나 현 명칭이거나 지일뿐이다.

　‘흔적’ ‘고명’이 모두 무엇이라고 말하던지 간에 ‘흔적’은 역시 흔적일 뿐이다. 흔적이라고 보는 이해에 도달할 수는 있지만, 이것 역시 명징한 실상일 수 없다. 흔적이란 단어가 하나 더 늘어서, 그것도 개념적 추상어가 하나 더 늘어난다하여 무엇이 어떻게 될 수 없다. 더 더욱 반야지般若智를 눈 뜰 수 없다. 그래서 선장들은 언하言下에 대오大悟나 조고각하照顧脚下나 방하착放下着하라고 외친다. 돈오돈수頓悟頓修 없이 결국 천변논지千變論旨는 허공꽃이라 이들은 말한다.

Ⅲ 결론

　앞장에서도 살펴본 것 같이 이만식 교수의 제2의 격의불교 운동은 동양정신의 정수인 선과 서구의 모더니즘과 반상합도되는 새롭고 수승된 세계의 출현이야말로 인류가 지향하고 첨가해야 할 새로운 대륙임이 분명하다. 이만식 교수는 우선 이러한 실머리를 쟈크 데리다의 해체론과 선불교를 현대적 언어로 읽음으로, 새로운 격의 불교의 검색엔진이 될 수 있다고 제시하고 있다. 물론 이런 문제제기는 봉착된 정신문화를 푸는 한 발단임은 틀림없다. 그러나 선에서 이루고자 하는 불립문자는 우리가 일상적이고 학문적인 범주에서 누적된 표현의 문자가 아니라, 내적으로 통증된 문자를 의식적인 문자로 표현하므로 어떻게 보면 문자가 아닌 문자를 의미한다고 보아야 한다.

또 하나는 이 교수의 현대적 언어로 선을 읽는다는 문제제기는 정지되고 굳어져 있는 선불교의 정상적定相的인 사유를 흔들고 비틀어 가일층 발전시킨다는 것에 대하여는 반론할 여지가 없겠지만, 또 다른 면에서 말한다면, 역사상 1,500년 동안 선을 수선修禪하는 집단에 의해 면면히 발전되어온 언어들이 서구의 몇 몇 사상가들에 의한 그들의 언어로 읽혀져야 한다는 점에는 문제가 있다고 본다. 오늘날 역사상 선의 본류인 선종의 특수 언어가 현대 사상가들에 의한 언어로 읽혀져야 한다는 것은 본말이 전도된 느낌을 받는다. 이론적으로는 오늘날 지성들에 의해 선이 해부되고 좀 더 가까이 다가감으로 동서양이 합도되는 빼어나고 뛰어난 세계에 대한 열망이 구체화되므로, 곧 제2의 격의 불교가 탄생하기를 소망하고 상상할 수 있지만, 토론자의 입장에서는 세계화된 현대 언어로 선의 언어를 하나하나 점검하고 밝히므로 결국 제2의 격의불교가 펼치는 정신세계를 첨가하는 것이 마땅하다는 생각을 해본다. 또 토론자의 생각으로는 프리즈냐 곧 반야의 겉과 속을 꿰뚫어 통증함이야말로 실상 본래자리에 있음이니, 반야의 지혜를 회광반조함이 바로 허수아비 같은 우리의 문자의 실상을 바로 아는 것이라는 생각에 미친다.

이만식 교수의 새롭고 번뜩이는 예지를 읽고 토론을 하게 됨을 매우 고맙게 생각하고 토론자 역시 앞으로 더욱 매진하겠다는 결심이 섬을 쓴다.

『현대불교신문』 신춘 대담

때 : 2007년 1월 2일

장소 : 『시와세계』 사무실

대담자 : 임연태 (『현대불교신문』 기자)

송준영 (『시와세계』 발행인)

〈전문〉

정해년 새해에도 선 수행에 대한 열기는 이어질 것으로 보인다. 조계종이 종단차원에서 추진하는 간화선 대중화 사업이 보다 활발히 전개되고 참선을 기본 프로그램으로 하는 템플스테이와 재가 선원의 확산이 전망되고 있기 때문이다.

문학에 있어서도 선에 대한 관심이 보다 큰 폭으로 확대될 것으로 예측되고 있다. 지난 몇 년간 선시禪詩에 대한 문단의 관심이 점차 가열돼 왔다. 그러나 이제 관심의 범주를 벗어나 문예지들이 앞 다투어 선시 관련 특집을 다루는 등 선시가 새롭게 자리매김해 가고 있다.

그러나 선시에 대한 문학적 관심만 팽배할 뿐, '문학 이론'의 범주 안에 들어가 있지도 못하고 있다. 반면, 선의 세계에 대한 명철한 인식이 보편화되지 않은 상태에서 선시를 둘러 싼 담론이 전개되는 데 대한 우려도 없지 않다. 선의 본질적인 목적은 '시를 쓰는 것'에 있지 않고 인간이 갖추고 있는 '본래면목〔佛性〕'을 깨치는 데 있으며 선시는 그 깨침의 경지를 노래로 드러내 보이거나 그 길을 안내하는 하나의 방편이기 때문이다. 그 방편을 문학이론에 대입해 해석하는 것이 낳을 수 있는 오류의 가능성은 문학에서 선시를 대하는데 매우 신중한 자세가 필요하다는 것을 역설한다. 이는 선시를 문학의 입장에서 이해하기 위해 가장 필요한 것은 바로 선에 대한 바른 이해라는 결론으로 통한다.

우리시대의 선지식들을 두루 참방해 진리를 구하고 마침내 백양사 방장이었던 서옹 스님으로부터 전법게를 받은 재가 선객. 40년이 넘도록 선 수행을 해 온 송준영(61. 계간 『시와세계』 발행인) 시인은 작년 가을 『현대 언어로 읽는 선시의 세계』를 펴내 주목 받은 바 있다. 올해로 회갑을 맞은 송 시인은 "나를 의심이 끊어진 자리로 인도해 주신 여러 스승님들의 은혜를 갚기 위해 이제 남은 시간 동안 선시 연구와 보급에 매진 할 것"이라는 발원으로 새해를 맞았다. 신년 벽두(1월 2일) 강릉 자유상가 2층에 위치한 『시와세계』 사무실에서 송 시인을 만났다.

임연태 : 우선, 선생님의 수행 이력이 궁금합니다.

송준영 : 당대 많은 선지식님네들을 친견하고 참문할 수 있는 행운이 있었습니다. 청년기에 만난, 동암, 탄허탄허, 이기영, 김지견. 그다음 청 장년기에 편달을 받은 고송, 서운거사, 성철, 서옹 등 많은 스승님

들의 자비노파심절에 의해 제가 있게 되었습니다.

그리고 1980년 8월 15일에 장승배기 백운암 방장에서 서옹 스님을 친견 참문하여 호된 경책과 편달을 받은 후, 무려 7년간 일곱 차례나 서래밀지를 참문할 수 있는 광영을 입게 되었습니다. 그 후 임신년 내 나이 47세가 들던 해에 서옹 스님에게 수법건당하게 되었지요. 이 때 받은 진리의 노래가 「시 송월조 거사」라는 게송입니다.

임연태 : 『현대 언어로 읽는 선시의 세계』는 그간 선시에 대한 문단의 관심을 총 결산 한 느낌을 줄 정도로 스케일이 큰 노작입니다. 이 책을 쓰시게 된 특별한 동기가 있었는지요?

송준영 : 5년 전 위암 수술 후, 새로운 삶을 부여 받고 절박한 심정으로 이 글을 시작했습니다. 열여덟 살 때 영주 부석사에서 발심한 이후, 마흔을 훨씬 넘어 서옹 스님에게 인가를 받았습니다. 선 수행과 문학을 하는 사람의 입장에서 선시를 연구하는 것은 당연한 일이 아니겠습니까? 선시에는 간절한 마음으로 생사를 걸고 선의 문을 두드린 사람만 알 수 있는 '一物이 있습니다. '有一物이 빠진 상태에서 선시를 재단하는 것은 사구死句를 한 번 더 죽이는 꼴이랄까요? 제가 본, 조사님네의 게송을 보다 활발하게 풀어 보고 그 의미를 여러 사람과 함께 이해하며, 혹 '아하' 하고, 무릎을 치는 풍광을 구경할 수 있지 않을까 하는 바람이 이 글을 쓰게 하였습니다. 이렇게 두꺼운 책으로 묶여졌습니다.

임연태 : 선시를 이해하는 중요한 열쇠가 있다면 무엇인지요?

송준영 : 선시는 내용상으로는 선사상을 시적으로 표현한 언어양식을 말하겠지요. 곧 선수행자들의 선적 체험, 선수행으로 체득된 오도의 경지를 표현한 시입니다.

선시의 수사법으로는 압축, 절연, 기상, 모순, 병치, 사물의 가탁에 의한 형상화 등 현대시의 수사법과 거의 동일하다고 봅니다. 그러나 특히 선시에서 종횡무진으로 나타나는 수사법은 적기적 어법입니다. 세분하면 **선시의 반상합도**反常合道, **선시의 초월은유**超越隱喩, **선시의 무한실상**無限實相이 그것이지요. 이것을 한 마디로 하면 바로 선지식님네들이 베푸는 **적기법문**賊機法門이요 이 어법을 표현상으로는 **적기수사법**賊機修辭法입니다.

선시의 반상합도란 우리가 정상이라 규정하는 일상을 돌이키고 뒤틀어서 정상과 비정상이 융통하고 회감하여 수승된 다른 세계를 보여주는 것을 말합니다. 수많은 선시가 거의 이런 수사법을 자유자재로 쓰고 있습니다. 그 중 한 예로는 부대사가 노래한 "빈손에 호미 들고"나 "다리는 흘러가고 물은 흐르지 않네" 하는 시행과 조선시대의 소요 태능의 "물위에 진흙소가 달빛을 밭 간다 / 구름 속 나무말이 풍광을 밭 간다"라는 시행이 있습니다. 이 세계는 바로 선사들이 우리에게 보여주고자 하는 반상합도에 의한 빼어난 세계이지요.

다음, 선시의 초월은유는 이질적인 두 사물에서 유사성을 발견하는 비유, 곧 비동일성에서 동일성을 발견하게 하는 은유를 말합니다. 이러한 것은 선시의 반상합도에서 나타나듯이 'A는 A가 아니므로 A이다'라는 선시의 적기어법을 바탕으로 선사상을 표현하기 위한, 양변의 견해를 융합하면서 동시에 초월하는 비유상태를 말합니다. 선시의 용례로는 서산대사의 "진흙은 푸른 돌 속의 뼈"나 조선 말 무경선사의 게송인 "일이삼사로 가고 / 사삼이일로 오라"와 같은 시행은 선문답적인 초월은유입니다.

마지막, 선시의 무한실상이란, 서구의 상징주의자들은 일체 현상 세계가 허구세계이며, 궁극적으로 상징세계로 간주합니다. 선의 입 장에서는 이 서구의 상징이란? 바로 색이나 가상은 현상적으로 나타 나는 일체의 만물을 뜻합니다. 곧 空, 實相, 本體, 本性과는 상대적인 의미를 제시하는 단어입니다. 선에서는 '정신 / 물질'을 이원화하지 않습니다. 곧 실상이란, 상징에 남아있는 논리적 고리를 단절시킴으 로, 제자리로 환지본처하게 하는 불립문자不立文字의 표징일 뿐입니 다. 따라서 선시는 많은 생각을 이해시키려 하지 않고, 아주 간단명 료하게 직관시킬 뿐입니다. 어디든지 편재해 있고 딱 떨어져 있는 이 세계에 현현하는 상을 무한실상이라 칭할 수밖에 없겠지요. 용례 로는 효봉스님의 "바다 밑 제비집에는 사슴이 알을 품고 / 불속 거미 집에는 고기가 차 달인다 / 우리집 이 소식을 뉘라서 알랴 / 구름은 서로 날고 달은 동으로 달린다"는 오도송이 있습니다.

임연태 : 현재 한국문단에서 선시는 어떤 위치에 놓여 있습니까?

송준영 : 김춘수 시인은 말년에 우리나라 당대 시들을 분류한 실천 비평서인 『김춘수사색사화집』을 내었습니다. 그는 한국의 시들을 4 가지 유형으로 전개하고 있습니다.

첫째, 전통 서정시의 계열. 둘째, 피지컬한 시의 계열. 셋째, 메시 지가 강한 시의 계열. 넷째, 실험성이 강한 시의 계열로 되어 있습니다. 저는 이 책을 읽으면서 신라나 고려 때부터 우리 민족의 정신적 역사가 이어지는 선시 계열은 어디로 갔는가? 혜심의 게송, 태고나 나옹의 선시, 서산과 경허의 우리 체형과 자연에 꼭 맞추어진 선시의 그 맛은 어디로 갔는가? 하는 의아심을 가진 적이 있습니다.

현 우리 문단에서는 그저 선시란 이름만 있고 선시의 문학사적 의의나 선시론은 어디에도 없으며, 수사법은 정리조차 되어있지 않고, 대략 선시의 수사나 선미는 위의 사색四色의 시들 속에 녹아 있을 뿐, 어떤 위치도 있지 않음을 알았습니다. 이것은 선이나 현대시에 대한 반상합도된 통찰의 시선과 집요한 전문가의 의지가 없었기 때문이라 생각됩니다.

선시에 나타난 각종 수사를 볼 때 이즘 현대시에서 발전된 앞선 각종 수사법은 선시의 수사법의 미묘함에 미치지 못하고 있습니다. 가령 모더니즘 시에서 주 수사법으로 나타나는 병치은유, 환유, 언어유희, 연상, 패러디나 패스티쉬 등 각종 새로운 수사법으로도 논할 수 없는 문장들이 1,000여 년부터 이어져 내려오는 선시에서 나타납니다. 흔히 한 사유가 있으면 한 문장이 만들어진다고들 얘기합니다. 가보지도 생각지도 못한 곳을 어떻게 표현하겠습니까?

현대 평론가들은 이런 선시들을 어떻게 평하겠습니까? 바로 선문답 같다고들 합니다.

임연태 : 우매한 질문이 되겠지만, 오늘날 선시 작가가 있다면 그는 깨달음의 체험을 했다고 봐야 할까요? 아니면 다른 시각에서 '선시 작가'를 규명할 코드가 있는지요?

송준영 : 많은 이론과 주장이 있을 것입니다. '이것이다' 하고 통증해야 하겠지만, 두 가지로 나누어 말씀드리겠습니다. 흔히 얘기하는 '기의(의미) / 기표(표현)'로 나눌 때, 의미상 완전히 선을 실참실수한 선객이어야 가능하며, 한 쪽으로는 동양의 시화와 우리의 정통적인 수사법에 밝아야 하며, 또 서구의 시론과 수사법에 의해 작시를 할 수 있는 분이라야 할 것 같습니다.

여기에 내적으로 선불교에서 이르는 적조寂照가 동시同時임을 철증한 사람의 몫입니다. 외적으로는 동서양의 수사법으로 시를 작시하며 시론에 밝아야 될 것 같습니다. 그러나 오래 전부터 선시의 종류를 선리시, 선취시 등으로 분류하여 왔습니다. 선도리에 밝으면 더할 나위없겠지만, 앞서 얘기한 선미, 청량淸凉 명징明徵 단순單純함이 시에 저절로 우러나오는 선취시 풍이 오늘날 대다수 선시를 차지하고 있습니다. 이런 작가들도 광의의 선시인이라 볼 수 있을 것입니다.

임연태 : 많은 사람들이 선 수행에 관심을 가지고 있습니다. 선생님께서 생각하시는 '선적인 삶'과 '시적인 삶'을 정리해 주신다면 거기서 '선시 같은 삶'의 지도를 그려낼 수 있지 않을까요?

송준영 : 우리는 많은 관념과 분별심에 쌓여, 우리의 삶을 전성전일全性全一하게 살지 못하고 있는 것 같습니다. 저 확암 선사의 〈십우도〉 제10 그림에 '입전수수入廛垂手'란 말이 있습니다. 이와 마찬가지로 선문에서는 '이류동행異類同行'이란 말도 있습니다. 아마 이것은 동사섭의 보살도를 이르는 것이겠지요. 굳이 '선적인 삶 / 시적인 삶' 이런 양

분된 사유 자체가 오늘날 포스트모더니즘적인 사회에서 무너지고 있습니다. 서구의 포스트모더니즘 이론가들에 의해서 이지요. 우리 선문에서는 예전부터 이런 나눔은 없었습니다. 불이라 하지 않습니까?

잠시 서구의 형이상학의 이념적인 흐름을 짚어 보면 '플라톤의 이데아 Idea나 데카르트의 사유주체 Cogito, 루소의 자연의 말 Logos, 헤겔의 관념론적 절대인식과 후설의 현상학의 의식주체와 직관 등 이 모든 철학적 체계는 지금의 형이상학의 주체를 형성한 전부입니다.

그러나 근세에 있어 포스트모더니즘 이론가인 라깡이나 데리다 등에 의해 이런 문제가 해체 비평되고 있고, 이것은 우리 선적 사유와 유사한 것이 발견되곤 합니다. 곧 형이상학론자들은 자기 동일성을 상정하고 이로부터 두두물물이 존재한다고 보는 이분법적인 사유는 선문에서 말하는 분별간택심의 본향을 이르는 말이라 읽힙니다.

살펴보면 '정신 / 물질', '자아 / 타자', '긍정 / 부정', '본질 / 응용', '적 / 조' 이 모든 분별을 앞 쪽의 정신, 자아, 긍정, 본질, 적寂에 포인트를 두고 상호 차례가 관념적으로 합리화시킨 체계이지요. 그렇지만, 일찍이 6조 혜능은 36대의 상대적 관념을 모두 불이로 말씀하신, 가르침의 유훈이 있듯이, 우리 선불교에서는 고요[寂]가 있는 다음에 되비침[照]이 있음이 아니라, 적조동시라 통견하고 있습니다. 이와 마찬가지로 '선객 / 시인'이 따로 있음이 아니라, 선객이면서 시인, 이것이 선시적인 불이의 삶일 것입니다.

임연태 : 올 해는 큰 수술을 한 뒤 5년을 넘겨 '안전권'에 드는 해이고 회갑을 맞는 해이니 남다른 계획이 있으시겠군요.

송준영 : 그렇습니다. 서구적인 수사법을 배우고 익힌 것에, 선의 세계를 같은 문장과 언어 안에 만날 수 있도록 애쓴, 여러 시들을 묶어 시집을 내고자 합니다. 그리고 꼭 쓰고 싶은 것은 우리나라에서 자생된 『선시론』입니다. 이에 관해 저는 몇 편의 논문을 발표한 적이 있습니다. 역대 한자로 쓰여진 선시를 '고전 선시', 근대에 이르러 한글로 쓰여진 선시, 즉 비교적 전통적인 수사법에 의한 '현대 선시'와 서구의 모더니즘 및 포스트모더니즘의 수사법으로 쓰여졌으나, 단순 청량 명징과 같은 고전 선시에서 나타나는 선미가 풍기는 실험적인 시를 '전위선시(Abant garde-Zen poetry)'로 명명하고 당대의 시인들의 시를 분류하여 발표한 적이 있습니다. 이제 더욱 체계 있는 『선시론』를 출간할까 합니다.

제가 발행인과 주간을 맡고 있는 『시와세계』는 지금까지 16권의 책을 내었습니다. 이 책의 목표와 목적은 서구의 모더니즘, 포스트모더니즘의 문화와 우리나라 유구한 정신적 산물인 선의 사유와 병치하여 같은 영지領地에서 만나게 함으로, 문화충돌에 의한 반상합도된 새로운 세계에 대한 갈망에 의해 만들어진 시와 시론지입니다. 금년에는 더욱 심화시켜, 대들보가 될 수 있도록 각고하고자 합니다.

제 5 부

서래밀지의 실참실수에 관한 보고

I

선에 관한 어떠한 이해와 실재의 체험에 도달하지 않는 한, 선사들의 많은 어록이나 법문은 사실 우리를 칭칭 동여매게 하는 악담이나 실재를 씹고 남은 글의 찌꺼기에 지나지 않을 것이다. 이것들에 우리는 막막해 하고 얼떨떨해 할 수 밖에 없다. 우리글은 선장들이 우리를 선문에 성큼 들게 하기위한 간절 노파심절인 바램으로 되어 있다. 이런 내용들을 처음 접한 독자들은 한동안 어쩔 수 없이 캄캄해짐을 느낄 수밖에 없을 것이다. 곧 내용에 있어 진기한 일화逸話, 엉뚱한 사건들, 신비하고 은밀한 발언들, 여러 가지 모순당착, 기행奇行, 어긋남에 오는 위트와 유머의 사태沙汰, 비논리적인 횡설수설, 알고도 시침을 떼는 것 같은 천연덕스러움 등은 어디서 왜, 오는 것인가? 이런 방편적인 예는 서구적인 논리에 길들어 온 우리로서는 분명히 확연한 이해에 닿지 못하게 하는 다른 하나의 암호임이 분명하다. 이것은 선이 우리에게 전하고자 하는 밀의적密意的인 목적이 있기 때문이다. 이 목적에 가장 가까이 다가갈 수 있는 것은 이런 앞의 언술과 행위와 상황은 우리가 보고자 하는 본질, 그대로를 사량思量하게 하려는 선장들의 간절노파심절懇切老婆心切에 있고 우리는 그들의 마음에 영회領會하면 그뿐인 것이다.

삶을 비밀의 영지領地에서 만나게 하기 위한 가장 직선적인 가르침의 하나인 선은 우리에게 있어서 삶의 체계적 설명도, 이데올로기도, 종교적인 계시啓示도 구원의 교의教義도 아니다. 서구에서 대다수의 지성들에 의해 이해되어 지는 신비주의나 허무주의에 대한 가르침은 더욱 아니다. 전통에 의한 합리주의적 배경을 지닌 사람들은 우리가 여태 공부하여온 것과 마찬가지로 선을 본능적으로 서로 경쟁하는 이데올로기의 사유의 체계나 혹은 낯선 세계관이나, 도저히 받아들일 수 없는 사이비 교설 정도로 해석하거나, 당초부터 그릇된 편견에서 접근을 하게 되는 수도 있다. 이럴 경우 도저히 선이 보여주고자 하는 곳에 이를 수가 없다. 선은 우리들의 앎의 영역에 속하지 않는다. 선은 인위적인 생각이나 논리적인 이해 차원에 넘어서서 있다. 아니 생각이나 이해와 똑 같이 서로 침범하지 않는 언어나 문자 밖에 덤덤히 자존自存하기 때문이다. 선은 우리가 이해하고 만들어진 어떤 철학적 종교적 범주에 맞추어도 적합하지 않다.

그러나 선가에서는 그 뜻을 드러내기 위하여 문자를 무시하지 않고, 징徵, 염拈, 대代, 별別, 송頌, 가歌 하여 이치를 드러내어 우리들에게 보여준다. 조사들의 간절노파심절이 이와 같았고 반면에 이런 언어의 불완전성, 또는 이것으로 인하여 이론적인 선으로 오전됨을 두려워하여 '뭍에 오르면 뗏목을 버리는捨筏登岸' 경구나 '고기를 잡으면 그물을 잊는다[得意忘筌]'는 말씀으로 경책한다.

예컨대 선사상의 표현인 산문체인 선어록, 운문체인 선시가 있다. 그 중 이즘 선시라 불리는 게송은 산스크리트어인 가테, 게테가 게로 음사되고, 중국에 본래부터 있던 송頌과 합쳐지며 게송이라 부르는 선가 특유의 시적 표현으로 나타난다. 이 게송偈頌과 염拈이 오늘날 선시이다. 선사들의 선적 체험, 이른바 선수행의 결과 체득된 오도의 경지를 선시적 수사법으로 표현한 시다.

여기서 선시적이라 함은 내용적으로 선사의 오도송을 비롯하여 불경이나 어록, 공안집을 바탕으로 하거나 혹은 형태적으로 고전 선시에 자주 나타나는 절연, 압축, 기상과 모순적 어법의 조화를 말한다. 결국 절연, 압축, 기상이 모순적 어법에서 충분히 읽을 수 있으므로 모순적 어법을 철저히 규명하면 선시의 바탕을 대략 읽게 된다. 그리고 이 모순적 어법은 필자의 견해로는 선가의 선장들이 즐겨 사용하는 바로 간절노파심절이라고 일컫는 적기방편법문의 어법인 적기어법의 하위단위로 읽힌다. 따라서 적기적 어법을 중심으로 하여 세 가지 수사법을 요약하면, 선시의 반상합도反常合道 선시의 초월은유超越隱喩 선시의 무한실상無限實相을 도출해 낼 수 있다. 이 세 수사법은 선시를 표현하는데 불가분의 관계를 서로 내포하고 있다. 물론 선시, 특히 선적 사유는 언어를 만나 표현되어짐을 염두에 두었을 때, 그 기표야말로 바로 사상의 한 표현일 수밖에 없다.

선에 있어서 선사상이란 일상을 배제하고 이루어 질 수 없다. 바로 현장이 선의 알갱이다. 선을 항상 삶의 중심 사실을 파악하고 있을 뿐 아니라 일상의 삶 자체다. 그래서 선은 지성의 해부대 위에 오를 수 없다. 이미 지적 파악으로 들어갔을 때는 선이 아니라 선학일 수밖에 없다. 그래서 선은 아무 것도 가르치지 않는다고 한다. 선은 맨 마음으로 잡을 때만 만날 수 있다. 곧 합리적 방식으로 만날 수 없다. 오늘날까지 이어오는 많은 선어와 선화들은 바로 염통에서 쏟는 대동맥이며, 자명종의 울림이며, 꿈꾸는 자의 반응과 같다. 그래서 당대의 이름난 선사인 스즈끼 박사는 중세기 기독교의 신비주의자 에크하르트의 말을 인용한다. "내가 그 안에서 하나님을 보는 그 눈은 그 안에서 나를 보는 눈과 같다"는 그의 인용은 선의 불이사유不二思惟인 반야지혜般若智慧를 표현하는 말이 된다. 따라서 선에서 사용하는 언어 역시 철저히 반어적이어서 철학적 분석과 논리를 완전히 뒤바꾼다. 이런 것이 문자로 표현되어질 뿐 아니라 선적 사유로 나타날 때 역시 같다. 그리고 여기서 우러나는 청량淸涼, 명징明徵, 단순單純, 표일飄逸, 격외格外, 무사無事 등으로 그 맛을 드러낸다.

다시 돌이켜 생각하면 선과 선적 사유 또한 아무리 말해도 모자랄 뿐이고 아무 말을 하지 않아도 선과 선적 사유로 가득찰 뿐이니, 이 쓸데가 없는 짓거리를 그만두고 스스로 공부에 매진할 때 나를 채찍으로 편달하던 에피소드 몇 편과 자비심을 감추지 안하시던 은법사 스승님의 간절심절을 소개하여 지금까지 지은 구업을 대신하고자 한다.

Ⅱ

여기에 소개되는 글은 2003년 서옹 선사께서 92세를 일기로 열반에 들었을 때, 계간 『시와세계』에 발표된 스님에 대한 나의 추도문 「참사람, 무간지옥에 들다」의 일부이다.

1. 나의 스승 서옹 스님

1) 참사람, 무간지옥에 들다

내가 스님을 처음 뵌 것은 1986년 더위가 한창 기승을 부리는 8월 15일 광복절 날 오전 9시경이고, 장소는 서울 장승배기 백운암 조실이었다. 그러나 사실 전혀 감정이 실리지 않은 이 한 줄의 글을 쓰고 나니 더욱 창망하여 말문이 막힌다. 생각이 아득해지고 머리에 무엇이 가득 찬 듯도 하고 텅 빈 것 같기도 하다. 무엇이 나를 허물어뜨리는가. 나를 아무 것도 아닌 것으로 만드는가. 알고 보면 우리가 과거를 회상한다는 것 자체, 그 과거가 원래 있지 않으며 있지 않은 과거란 말일 뿐, 없어지지 않은 기억의 한 파편일 뿐이다. 우리의 만남은 한 번의 만남이라도 천만 년의 만남이고, 우리의 헤어짐은 천만 년의 헤어짐이 분명하다. 그리고 이 이별은 우리 서로 서로가 만나지 않을 수 없는 이별이 아닌가.

1월 13일 오후 10시경, 이 시각 나는 무엇을 하고 있었던가.

돌아보니 아무런 일도 하지 않았었다. 또 돌아보니 스님께선 아무런 일도 하지 않았다.

그러나 다시 한 번 꽃은 지고 구름은 흩어지고 물은 흐르고 지나가는 눈발은 과거 또 과거에도 날았고, 미래 미래가 다하도록 하늘거릴 것이고, 오직 이 자리를 벗어나지 않고 하늘거리고.

스님과 나의 인연은 내가 40이 들던 1986년부터 시작된다. 아니 나와 스님과의 인연은 그보다 훨씬 이전으로 거슬러 올라간다. 아마 1974년 쯤 되었으리라. 대구 반월당 작은 불교서점에 들러 젖어드는 허무랄까 무상이랄까 이걸 메우기 위해 한 벽 가득히 찬 선서를 훑고 있었다. 눈 안에 깊숙이 자리잡는 책 한 권. 서옹연의 『임제록』이었다. 나는 그 때 서옹 스님이 어떤 분인지 알지 못했다. 그저 서옹이란 이름이 마음에 들었고, 임제선사의 고함소리가 좋았고, 잠시 서가 귀퉁이에서 들여다 본 서옹 스님의 착어가 무조건 좋아 보였다. 그 착어의 선구禪句들, 내가 도저히 알지 못한, 그 알송달송함이 마음에 들었다.

8월 15일 부운수좌와 함께 임제선원 조실에 시봉 스님의 안내를 받고 들어간다. 아랫목에 앉아계시는 큰스님은 차라리 단아한 한 마리 청학이었다. 형형한 안광眼光, 입가에 깃든 미미소微微笑, 몸에 우러나오는 간단명료함, 심신에서 우러나오는 고적함, 바로 노고추老古錐[1]였다. 나는 그때 '바로 이분이구나' 하는 탄성이 마음에서 저절로

---

[1] 노고추는 오랜 옛 송곳이니, 송곳은 빼족하여 아무리 감추어도 자연 드러난다. 이와 같이 덕 높고 법력이 높은 조사스님들도 아무리 감추려 해도 자연 드러나니 옛 송곳과 같다는 의미다.

우러났다.

2. 선의 계보

서옹 선사의 선맥을 더듬어보니 석가세존으로부터 76대에 이른다.

우리나라 선의 법계는 신라 9산선문 가운데 4조도신의 법을 이은 법랑이 처음 선을 전하나, 이 법계가 단일 선맥이 아니며, 법랑의 제자 신행이 입당하여 북종 신수의 제자 보적의 인가를 받았고, 신행에서 준범 혜원 다음대인 지선 도헌에 이르러, 지선이 입당하여 마조도일의 법계인 쌍계 진감의 법을 잇는다. 그러나 후손들이 번창하지 못하고 끊어져버린다.

```
                                    백장회해
                                  ↗        ↘
세존 … 육조혜능(33대) … 마조도일(35대) → 서당지장 → 도의 … 태고보우
                                  ↘
                                    염관제안 → 범일 … 보조지눌 … 나옹혜근
```

※　세존 …… 보리달마(28대) …… 육조혜능(33대) − 남악회양(34대) − 마조도일(35대) …… 임제의현(38대) …… 양기방회(45대) …… 석옥청공(56대) − 태고보우(57대) …… 청허휴정(63대) − 편양언기(64대) − 풍담의심(65대) − 월담설제(66대) − 환성지안(67대) − 호암체정(68대) − 연담유일(69대) − 양악계선(70대) …… 취운도진(74대) − 만암종헌(75대) − 서옹상순(76대)

위의 법계에서 살펴본 것 같이 오늘날까지 문헌상 뚜렷하게 이어지는 우리나라 선맥은 9산선문 중 가지산문과 임제종 양기파의 법을 아울러 잇는 태고보우(57대)와 그의 법손 청허휴정(63대)에 의해 전등된다. 서옹의 법계는 그의 법사인 만암종헌(74대)의 법을 이으며, 만암은 환성(67대) 호암(68대) 연담(69대)을 잇는 법계이다.

3. 깨달음, 황당함에 관한 메모

1) 발심

필자는 18살 청년기에 우리가 사는 세계가 안이비설신의眼耳鼻舌身意로 감지되는 색성향미촉법色聲香味觸法인 6식六識의 세계와 6식으로 감지되지 않는 무의식의 이면세계가 이 세상에 있음을 알게 되는데, 그건 그 흔한 종교나 철학서적을 통해서가 아니라 별것이 아닌 것 같은 우연한 체험에 의해서다.

내 고향 경북 영주에는 천년고찰 부석사가 있다. 부석사의 큰 법당인 무량수전은 고색창연하고 그 자태가 우아하여 보는 사람마다 감탄을 쏟을 뿐 아니라, 우리나라에서 가장 오래된 목조건물로도 유명하다. 65년 여름 나는 대학입시 공부를 하기 위해 어머니가 다니는 부석사 취현암 뒤켠 구석방을 하나 얻어 달포 정도 있게 된다.

산사에서 대학 입시생으로 몰두하기보다 세상의 대소사를 모두 고민하고 불안해하고 사색하고 몽상하며 그래도 고독하여 산사를 배회하던 때다. 밤엔 책상 앞에 붙어 앉아서 입시에 열중하려고 하였지만, 종일 끌려오던 생각들이 어느새 방으로 끌고 들어와서 점점 산사에 온 목적과는 멀어져 간다. 천진무구한 노선객, 절의 주지이신 동암성수東庵性洙 선사는 늘 나를 불편하게 만드는 어릿광대였다. 하루는 내가 취현암 봉당에 앉아 공연히 스님들이 울력을 하다가 놓아둔 낫을 들고 아무런 생각 없이 톡톡 쫓고 있는데, 지네 한 마리가 내 앞을 지나가고 있었다. 시야에 드는 순간 어느 새 지네가 토막이 났고 나는 나도 모르게 한번 두 번 세 번 자꾸자꾸 쪼아 토막이 났고, 지네는 꼼지락거렸고, '정말 지네야 나는 너에게 무엇도 생각한 게 아니야' 혼자 이렇게 중얼중얼 생각하고 있는 이때, '이 놈아 지네가 너에게 너를 달라하더냐? 그건 왜 그래' 하며 지나시는 큰스님의 영혼이 울리는 듯한 음성이 들렸다. 어찌 보면 애처로운 것 같은, 어찌 보면 안타까운 것 같은 촉촉한 자비의 말씀을 듣는다.

또 어느 하루 석양 무렵, 찌는 듯한 더위가 물러난 범종각. 넓은 누각은 스님의 와선臥禪 자리였다. 퇴침을 벤 채 우협으로 비스듬히 누운 노스님은 한 마리 학이었다. 나는 조심조심 다가가 스님을 한참 훔쳐보고 있었다. 갑자기 들려오는 소리, '무다, 무여!' 하늘 가슴에 울려 퍼지는 듯한 울림소리 '무다, 무여!' 나는 여기서 스님의 반찬투정, 나를 울리게 하는 장난기 섞인 놀림소리를 모두 빼앗기고 스님을 맑은 눈으로 보게 되었다. (선사들의 빼앗음의 가르침을 적기賊機라 하는데, 이것은 슬기를 고요에 들게 하여 오랜 관습으로 누더기로부터 본래의 '참나'로 돌이키게 하는 방편 법문이다.) 이 날 이런 스님의 낙초자비실절에 힘입어 나의 길을 바꾸는 큰 사건이 일어난다.

어느 날 밤 자정 무렵, 취현암 골방. 절 행사에 쓰고 남는 흔한 촛불을 너덧 개 켜 놓고 영어 독해력을 기르기 위해 영자 문고판을 읽고 있을 때였다. 갑자기 엄습해오는 선연한 냉기와 낯선 느낌에 고개를 드니 촛불이 스스로의 몸을 태우며 밝은 빛을 뿜어내고 있었다. 찰나였다. 그 순간 나는 나를 이상한 기운에 의해 빼앗기고, 탈각된 나, 멍한 빈자리 빈 생각으로 어쩔 줄 몰라 하는 나를 보았다. 아, 초는 자기 몸을 태우며 세상을 정말 밝게 하는 구나! 단지 그것에 합일된 나를 보았다.

이때의 느낀 체험은 일체의 '함이 있는 것들'이 탈각된 천진한 것이어서 그 후 많은 노력을 기울일수록 멀어져 갔다. 아무리 애써도 마음을 시원하게 해줄 그 때의 찰나의 느낌은 없었다. 오랜 세월이 흐른 뒤에야, 밖을 향한 천변의 논지나 수많은 경전과 철학서, 종교의 주장도 모두 어린아이를 달래는 지폐나 군것질에 불과하다는 것을 깊이 느낀 후, 수선修禪에 침잠하게 되었다.

2) 선적 체험

다시 내 나이 마흔, 1986년 나는 들뜬 마음으로 장승배기 백운암 임제선원으로 서옹 스님을 친견하려 가는 인연이 익는다.

마흔이 들던 전후에 나는 떨칠 수 없는 화두로 거의 짓이겨지고 있었다. 잠자리에서마저 화두가 성성히 들리고 있었다. 잠 속에서 공부에 도움이 되지 않는 꿈이 꾸어질 때는 다시 한 생각이 나와 '그래 공부하는 내가 이런 잡꿈이나 꾸어서 되겠나' 하며 나를 추스르며 다시 화두를 들곤 했는데, 새벽녘 아내가 일어나라고 깨울 때도 화두가 이어지고 깨어나도 계속 화두가 들리곤 할 때였다. 나의 온몸이 공부를 받아들이고 나의 6식六識 전체가 서로 상통되고, 해체되곤 하던 때이다. 몰두되어 눈을 감으나 눈을 뜨나 이 일 이외는 관심조차 없던 때, 나는 고향에 조상님이나 부모님한테로 갈 그런 생각조차 못하고 내가 사는 강릉에서 가까운 정선 처가에 가서 명절을 지내게 된다. 심신이 가라앉을 대로 가라앉은 나는 처가 골방에서 한대의 담배와 『전등록』을 즐기고 있었다. 사랑방에서는 설날 차례상을 차리는데, 심심하여 다시 『전등록』을 펼치는데, 문득 어디선가 병과 병이 부딪치는 소리가 나더니, 향엄선사의 "어떤 것이 아버지와 어머니가 처음 만나기 전 너의 본래얼굴인가?(如何是 父母未生前 眞面目麼)" 공안이 보이는가 싶더니, 한 줄기 마음의 길이 열리고 세계의 이면이 올연히 드러났다. 내가 아는 '시심마是甚麼' '마삼근麻三斤' '일귀하처一歸何處' 공안들이 갑자기 발가벗은 채 달려 나왔다. 아득한 낭떠러지 끝에 올라선 것과 같은 상태, 한 달 정도 이어지든 울울함이 갑자기 둘려 빠져버린다.

나의 살림살이는 긴 터널을 내닫는 열차와 같이 외길로 치닫고 있었다. 향상일로向上一路는 진공과 같은 한 길이고 틈도 없는 무간지옥無間地獄을 돌고 돌다 천길 낭떠러지 끄트머리에 발가벗고 서 있다가 한발을 내딛었다는 생각. 이 생각이 옳은 것이냐? 그렇지 않은 것이냐, 이것이 그 당시 나에게는 가장 큰 일이었다. 18살에 초발심 후, 이 일은 장부일대사丈夫一大事였고, 가장 큰 문제였고, 생명을 건, 늘 내려가지 않는 체증으로 남는 내 가슴에 맴도는 문제였다. 이 일대사가 40 전후에 무너져 내리는 실제 체험을 얻고, 나는 이 일이 사실인가를 확증받기 위해 제방 선지식님네를 찾아 나섰다. 그 때의 수도일지인 「子正日誌」 몇 도막을 옮긴다.

    1985년 11월 14일

    꿈이든 생시이든

    말하고 싶지 않다.

    이 기막힌 가슴이 탁 트이는 기쁨을

    간 밤 무수한 "이 뭣꼬?"를 반복하였다.

    너무 또렷한 오롯이 드러난 '이 한 물건'

    어, '요놈봐라' 요놈봐라.

    봐라는 놈 봐라.

    새벽잠을 깨우는데도 이 아침까지도 오롯이

    반복되어지는 '이 뭣꼬'

    또 다시 돌아오는 '요놈봐라'

    긴 죽음과 삶에 걸쳐지는

    그 어디에도 떨어지지 않는 '요놈봐라'

    나는 말하고 싶지 않다.

    아무 것도 생각하고 싶지 않다.

1985년 11월 15일

선불장選佛場

만공스님의 회상.

선객이 너 댓 명 벽을 등지고 좌선 중에 있고, 그 중 나도 한 참학문도였다.

눈 푸른 납자들이 안광이 형형한 가운데

노스님만이 더 이상도 아니고 더 이하도 아닌 모습,

무공용無功用의 행위.

나는 스님의 입실제자였다.

스님은 나를 보고 계시었다.

그 후 밤마다 찾아드는 공부

그 후 밤마다 오롯함을 더하면서 찾아드는 선기禪機.

1985년 12월 21일

꿈은 꿈이었다. 삶도 꿈이었다.

꿈 아래 홀연히 찾아드는 꿈.

허! 그건 의식의 반영 없이 그대로 보라는 꿈이었지.

결국 그 꿈은 의식을 절실히 간직한 후

도장과 같이 찍혀 남는 흔적.

무무인無拇印, 도장을 찍되, 도인을 남기지 마라는

꿈, 연발 일어나는 그 놈은,

그렇다. 도장을 찍더라도 도인은 남기지마는,

남길 수 없는 그 놈

고놈은?

1986년 2월 9일.

생일이었지

음 정월 정일

나는 졸업을 하고 쌓여도 쌓여도 더 쌓일 것 없는

그런 생일이었지.

부모미생전父母未生前의 나

그런 건 개한테나 주어, 참학인參學人의 속이나 편하게 하라.

그러나 말마라, 먹어도 먹어도 먹지 않는 내 나이.

날마다 나는 생일, 나는 생일

이날 나는 무시이래無始以來 고향에서 생일을 맞다.

소쩍새 소쩍다 / 소쩍다 소쩍새

옛 하늘 속에 소쩍다는 소리

옛 물결에 물결 이어서 일고

옛 사람 오늘도 / 소쩍다 소쩍새

소쩍새 소쩍다

　나는 위산선사潙山禪師가 그의 제자 향엄香嚴에게 '자네의 총명과 재주가 대단함을 나는 짐작하네. 그러나 우리에게 생사문제가 가장 근본적이라는 걸 자네는 인정할 걸세. 자, 그럼 나에게 자네가 부모에게서 태어나기 이전의 어떤 상태에 있었는지 이야기 해 주게'를 읽다가 문득 어디선가 병과 병이 마주치는 소리를 듣다가, 홀연히 심안心眼이 빛을 따라감을 보다가, 부모미생전父母未生前의 내가 '나'임을,

도저히 알 수 없음을 알았다. 나는 웃었다. 콸콸콸 물 빠지듯 꼭 하루하고도 하루 낮을 웃었다. 끝내는 우스워 웃었다. ― 고불古佛의 공부도 별로 기특할 것이 없었군. ― 1,700공안 모두 한데 묶어 화장실 벽에 꽂아두라. 다시 한 수 적다.

옛 사람 홀연히 안광이 길을 찾는단 그 말 속지 말자

눈 감아도 감아도 안광의 길은 암흑만큼의 깊이에서 빠져나고

우주에 올연히 솟아 오른 병 부딪는 소리

이 사람아 조주(趙州) 그 영감 차 말고 내 한 잔 주지

휘파람으로

달빛이 연못을 뚫어도 흔적 없다 누가 말 하던가

오직 연못을 뚫고 있을 뿐일세

이 「자정일지」는 나의 40세 무렵의 파편이다. 그리고 1985년 12월 21일은 마흔들던 1월 1일 원단元旦이었다. 이때에 찾아드는 내 정신의 변화는 다음 기회에 소상히 밝히기로 한다.

3) 수련기

① 서옹 스님과 첫 문답

1986년 8월 15일 부운수좌와 함께 임제선원 조실에 시봉스님의 안내를 받고 들어갔다.

나는 스님에게 삼배의 예를 올리고 꿇어앉았다. 당시 도반 부운수좌가 미리 전화를 드려서 참문하려 가는 수선행자修禪行者임을 연통한 까닭에선지 스님은 전신에 온화한 기운을 보이신다.

"공부하는 학자"라고 하시는데 조실이 온기로 가득 차 넘실거린다.

나는 아무런 말도 하지 못한다. 시자가 따라주는 작설차를 입안에 머금으며 내 공부를 여기서 마감해야 하고, 내 공부를 마땅히 조사 스님한테 인가를 받음으로 이 한계상황에서 자유롭게 훨훨 날아야 한다는 결심이 앞선다.

"그래, 묻고 싶은 게 ……"

(이 멍충이 놈아 뭘 묻고 싶은거냐?)

나는 부끄러운 새악시 마냥 겨우겨우 말씀을 올린다.

"스님, 제가 알고 싶은 게, 8식 이전의 소식입니다. 이 소식을 한 말씀해 주십시오."

(8식 이전의 소식은 부모미생전 본래면목父母未生前 本來面目을 나에게 내 보여주시란 말입니다.)

스님께서는 어눌한 내 말을 제대로 듣지 못하셨는지, 6근과 6경의 12처, 6식을 합친 18계. 7식. 제8식인 아뢰야식에 이르는 유식철학과 프로이트 정신분석학에 배대하여 한 20여 분에 달하도록 친절한 가르침이 계셨다. 스님의 잔잔한, 동서를 회통하는 말씀. 너무나 오랜 세월이 흐른 듯한 진공상태인 것 같은 스님의 말씀 끝에 나는 허기지고 지쳐 있었다.

"스님 저는 생사문제가 무너진 자리, 이 소식을 묻고 있습니다."

(전 그 말씀을 물은 것이 아닙니다. 전 생사문제가 허물어졌습니다.)

"수선납자인가?"

부운선화가 곁에서 열심히 참선하는 선객입니다 라고 보충하는 말이 들렸다. 그리고 이즘 소식이 있어 점검 받고자하여 같이 오게 됨을 대략 말을 한다.

실눈을 뜨시고 미미소를 머금은 채, 어눌한 나의 말을 들으신 스님은 가느다란 솔바람 같은 소리로 나에게 물었다.

"거 참 좋은 거 알았군, 그럼 내 다시 묻겠네."

삼복이라서 더운지 하여튼 나는 꿇어 앉아 얼굴에 땀을 훔치고 있었다.

나는 심신을 다시 가다듬고 말씀을 기다렸다.

"움직일 때나 움직이지 않을 때나 너는 너를 잘 보고 있느냐?"

나는 망설이지 않고 언하에 "예, 그러합니다."

"그래 그렇군. 그럼 깊은 잠에서도 너는 너 자신을 잘 지키고 있느냐?

"예, 그렇습니다." 냉큼 대답을 올렸다.

"그래 그렇다. 너는 너를 참 잘 알고 있구나. 그러면 꿈 가운데도 너는 너를 마음대로 쓸 수 있느냐?"

"예, 그렇습니다. 그렇지 않고서야 어디 우리가 이 자리에 앉아 있을 수가 있겠습니까?"

나는 몹시 냉정을 잃고 흥분을 즐기고 있었다. 고요가 깨어지고 있었다.

"거 참 대단하군, 그래 꿈도 없고 잠도 없고 낮도 밤도 아니다. 그럴 때 너는 너를 잘 알 수 있느냐? 그러할 때 너는 어디에 있더냐?"

나의 의식은 아득해지고, 몽롱해지고, 바래지고 있었다. 황망하여 갈피를 잡지 못하고 있었다.

나는 나도 모르게 "꿈속에 있습니다." 모기소리를 내었을 뿐이었다.

"봐라, 그건 모르는 거여, 하나를 몰라도 다 모르는 거여."

말씀이 들렸다. 넌 가짜야 가짜. 나는 나 자신에 대한 자책감과 자괴감으로 온 몸이 무너져 내려앉았다. 깊은 수렁으로 빠져들고 있었다.

나는 긴 세월이 흐르는 착각의 침묵 속에 꼼짝 못하고 꿇어 앉아 있었다. 얼마가 지났는지 부운선화가 나의 겨드랑이를 부추이며 큰스님이 피곤하시니 물러가자고 하였다. 일어서는 순간 나는 나의 몸을 가눌 수 없이 지쳐있음을 알았다. 무너져 내리고 있었다. 캄캄하였다.

스님이 일어나시어 문밖까지 나오셔서 '요즘 수좌치고 그 만큼 공부하는 사람도 없다. 기특하다. 내년 이맘 때 다시 오라.' 대략 이런 말씀을 하시며 어깨를 두드려 주셨다.

② 7년간 일곱 차례 서래밀지를 묻다

1986년 서옹 스님과 첫 만남은 이렇게 끝났다.

그 후 나는 1년간 서옹 스님을 가슴에 안고, 공부가 순일하지 않을 때는 스님의 미미소를, 형형한 안광을, 스님의 가늘고 긴 목소리를 떠올리며, 오직 이 문제를 끌어안고 1987년 8월을 맞이한다.

1년을 여삼추餘三秋와 같이 보낸 나는 백양사와 운문암, 서울 백운암으로 전화를 하면서 스님이 계시는 곳을 확인하였다. 다음 일요일에 무학재 넘어 수국사에서 대중법문을 한다는 것을 알게 된다. 한걸음에 강릉에서 달려간 나는 수국사에 들어서자마자 스님을 찾았다. 마치 스님께서 대웅전 옆 작은 방에서 법문할 준비를 하고 계셨다. 급히 스님께 삼배의 예를 올렸다.

"너 왔구나."

하시며 얼굴에 환한 표정을 지으셨다. 그때 시자가 와서 '스님 법문을 할 시간입니다' 하는 전갈을 받았는데도 아무런 내색 없이 나를 물끄러미 건너보시더니 말씀을 하셨다.

"그래, 그때 어디까지 했지?"

"예, 스님 오매중일여寤寐中一如하냐? 그렇다면 일여할 때 너는 어디에 있더냐? 속히 일러보아라까지 지난해에 했습니다." 나는 기다렸다는 듯이 소프라노로 읊었다.

"응, 그렇군. 그럼 그럴 때 너는 어디에 있더냐?"

나는 일어섰다 앉으며 단숨에 여쭈었다.

"바로 여기입니다."

그러자 스님은 말이 떨어지자 말자 이르셨다.

"거긴 그 자리라 해도 맞지 않는 거여. 이럴 때는 무어라 대답할 것인고?"

하시며 대중법문이나 들어라하시는데 또 앞이 아득해졌다. 막 내 앞을 지나시는데, 장삼 깃을 당기며 나는 외쳤다.

"이 자리입니다."

하니 잡은 나의 손을 휙 뿌리치시며 법상으로 올라가셨다.

다시 1년. 또 다시 1년 8월 어느 날, 백운암 방장에서 스님과 마주앉게 되었다.

다짜고짜로 스님은 인사도 여쭙기 전에 물었다.

"왜, 억울하냐? 억울한 건 너가 아니고 나다. 그럼 너라고 부르는 취현(나의 법명)은 뭐냐?"

"스님, 이 자리입니다."

"그 곳은 이 자리라 해도 맞는 것이 아니다. 다시 일러봐라."

스님은 사정없이 정신을 차리지 못하게 나를 몰고 갔다. 나는 막다른 절벽에서 뛰어내리지도 못하고 돌아설 수도 없는 곳에서 1년 또 1년을 보내고 다시 1년 같은 하루를 진공 속에서 맞이하고 있었다.

"그래, 그래도 억울하냐? 그럼 다시 한 번 해보자. 나에게 보배로운 지팡이가 하나 있는데, 네가 가졌다면 나는 이것을 너에게 줄 것이고, 너에게 이 지팡이가 없다면 너의 지팡이를 빼앗아 가겠노라 하는 법문이 있는데, 너의 견해를 한 번 일러봐라."

잠시 후 나는 말씀을 올렸다.

"스님, 스님과 저, 모두 같은 지팡이 안에 있는데, 무얼 주고받는단 말씀입니까?"

한참 침묵하시든 스님께서 나를 넌지시 건너보시다 하시는 말씀.

"아니야, 아니야. 탕기에 때가 묻어, 때가 묻어나. 다시 참구해라. 왜, 국민학생이 100m 달리기를 하는데 얼마나 열심히 달리는지 옆에 누가 뛰는지 누가 뒤따라오는지 모르고 달리지, 그렇게 참구하라. 마치 철봉대에서 마지막 턱걸이 하듯 말이야."

이렇게 다시 1년의 세월을 지푸라기 같이 구겨지고 혹은 날 선 작두와 같이 시퍼런 상태에서 나를 추스르며, 실참실수實參實修하길 어느 듯 7년이 흘렀다. 돌이켜 볼 수 없는 시간 속에 나는 아무 것도 남지 않았다. 당시 나는 강릉 포교당에서 『반야심경』을 강講하게 된다. 그리고 틈틈이 『반야심경』 주소를 나름대로 사기私記하고 이해한 부분을 새로운 체계로 적어 내려가 한 권 분량의 책이 되어서 출판을 하게 된다. 이 책을 쓰게 된 것 역시 스님을 처음 참문할 때부터 시작한 것이니, 한 7년 열심히 참구한 도리를 『반야심경』의 말씀과 같이 적은 것이니, 곧 나의 살림살이 전부이고, 또 스님에게 보여줄 나의 전부인 셈이다.

이렇게 쓰여진 육필원고를 들고 다시 백운암에 들렀다. 당시 스님께서 심장이 좋지 않아 건강에 문제가 있다 하시며 일본에 병원을 하는 신도가 있는데, 한번 다녀와야겠다고 말씀하셨다. 마침 그 당시 도반인 성철 스님께서 입적한 때였다.

"거, 보따리에 든 것이 무어냐?"

"예, 저가 스님을 처음 찾아뵐 때부터 수선일지 삼아 쓴 『반야심경』 육필원고입니다. 스님께서 서문을 받고자 합니다.”

“허허, 선승이 뭐 글이 있나,”

하시며 한사코 사양하신다. 그러나 나도 물러설 수 없는 외길이라 계속 졸랐다.

“스님, 바로 그것이지요. 선승이 글이 없다고 한 자 적어주시면 서문으로 싣겠습니다.”

“그럼 『심경』을 오래 탐구하였으니, 물어보자. 어떤 이는 반야바라밀般若波羅蜜을 요체라 하고, 어떤 이는 마음 심자心字를 요체라 하고, 또 어떤 이는 색즉시공 공즉시색色卽是空 空卽是色을 요체라 하는데, 너는 무엇을 '반야'의 요체要諦라 할 거냐?”

“예, 저는 모든 이들이 보는 바를 부정하지는 않습니다. 그렇지만 스님께서 물으셔서 굳이 말씀을 드린다면, 마하는 반야요 반야는 바라밀이고 바라밀은 다이고 다는 심이며 심은 경입니다. 또 관은 자재이고 자재는 보살이며 보살은 행이요 행은 심이고 심은 반야이며 반야 역시 바라밀이며 다이고 시며 조견이고 오온이며 개공도입니다. 저는 이 도리가 이러하다고 생각합니다.”

그리고 『반야심경』 270자를 이어 암송하려 하는데,

“그래 그래, 그만 됐어. 그럼 어디 무지역무득無智亦無得을 펼쳐보게. 그 곳을 읽어 봐.”

나는 무지역무득의 장을 펼쳐 열심히 읽는다. 2쪽 가량 읽는데,

“그만 되었다. 그것 두고 가거라.”

한 달포 후 스님한테서 기별이 와서 달려갔더니 다음과 같은 게송

을 서문으로 주셨다.

　　반야의 칼이여 부처와

　　조사를 처죽이고

　　싶어런 칼을 쓰고는

　　급히 갈어라 나무 까치는 날러서

　　하늘 밖에 사모치니

　　바로 천 봉오리 만

　　산악을 통과해 가도다

　　(般若劍兮殺佛祖 吹毛用了急須磨 木鵲飛翔徹天外 直透千峯萬嶽去)

　　佛紀 2535年 辛未年 4월 3일 西翁

③ 인가

　『반야심경』 게송을 받든 날, 나는 카메라 필름 한통에 스님의 사진을 담았다. 웬일인지 스님과 혹시 마지막일지도 모른다는 생각이 들었기 때문이다. 나는 내내 마음으로 울곤 했다.

　그리고 다시 1년의 세월이 흘렀다. 되돌아보면, 이 당시 심신이 지칠 대로 지쳐 70kg의 몸무게가 57kg 정도로 바싹 말라 갔고, 공부의 무게는 모두 발산되어 1g도 안될 정도였을 터이니. 나는 죽음도 무방하다는 생각이 자연스럽게 들곤 하였다.

　가을 백운암으로 스님을 뵈려가고 있었다. 봄에 찍었던 스님의 진영을 확대하여 가지고 조실을 찾았다.

"오, 너 왔구나. 가지고 온 것은 뭐냐?"

"예, 스님의 진영입니다. 제 마음에 썩 들어서 한 장 크게 뽑았습니다."

하며 20호 크기의 스님의 진영을 내 놓자 '거참 천진하게 되었구나'하시며 기뻐하셨다. 갑자기 스님께 나도 모르게 물었다.

"스님, 저가 만약 마지막 참문제자로 너의 스승 서옹의 진면목眞面目이 어떻더냐고 묻는 사람이 있다면 저는 어떻게 대답해야 되겠습니까?"

말이 떨어지자 말자 스님은 벌떡 일어서시며 나를 의미심장히 보며 외쳤다.

"너, 반야 있잖냐? 반야 말이야. 나는 반야다 반야야."

움추린 스프링이 튀 듯이 지금도 잔음殘音이 남도록 고유한 가늘고 긴 소리, 나를 꼼짝할 수 없도록 몰아갔다. 나는 이제는 속지 않는다 하는 마음으로 조용히 일어서서 스님을 부축하며 말씀을 드렸다.

"선지식이 중생들에게 그렇게 어렵게 법문을 하시며 누가 알아듣겠습니까? 스님 진중하십시오."

"그래, 그럼 너는 어떻게 말할 거냐?"

언하言下에 전광벽력電光霹靂과 같이 외쳤다.

"나도 반야다. 나도 반야야."

스님은 나를 한 참 보시더니 크게 웃으시며 말씀하셨다.

"넌, 역시 반야를 잘 숙지하고 있구나. 그러할 뿐이다."

대략 더듬어보니 스님께 참문한 지 7년이란 세월이 갔고, 조사 앞에 머리 숙여 서래밀지西來密旨를 물은 지 꼭 일곱 번째가 될 때였다.

서옹당 상순 대종사님의 간절 노파심은 이와 같았다.

다시 한 해가 가고 여름 어느 날 새벽 4시경 혼곤한 잠 속에서 스님의 전화를 받는다.

"취현이여, 나 아마 5일 정도에는 일본에 가야 할 것 같아. 가슴이 영 좋지 않아. 아마 수술을 할지도 모르지."

힘이 없는 목소리. 피곤하게 느끼는 목소리가 전화를 타고 들려왔다.

이날 나는 새벽 6시 버스를 강릉에서 타고 곧 바로 스님에게로 달려갔다. 한 여름이 막바지인 8월 말일인 듯싶다.

10시 쯤 백운암 조실에 드니 제주도에서 올라온 법화원에 계시는 시몽스님이 앉아 있고, 당시 스님의 시자가 있은 듯하다. 스님은 반가워하시며 나에게 몇 가지 물건을 주시며 징표로 삼으라고 하셨다.

고방선사의 『표주 벽암록』과 스님 직접 친필로 현토하신 『신심명』. 수처작주隨處作主라고 쓴 스님의 대필 글씨, 스님이 직접 수결 낙관한 스님의 저서 서옹연의 『임제록』 그리고 백양사 법맥을 인쇄한 계보 첩. 그리고 「시 송월조거사 示 宋越祖居士」라고 쓴 진리의 노래를 주셨다. 그 게송은 아래와 같다.

송월조거사에게   示

마음을 열어보이다   宋越祖居士

부처와 조사를 초월하니   超佛越祖是眞人

이 사람이 진인이다

면밀한데서 일보 이동하니   密移一步見飛龍
날으는 용을 보도다

진리의 향주머니를 따서 깨드리니   摘破香囊熏大國
온 나라가 훈훈하고

하늘 틈을 버선목 뒤집듯 열으니   撥開天窺吼淸風
맑은 바람이 울부짖도다

임신년 8월 15일 서옹   壬申八月十五日 西翁

게송을 주시며 말씀하셨다.

"내가 네 이름을 하나 지었지. 월조야, 월조."
옆에 잠자코 있던 시몽 스님이 '월조는 달월 비칠 조자입니까' 하고
물으니 스님께서 '아니야 뛰어넘을 월자에 할아비 조자야' 하시었다.

④ 참회

아! 돌이켜보면 조사께서 나투신 간절 노파심이 이토록 지극하셨
는데, 스님의 뜻을 전혀 받들지 못한 나는 오늘도 이렇게 허무맹랑虛
無孟浪하게 살고 있지 않는가.
스님이 이르신 직절直截의 말씀, 끝내 가르쳐주지 않은 그 직절의 말
씀. 부처와 조사, 천하의 선지식도 말씀하지 않은 그 말씀을, 오늘 전

매스컴을 통해 세간에 또 한 번 열반의 소식을 전하니 눈 있는 자 듣고 귀 있는 자 볼 뿐입니다. 이제 비로소 소생 월조 다시 참회합니다.

『금강경』에 이르기를,

> 만약 모습으로 나를 보려 하거나
> 음성으로 나를 구하려 하면
> 이 사람은 삿된 도를 행함이니
> 여래를 보지 못하리라.

하신 것과 같이 스님의 가르침은 무릇 이와 같았습니다.

> 참사람, 無間地獄에 들다

— 선법사 서옹대화상 찬

> '극락에서 무간지옥으로 들었다 해도,
> 무간지옥에서 극락으로 가셨다 해도,
> 무간지옥에서 무간지옥으로 옮기지 안했다 해도
> 부족합니다.
> 실눈을 잘게 뜨신 참사람이
> 걸음도 당당하게 무간지옥에 들고
> 가없는 광명의 하늘 틈이 펼쳐집니다.
> 무간지옥이 된 눈먼 당나귀

몰록,

일할—喝을 바칩니다.'

Ⅲ

4. 깨달음에 관한 몇 가지 단상

1) 유식론의 입장에서 본 깨달음

5온 12처 18계를 3과라 지칭하며, 이는 생멸의 세계 모두를 말한다. 이것은 의식계를 말하며 표피식이다. 곧 안이비설신을 전 5식이고 의식은 제6식이다.

프로이트의 무의식은 7식 말나식과 배대된다. 무의식(말나식)은 6식인 의식과 8식인 아뢰야식 사이에 있다. 구마라집의 구역에 의하면 아뢰야에서 아阿를 짧게 발음하면 무無가 되며 뢰야는 소멸의 의미니 곧 '소멸되지 않는' 불멸의 식을 말한다. 그리고 신역인 현장식으로 말하면 아阿를 길게 발음하면 '감춘다' '저장'을 의미하므로 장식藏識 함장식含藏識이라고 한다.

깨달음은 무의식을 타파하고, 무의식을 뛰어넘어 불멸의식인 함장식마저 초월할 때 돈오라 한다.

'향상의 일로는 은산철벽과 백척당간 위에(向上一路 銀山鐵壁 百尺竿頭) 서 있는 경지인 공적한 현묘처에 머물 때, 승묘경계勝妙境界라 하며 선문에서는 8마계라 하여 극히 경계警戒를 한다. 여기서 백척간두진일보百尺竿頭進一步하라, 이것이 바로 확연무성廓然無聖의 경지다.

백척간두진일보한 다음에 나타난 세계는 천하가 모두 진금眞金이다고 선사들은 노래하고, 〈십우도〉에서는 아홉 번째, 반본환원返本還源하여 실상본지에 든다. 지혜가 자비며 자비가 지혜이어서 바로 보살행이니, 「십우도」에 말하는 입전수수入廛垂手의 세계로 든다.

2) 修證에 관한 보조의 충고와 성철의 고창

(1) 깨달음의 문제

보조는 「수심결」 서두에 아래와 같이 설하였다.

"슬프다, 이제 사람들은 어리석어서 자기의 마음이 참 부처인줄 모르고 자기의 성품이 참 진리인 줄 몰라서 진리라면 항상 멀리 성인들에게서만 구한다. 부처를 찾으면서도 자기의 마음을 관하지 않는다."

— 『보조법어』「수심결」, 김탄허, 76~77쪽

보조는 마음이 진리이며 수증은 마음에 즉하여 닦는 것이 무엇보다 중요하다고 보았다. 그래서 진리는 이 마음, 즉 이 몸을 떠나서 있지 않다. '절막외구切莫外求' 이 말은 깨달음을 찾는 보조의 절대 교훈이다.

보조는 마음을 공적영지空寂靈知한 바탕으로 보았다. 이것은 일체의 기관[6根]이 끊어진, 일체의 경계[6境]가 끊어진 공적한 것인 동시에 모든 것은 실상을 밝게 여시하게 비추어 볼 수 있는 신령스러운 지혜[慧]의 바탕이다. 곧 마음은 선의 근원[本體]이며 선의 행위[應用]이다. 이것은 공즉시색 색즉시공의 수증[修證]이어서 본체와 응용이 둘이 아닌, 마음은 원만원융한 하나의 구球가 된다.

보조는 아래와 같이 말한다.

"처음 발심해서 부처가 되기까지 오직 적寂과 지知뿐이라 변하기도 끊어지지도 않지만 다만 그 지위를 따라 이름이 조금씩 다르다."

— 『보조법어』「정혜결사문」

이 법어는 보조의 돈오점수를 주창하는, 곧 깨달음을 단계별로 수증됨을 뜻한다. 마음이 적지寂知한다 함은 체體와 용用, 혜慧와 행行 하나임을 말한다.

보조는 참선납자에게 권하는 절대원칙은 '불타공적 불대수연不墮空寂 不滯隨緣'으로 압축된다. 보조가 늘 견지하는 것은 선오후수先悟後修이며 돈오점수頓悟漸修이다.

보조가 보는 깨달음의 내용은 그의 「수심결」에 잘 나타나 있다.

"돈오란 범부가 미혹했을 때, 사대를 몸이라 하고 망상을 마음이라 하여, 자기
의 성품이 참 법신인 줄 모르고 자기의 신령하게 아는 것이 참 부처인 줄 모른다.
그래서 마음 밖에서 부처를 찾아 물결 따라 이리저리 헤매다가 선지식의 안내로
바른 길에 몰록 들어 한 생각에 빛을 돌이켜 자기의 본래 성품을 본다. 이 성품
에는 원래 번뇌가 없고 온전한 지혜의 성품이 본래부터 스스로 갖추어져 있어서
일체 제불과 조금도 다르지 않는 까닭에 돈오라고 한다."

— 『보조법어』「수심결」, 86쪽

이것은 공적영지空寂靈知한 마음에 대해 눈뜸을 이른다. 곧 마음이
부처임을 안다. 여기서 중요한 것은 망념은 본래 없는 空한 것이라
는 확인과 확신이다. 진심은 가져야 하고 망념은 버려야 한다는 생
각, 이것은 '진眞 / 망妄'의 이원적인 대립이 온다. 여기서 보조는 오염
된 마음을 닦는 수행은 바로 망념 자체가 공함을 알면, 자연 일도양
단된 마음이 원융해진다.
보조의 돈오점수는 〈법집별행록절요병입사기〉에서 이 대목을 우
리에게 이렇게 일러준다.

"비록 점진적으로 수행한다하나 먼저 번뇌는 본래 없는 것이요, 심성은 본래
청정한 것임을 이미 깨달았기에 악을 끊는데 있어서도 끊어도 끊음이 없고, 선
을 닦음에도 닦아도 닦음이 없으니, 그래야만 참으로 닦고 끊는 것이 된다."

이런 자기 확신은 심리적인 무한한 에너지가 형성된다. 그러므로
보조는 오후점수인 깨달음 다음의 수증을 강조한다.

보조는 깨달음에 따르는 열매를 「절요사기」에 다음 같이 말하고 있다

"오후점수 문은 다만 번뇌에 물들지 않을 뿐 아니라, 만행을 겸해 닦아 자타를 아울러 구제하는 것이니, 곧 깨달음과 자비행이 원만함을 말한다. 깨친 뒤에 차별지를 중생의 괴로움을 관하고 자비와 서원 마음을 내어 제 힘과 분수를 따라 보살의 도를 행하면 각행이 점점 원만해진다. 이 어찌 유쾌하지 않으리오."

이러한 수행은 보조의 어록을 점검해보면 다음과 같이 요약할 수 있다.

보조가 이르는 정혜쌍수定慧雙修나 정혜등지定慧等持의 의미는 바로 정혜쌍수하여 정혜가 포개어지는 찰나는 바로 정혜가 본래 스스로 무위無爲하고 자성自性을 떠나지 않아서 우리가 본래 정혜등지임을 여는 순간이다.

그러나 이 여는 찰라, 보조는 정혜의 쌍수에서 점차적인 차제를 두고 있음을 읽을 수 있다. 즉 깨달았을 때는 '이치적으로 지혜'[理智] 이며, 이것을 발심수행할 때는 '정혜'라 하며 그 결과 공功과 행行이 둘이 아닐 때를 '보리열반菩提涅槃' 혹은 '적적성성寂寂惺惺'이라(탄허탄허, 『보조법어』「정혜결사문」, 교림, 14쪽)고 정리함을 본다.

성철은 그의 저 『단경지침』에서 이르기를 '정혜가 서로 다르다 하는 이런 견해의 사람은 법의 두 모양이 있다(定慧各別 作此見者 法有二相', 『돈황본단경』, 292쪽)의 해설에서 정혜가 등등等等한 육조의 정혜가 아

니며 육조의 아손인 종문에서는 금기임에도 불구하고 '정으로서 어지러운 생각을 다스리고(以定治乎亂想)' '혜로써 무기를 다스린다(以慧治乎無記)'고 하여 정과 혜를 각각 따로 점수의 방편으로 삼는 것을 육조의 남종선에 대한 반역이다.

그리고 성철은 교가인 점수사상을 버리고, 정혜등지[寤寐一如]에도 화두를 참구하는 정전을 실천해야 한다. 곧 대혜 종고가 오매일여의 경지에 도달하여도 그의 스승 원오는 '언구를 의심치 않음이 큰 병이다(不疑言句是爲大病)'고 경책하여 끝내 대오大悟에 들었고, 태고 보우(太古 普愚)의 유훈인 '오매일여한 때에 점점 이르러도 단지 화두하는 마음을 여의지 않음이 중요하다(漸到寤寐一如時 只要話頭心不離)' 함을 경책으로 해야 한다. 오매일여란 곧 승묘경계勝妙境界에서도 화두를 참구하는데 진력을 다해야 함이니, 이러할진대 순간적이 착각[幻]을 정혜등지로 잘못알고 주장함은 불조佛祖의 전등혜명을 단절하는 외도가 된다고 격렬히 힐난하고 있다. 오직 『단경』을 스승으로 하여 정전의 본분납승이 되어야 하고 이것이 육조가 고창한 내외명철한 단경사상임을 주창하였다.

그럼 어떤 경지이냐 하는 것을 성철은 후대에 추가된 덕이본 『檀經』과 종보본 『단경』의 육조의 게송을 인용하여 이 경지를 드러내고 있다.

곧 마음의 이름이 혜요 곧 불이 이에 정이다	卽心名慧 卽佛乃定
정과 혜가 함께 해야 마음속이 청정하다	定慧等等 意中淸淨
이 법문을 깨침은 너의 습성에 연유함이니	吾此法門 由汝習性

용은 본래 남[生]이 없으니 이것이 바로 쌍수다　　　　用本無生 雙修是正

―육조 혜능(『六祖檀經』「參請機緣」 덕이본·종보본)

쌍수雙修한다 함을 점수로 잘못 판단하는 학자가 있다. 이것은 위의 육조게송과 같이 마음이 청청하여 정혜등등定慧等等한 자성무생自性無生의 경지에서 하는 말이다. 무생에서 쌍수라 함은 적조쌍류寂照雙流라 함과 같으니, 무생을 증득하여 마음속이 청청하면 '자연히 고요하면서 항상 비추고[寂而常照] 비추면서 항상 고요하여[照而常寂] 적조쌍류라고 말하게 된다. 이것이 바로 정혜등등이며 등지等持라고 하는 바 정 가운데 혜가 있고 혜 가운데 정이 있어서 정과 혜가 쌍등쌍수雙等雙修라 한다.

두 분의 주장을 살펴 읽고 요해해량了解海諒하기 바라는 마음으로 옮겨 적는다.

필자가 오직 한 말씀드리면 돈오돈수는 그 이름이 돈오돈수이며 돈오점수 역시 그 이름이 돈오점수라는 『금강경』의 "불설 반야바라밀은 즉비반야바라밀이니 그 이름이 반야바라밀이다"임을 짐작해 본다. 또 첨언하면 보조선은 돈오의 입장에서 해설한 것이 아니라, 당시 승려들의 공부에 맞추어 말한 대기선수행법對機禪修行法이라 보아진다.

3) 『禪要』에 나타난 깨달음

『선요』는 송나라 고봉원묘 선사가 저술한 선서다. 선의 요긴한 점을 기록한 법문집이다. 『선요』는 우리나라 강원 교재로 필독하는 사집(『절요』『도서』『서장』『선요』) 가운데 하나다.

고봉화상의 개당 보설을 살펴보자.

어떤 학인이 물었다.

"여러 곳의 사람들이 한자리에 모여서 / 저 마다 함이 없는 법을 배운다

여기는 부처를 뽑아내는 과거장 / 마음을 비워서 급제해 돌아간다

방거사의 이 오도송에 사람들을 위하는 곳이 있습니까?

고봉선사의 대답.

"있다."

"어느 구절에 있습니까?"

"처음부터 차례차례 물어라."

"어떤 것이 여려 대중들이 한 자리에 모인 것입니까?

"용과 뱀이 뒤섞이고 범부와 성인이 함께 있다."

"어떤 것이 무위의 법을 배우는 것입니까?"

"입으로는 부처와 조사들을 집어 삼키고 눈으로는 하늘과 땅을 덮는다."

"어떤 것이 부처를 선발하는 도량입니까?"

"입으로는 불조를 집어 삼키고 눈으로는 건곤을 덮는다."

"어떤 것이 선불장입니까?"

"동서가 십만 리이고 남북이 팔 천리이다.

"어떤 것이 마음이 공해 급제하여 돌아가는 것입니까?"

"움직임에 옛길이 드러나서 하근기에 떨어지지 않는다."

"그렇다면 말씀마다 분명한 진리이고 구절마다 으뜸가는 도리이겠습니다."

"그대는 어디서 그것을 보았는가?"

이때 학인이 할을 하니 고봉선사가 말씀하였다.

"몽둥이를 휘둘러 달을 치려 하는구나."

그 학인이 다시 말했다.

"이 일은 그만두고, 화상께서는 오늘 여러 사람들이 모여서 선불장이 열렸으니 어떤 상서로움이 있습니까?

"산하대지 유정 무정이 모두 성불하였노라."

"다 성불했다면 무엇 때문에 학인을 성불하지 못했습니까?"

"그대가 만일 성불한다면 어떻게 대지를 성불하게 하겠는가?"

"그러면 학인은 허물이 어디에 있습니까?"

"상주의 남이요 담주의 북이다."

"학인의 참회를 받아주시겠습니까?"

"절 하여라."

학인이 절을 하자말자 선사가 말했다.

"사자는 사람을 물고 개는 흙덩이를 쫓는구나."

고봉화상이 곧 불자를 세우고 대중에게 말했다.

"이것이 바로 선불장選佛場이며 마음이 공해 급제하여 돌아감이다. 영리한 사람이 만일 이 속에서 알면, 바로 방거사의 안심입명처安心立命處를 볼 것이다. 만일 방거사의 안심입명처를 보았다면, 역대 제불의 안심입명처를 볼 것이며, 또한 자신의 안심입명처도 볼 것이다. 자기의 안심입명처를 보았다면 주장자를 꺾어버리고, 자기의 참선처에서 쌀알 없는 밥을 먹고 국물 없는 국을 마시며 다리를 펴고 잠을 자며 한가로운 세월을 보낼 것이다.

그러나 만일 종과 상전을 분간하지 못하거나, 콩과 보리를 구별하지 못한다면, 허공에다 한 줄의 上大人을 써 놓고 여러 대중들로 하여금 그 본에 의해 고양이를 그려야 한다."

※ 앞의 '보조의 깨달음'에 관한 발췌한 인용문은 보조 사상이 돈오점수적 내용이라 하면, 뒤 '선요에 나타난 깨달음'은 돈오돈수의 깨달음 곧, 조사선의 전통인 6조 혜능의 '돈오돈수 역무첨차頓悟頓修亦無漸次'의 사상으로 보아 보조는 점수를 수용했다고 할 수 있다.

그러나 필자가 보기로는 보조 역시 상근기에게는 돈오돈수를 설하면서 근기에 맞추어 돈오한 후 점수를 권하고 있다. 이것은 보조의 말년 저술「圓頓成佛論」나「看話決疑論」에 의하면 돈오돈수에 대한 확실한 깨달음에 이르렀음을 알 수 있다. 그러나 보조 당시 고려 승단의 나태함이나 승려들의 깨달음에 대한 퇴굴심을 익혀 보았으므로, 정혜결사라는 새로운 참 불교운동을 전개하였다. 보조로서는 '돈오돈수 역무점차'라는 선종의 정통사상을 역행한 것이 아니라, 돈오돈수로 사람의 근기에 따라 돈오점수를 수용하였다고 보아진다.

사후에 밝혀진「간화결의론」에 의하면, 보조가 『대혜어록』을 읽고 그 간화선을 긍정적으로 받아들이고 크게 선양하므로 우리나라에 간화선을 크게 유통시켰다고 할 것이다. 그 내용은 '말을 여의고 생각이 끊어진 실상본지를 실증하는 최상의 지혜를 증장하는 경계를 아낌없이 천명하고, 조동종의 묵조선에 비유해 간화선은 활구선活句禪이며, 북종의 신수의 점수선漸修禪에 대해 간화선은 돈오선頓悟禪이며, 천태교관의 의리선義理禪에 대해 간화선은 격외선格外禪임을 밝히고 있다.

4) 선과 양자물리학의 배대

좀 더 현대적이고 논리적인 접근을 위하여 양자물리학 이론과 선을 같이 살펴보자.

고체가 기체로 전환할 때 고체인 먼지 입자와 아원자亞元子 입자를 비교할 것 같으면, 먼지 입자는 고체 즉 물체이다. 그러나 아원자 입자는 물체라 할 수 없다.

양자역학에는 아원자 입자를 양자量子guantum인 '존재하는 경향(tendencies to exist)' 혹은 '일어나는 경향(tendencies to happen)'으로 존재한다. 곧 아원자 입자는 양자이며 양자는 어떤 것은 양量이다. 많은 현대물리학자들은 우주의 궁극적 질료를 찾으려는 노력을 하고 있다. 그러나 이것은 환상일 수 도 있다. 아원자 수준에서서는 질량과 에너지가 끊임없이 서로 변환한다. 입자물리학자들은 질량이 에너지가 되고 에너지가 질량으로 변환하는 현상에 너무 익숙하여 으레이 입자의 질량을 에너지 단위로 측정한다. 이것은 엄격히 말해서 아인슈타인의 특수상대성이론에 따르면 질량은 에너지고 에너지는 질량이다. 곧 하나가 있는 곳에 다른 것이 있다.

선에서는 이것을 궁극적 실제實在, 바로 공空이며 이 공은 쉽게 아원자 물리학의 양자장과 비교되어진다. 공인 장場은 한없이 다양한 현상을 낳으며, 동시에 보존하면서 다시 거두어들인다. 결국 물질적 현상[色]과 본질의 순수함[空]의 관계는 동일 실재의 양면성으로서 공존하면서 끊임없는 협력관계 속에 존재한다. 이러한 반대되는 개념들이 하나의 단일한 전체로 융합되는 것은 『반야심경』에서는 "색즉시공 공즉시색 색불이공 공불이색(色卽是空 空卽是色 色不異空 空不異色)"이라 말한다.

아인슈타인은 오랜 연구 끝에 중력장이론과 양자장이론은 둘 다 소립자들이 그것들을 둘러싸고 있는 공간으로부터 분리될 수 없고, 또 그것들은 그 공간의 구조를 결정하는 반면에 독립된 실체로서 여겨질 수 없고, 전 공간에 미만해 있는 연속적인 장場의 응결임을 밝혔다.

장場이론에 따르면 진공이란 완전히 비어 있는 것이 아니다. 그 반대로 그것은 끝없이 생겨나고 사라지는 무수한 입자들을 함유한다. 이런 이론은 바로 우리가 탐구해온 선불교와 현대물리학이 같이 보는 부분이다. 그러나 선불교에서는 이것은 이론이 아니라 실재임을 제조사들이 천명한다.(F. Capra, 이성범 · 김유정 역, 『현대물리학과 동양사상』 범양사, 1979, 247~248, 251, 254, 262~263쪽 부분 발췌인용)

현대물리학에서 말하는 아인슈타인의 장이론을 보자.

"양자장量子場은 근본적인 물리적 실체인 공空으로 여겨지며 공간의 어디에

나 있는 연속적인 매체로 여겨진다. 소립자들은 단지 그 장場의 국부적인 응결에 불과하다. 즉 에너지의 집결로서 그것들은 왔다가 가버림으로서 특성이 상실되고 바닥의 장으로 융합된다.(空卽是色 色卽是空의 분석적 입장) 아인슈타인의 말에 의하면 "우리는 물질이라는 것을, 극도로 강하게 집중된 공간의 영역들에 의하여 성립된 것이라고 볼 수 있다. 이와 같이 새로운 물리학에서는 장과 물질의 양자量子를 위한 것이 있을 수 없다. 장場(空)이 유일한 실재이기 때문이다.

— M.Capek, The philosophical Impact of Contemprary Physics. p.319

　*선불교 견지에 있어서도 모든 현상들을 떠받치고 있는 실재(본체, 공)는 어떠한 형태도 초월하고 있으며 어떠한 묘사와 상술로도 설명이 불가능하다. 그리하여 그것은 종종 무형無形, 공空 또는 허虛라고 일컫는다. 그러나 이 공은 단순한 무無로 생각되어서는 안 된다. 오히려 그것은 모든 형태의 본질이며 모든 생명의 원천이다. 그리하여 동양의 신비주의 공은 쉽게 아원자 물리학의 양자장과 비교될 수 있다. 양자장처럼 그것은 한 없이 다양한 현상을 낳으며 그것을 보존하면서 결국엔 다시 거두어들인다.(色卽是空 空卽是色의 원리)

　*아인슈타인의 중력장重力場이론과 양자장이론은 둘 다 소립자들이 그것들을 둘러싸고 있는 공간으로부터 분리될 수 없음을 밝혀주었다. 한 편 그것들은 그 공간의 구조를 결정하는 반면에 독립된 실체로서 여겨질 수 없고 전 공간에 미만해 있는 연속적인 장의 응결로서 이해해야 한다. 가상적 소립자들과 진공眞空의 관계는 본질적으로 동적動的관계다. 진공은 진실로 생성과 소멸의 끝없는 리듬으로 고동치는 〈살아있는 空〉이다. 진공의 동적인 성질의 발견은 많은 물리학자들에 의하여 현대물리학에서 최고로 중요한 발견의 하나로 간주된다. 물리적 현상을 담는 빈 그릇으로부터 공은 이제 가장 중요한 동적인 양으로 나타

낯다.

— F. Capra, 이성범 · 김유정 역, 『현대물리학과 동양사상』 「14. 공과 형상」 범양사, 1979

5) 垂示 本則 拈頌 着語 評唱으로 드러낸 禪의 公案

詩話 : 염화시중의 미미소(拈花示衆 微微笑)

부자가 함께 모일 큰 자리를 벌이고	抛他祖父大家筵
꽃가지 든 것을 바른 전법으로 삼았네	拈出花枝作正傳
피해 입은 후손들이 몹시도 가난해서	帶累兒孫貧到骨
할미의 옷 빌려 입고 할미에게 세배하네	借婆裙去拜婆年

— 열재거사, 『선문염송』 제5 「염화미소」

선의 근원을 말할 때 자연 석가모니께서 마음을 전한 세 곳의 이야기, 곧 첫째, 다자탑전 분반좌多子塔前 分半座이고 둘째가 영산회상 거염화靈山會上 擧拈花, 셋째가 쌍림수하 곽시쌍부雙林樹下 槨示雙趺라 하여 선종이 석가세존으로부터 전등된 근거로 삼는 이야기다.

인류의 정신 유산 중 가장 미묘한 선은 한 송이의 연꽃과 한 번의 미소에서 탄생되었다. 삼처전심 중 오직 염화시중 미소만이 출처가 분명하지 못하나, 얼마나 낭만이 있고 멋스럽고 아름다운가는 이야기를 접해 본 사람이면 바로 직감하게 된다. 선의 멋은 선화가 정말이냐 거짓이냐에 있는 것이 아니다. 염화시중의 미소가, 선 이야기가 우리에게 전수되어지면서 만들어졌다 해도 이것은 아주 정확하게 선의 정곡을 찌른 이야기다.

위의 게송 1행에서 '부자가 함께 모일 대연회를 베푼다'는 인위적이 아니어서 마침이 없고, 만들어진 것이 아니라 시작이 없어서 석가모니와 가섭이 베푼 이 연회는 인류를 위한 세세연연世世緣緣 이어지는 연회다. 이 연회장은 천하에 눈 있는 자들이 뛰어 노는 곳이다. 현금의 정리된 단어로는 공空, 도道, 진리, 필드field, 화엄법계, 양자물리학의 통일장統一場과 같은 느낌을 받는다.

이 연회에 한 번이라도 참석한 사람들은 이곳은 진수성찬과 가무음주가 끝이 없음을 알게 될 것이다. 2행의 '연꽃을 들어 보임, 그저 연꽃을 들어 보였지. 전법은 무슨 전법, 여기 몰록 들어가야지 무얼 또 사량하는가!' 이리하여 3행에 '피해 입은 후손 몹시도 가난하여'란 말은, 본래 있던 이 대연희장을 특별한 장소인양 알고 찾아 헤맨 후손들, 뼈저리게 마지막 공부에 이르렀다는 뜻이다. '몹시도 가난'이란 말은 '정녕 더 버릴 것이 없다' '한 물건도 없다'는 말이니, 공부가 근저根底에 들어왔다는 의미다. 4행은 더 이상 가난해질 수 없다. 바로 가난 자체가 된 선시적 수사법상 사물에 선시의 무한실상을 지칭한 것이니, 곧 선가에서 계합이니, 노호불허회老胡不許會 등의 선어로 말하는 부분이다. "할미의 옷 빌려 입고 할미에게 세배하네(借婆裙去拜婆年)"라는 4행이야말로 언어도단言語道斷하고 이언절려離言絶慮의 소식이다. 이 소식은 우리에게 시간과 공간을 앗아간다. 적기賊機한다.

『금강경』 제17 「구경무아분」 경문에 대하여 야보 도천(冶父道川)은 게송으로 뜻을 밝혔는데, 위의 게송 4행과 같이 읽힌다. 「야보송」을 분석하여보면 자연 이 게송의 마지막 행이 드러난다.

소라고 부르면 곧 소요,   喚牛卽牛

말이라 부르면 바로 말이다   呼馬卽馬

노파의 적삼을 빌려서 노파의 문 앞에 걸어둔다   借婆衫子拜婆門

예의의 차림은 이것으로 넘친다   禮數周旋已十分

대 그림자 댓돌을 빗질해도 먼지 하나일지 않는다   竹影掃階塵不動

달은 연못을 뚫어도 수면에 혼적 하나 없다   月穿潭底水無痕

ㅡ 야보 도천

그렇다. 아무리 소를 부르고 말을 부르고 모든 이름을 부른다 해도 알맞지 않을 뿐, 설사 한 물건이라 해도 곧 맞지 않다. 또 마음이다 진리다 공이다 해도, 마음이 아니고 진리가 아니고 공이 아님이 분명하니 그냥 일물一物이라 해도 일물이 아님이 분명하다.

이것은 진리를 아는 것은 말할 수 있는 차원이지만 진리 당처와 만난다 할 때는 이미 주객이 분리된 이해 차원으로 떨어진다는 것. 그래서 위의 게송 4행과 같이 "피해 입은 후손들이 몹시도 가난해서 / 할미의 옷 빌려 입고 할미에게 세배하네(帶累兒孫貧到骨 借婆裙去拜婆年)"로, 야보는 "노파의 적삼을 빌려서 노파의 문 앞에 걸어둔다 / 예의의 차림은 이것으로 넘친다"라고 노래할 수밖에 없다. 이런 수사법이야말로 선시의 적기수사법賊機修辭法이다.

6) 〈염화시중 미미소〉의 공안 펼쳐 읽기

선종에서는 선의 기원을 말할 때, 삼처전심三處傳心을 얘기한다. 석가세존으로부터 선의 밀지가 그의 법제자인 가섭에게 부촉한 세 곳의 선화를 삼처전심이라 한다.

첫째가 다자탑전 분반좌(多子塔前 分半座)이고 둘째가 영산회상 거염화(靈山會上 擧拈花), 셋째가 쌍림수하 곽시쌍부(雙林樹下 槨示雙趺)라 하여 선종이 석가세존으로부터 전등된 근거로 삼는 이야기다. 이 삼처전심의 첫 번째 이야기인 '분반좌'는『아함경』「중본기경」대가섭 시래품에 기록되어 있다. '세존이 사위국기수급고독원 야외에 있는 다자탑 앞에서 설법을 할 때, 수많은 대중이 운집하여 있었다. 멀리 두타행을 떠났다가 가섭이 늦게 돌아오자 가섭에게 설법을 하던 법좌를 나누어 앉게 했다'는 내용이다. '곽시쌍부'는『열반경』「후분기 감다비품」에 '세존께서 45년간 중생교화를 마치고 구시라성 사리쌍수 아래서 입적을 하시었는데, 수제자인 가섭이 세존의 열반에 임종을 못하였다. 먼 곳에서 두타행 도중에 부음을 듣고 돌아와서 세존의 관아래 꿇어 앉아 '세존께서 평소 말씀하시기를 "나는 무상을 초월하였다" 하시더니 어찌하여 이렇게 돌아가셨습니까?' 하니 세존께서 두 발을 곽 밖으로 내밀어 보였다'고 기록되어 있다. 그러나 '염화미소'는 대장경에 있는 어떤 경에도 전거가 없다. 다만『대법천왕문불결의경』에서 나왔다고 하나 이 경전 자체가 근래에 와서 위경僞經으로 밝혀짐으로써 출처가 불확실하다.『보림전』(801),『지월록』,『인천안목』,『무문관』,『오등회원』,『광등록』,『연등회원』등은『보

림전』의 내용을 계승하였고, 『전등록』, 『벽암록』, 『전법정종기』에
는 실리지 않았다.

내용은 '영산에서 설법을 하려하던 세존께서 아무 말 없이 연꽃을
드니 일체 대중이 그 뜻을 몰라 어리둥절할 때, 오직 가섭만이 미소
를 지었고 이에 세존께서 말씀하기를 "나는 정법안장과 열반에 이르
는 말할 수 없는 미묘한 통찰력이 있습니다. 열반은 무형의 모습을
지닌 신비스러운 형상에 대한 관문을 여는 것이며, 문자로써 알 수
있는 것이 아니며, 모든 경전 밖의 묘법으로 전달되는 것입니다. 이
비법을 이제 마하가섭에게 부촉하고자 합니다(吾有正法眼藏 涅槃妙心 實
相無相 微妙法門 不立文字 敎外別傳 咐囑摩訶迦葉)"라고 세존이 가섭에게 전
법함이 구체적으로 기록되어 있어, 『법화경』에 '영산설법靈山說法 천
우사화天雨四花'나, 『열반경』에 '오유전법안장 부촉마하가섭 吾有正法眼
藏 咐囑摩訶迦葉'과 같은 경문이 있는 것으로 보아, '염화시중'과 같은 구
체적인 선화로 차츰 발전된 것으로 보인다.

부자가 함께 모일 큰 자리를 벌이고	抛他祖父大家筵
꽃가지 든 것을 바른 전법으로 삼았네	拈出花枝作正傳
피해 입은 후손들이 몹시도 가난해서	帶累兒孫貧到骨
할미의 옷 빌려 입고 할미에게 세배하네	借婆裙去拜婆年

— 열재거사

세존께서 기사굴산(영산, 영축산)에서 설법을 하는데 하늘에서 청 황 적 백 네
가지 연꽃이 내리거늘, 세존께서 그 꽃을 대중에게 들어 보이니 가섭이 빙그레

웃었다. 세존께서 말씀하시기를 "나에게 정법안장이 있는데 마하가섭에게 전해
주노라"

世尊 在靈山說法 天雨四話 世尊 遂拈花示衆 迦葉微笑 世尊云 吾有正法眼藏 付
囑摩訶迦葉

— 『선문염송』 제1권 5칙[2] 「염화미소」

선의 근원은 『선문염송』에 나타나 있듯 석가가 "나에게 정법안장
이 있는데 마하가섭에게 전해 주노라" 하는 이 한 마디로 거슬러 올
라간다. 그리고 『선문염송』 5칙 「염화미소」에 대한 후대 선객의 게
송[3]이 무려 23수와 염 9편이 실려 있다. 이 가운데 열재거사의 게송
을 옮겨 『발가숭이 어록』 제1화의 본칙으로 삼는다.

---

2 則은 선화를 선적 술어로 일컫는 말. 고칙 본칙 공안 등으로 표현되어지며, 전형 모범 귀감 등과
   같다. 『벽암록』의 구성을 예들면, 垂示(시중이니 본칙에 대한 서문) · 本則 · 頌(선시) · 著語(선
   시에 각 구를 나누어 붙인 註) · 評唱(본칙과 頌 혹은 고사를 통 털어 밝힌 평설)의 5강목으로 되
   었다.

3 게송의 어원은 산스크리트어 gata로서, 불교와 같이 중국으로 들어와서는 가타(伽陀), 게타(偈
   陀)로 음역되었고, 게(偈), 송(頌) 두 자를 합쳐서 게송(偈頌) 혹은 선게(禪偈)라 의역되었다. 이
   것은 『詩經』의 「詩經六義」 가운데 송에 해당하기 때문이다. 六義를 밝히면 다음과 같다.
   興 : 어떤 것을 알리고자 다른 사물이나 狀況을 끌어와 비교하게 하여 은연중에 알게 하는 시문체
       의 일종.
   賦 : 직설. 뜻하고자 하는 것을 서슴없이 바로 읊는 시문체.
   比 : 상호 비교하면서 시를 전개시키는 시문체.
   風 : 서로 다른 지방의 풍속이나 민요.
   雅 : 궁중의 아악을 위한 가사체의 시문.
   頌 : 성왕을 칭송하기 위한 운문과 종묘재나 외국의 사신을 영접, 또는 군악대를 위한 가사체의
       시문
   위의 여섯 가지 시문체 가운데, gata는 송에 해당하므로 자연 偈頌, 頌이라 불렸다. 그러나 게송
   은 형식상으로는 한시의 엄격한 율격을 나타내고 있으나, 내용면으로는 한시의 송과는 현격한
   차이를 보인다. 곧 gata는 언어를 빌려 언어 밖의 현묘한 理趣를 읊고 있다. 바로 不立文字 敎外
   別傳 直指人心 見性成佛의 선문의 종지를 表詮하기 때문이다. 선사들은 "풍류가 되지 않는 곳
   에 오히려 풍류가 있다"(不風流處也風流 — 벽암록)고 노래하고, "한 말 한 획의 모든 마음이 부처
   와 조사의 근원에서 흘러 나왔다"(片言隻字皆流出佛祖之淵源 — 종용록)고 말한다.

선의 기원은 모호한 전설과 상상의 확연함으로 우리에게 더욱 생생히 다가온다.

『선문염송』 5칙은 우리에게 선의 근원, 그 도화선은 한 송이 연꽃과 한 번의 미소에서 탄생되었다고 일러준다. 삼처전심三處傳心 가운데 오직 '염화시중 미소'만이 전거가 분명하지 않다. 그렇지만 우리에게 꿈과 낭만을 준 멋스럽고 아름다운 이 이야기를 접해 본 사람들은 누구나 직감하게 된다. 선의 멋과 생명은 선화가 정말이냐 거짓이냐에 있지 않음을.

'염화시중의 미소'가 우리에게 전수되어지면서 만들어졌다 해도, 이 이야기는 아주 정확하게 선의 정곡을 찔렀다고 본다. 어쨌든 — 선은 미소 짓는 한 송이 꽃이 피어나는 미소를 머금는다고 보는 아름답고 매혹적인 이야기 — 이 이야기야말로 선의 핵심이 아닌가.

위의 선시를 음미하기 전에 우리는 선에서 말하고자 하는 사상적 특질로 기인하는 언어 초월에 관하여 명확한 이해가 있어야 선시의 온전한 이해와 감상에 닿을 것이다.

선의 사상적 특질, 곧 선문의 종지를 흔히 불립문자不立文字 교외별전敎外別傳 직지인심直指人心 견성성불見性成佛[4]로 표현한다. 문자는 언어를 표기하는 수단인 만큼 이 선의 특질은 특히 언어 초월을 강조

4　오늘날 전승되는 남종 조사선의 종지라 할 수 있는 이 사구게는 어느 경전에 출처가 있는 것은 아니지만, 근거는 『능가경』 권3에 "一字不說"과 『대품반야경』 권7의 "일자불설" 혹은 "無字無說" 등에 나타난다. 석가모니의 처음 가르침으로 돌아가자는 초기 선종의 이슈였다. 곧 불교의 근본정신에 복귀하자는 실천불교로서 황매현 쌍봉산 일대와 강서, 호남 지방의 산사에서 일어난 대중적인 불교운동이다. 학자들의 연구에 의하면, 혜능 당대에 완성된 말은 아니나 후대에 점차적으로 혜능의 법손에 의해 제작되었음이 확실시된다.

한다. 이것은 초기 선의 소의경이라 할 수 있는『능가경』이나, 남종
선의 소의경이라 할『금강경』도처에 천명하고 있다.

> 어느 날 밤에 정각을 이루고
>
> 어느 날 밤에 열반에 들지만
>
> 이 두 중간에서
>
> 나는 아무 것도 말한 바가 없다[5]

　석가모니는 정각을 이루고 열반에 들기까지 45년 동안 8만 4천 법
문으로 지칭되는 대기 설법對機說法을 남겼다. 그러함에도 불구하고
"나는 아무 것도 말한 바가 없다"고 자신이 말한 바를 부정하고 있는
이 게송은 분명 언어초월 사상을 역설적으로 강조하고 있다. 또 남
종선의 소의경인『금강경』에서는 정하여진 정상성定相性을 부정할
뿐 아니라, 모순적 어법인 역설을 사용하여 관습적인 고정관념을 깨
뜨리며, 세계가 숨기고 있는 존재를 개시하고 있다. 이러한 언어 초
월 사상은 석가모니의 초기 근본경전인『아함경』[6]과『금강경』제7
「무득무설분」과 제8「의법출생법」외에 경전 도처에 나타난다.[7]

　＊ 결정된 내용이 없음을 여래께서 말씀하셨습니다. 왜냐? 여래가 말씀하신 진

5　『입능가경』제5권「불심품」, 동국역경원, 131쪽.『입능가경』의 一字不說이나『대품반야경』의
　　無字無說은 선의 사상적 특질이라 할 수 있는 "불립문자 교외별전 직지인심 견성성불" 사구게의
　　언어초월사상의 근거를 제시한다.
6　『雜阿含經』12卷「因緣經」,『한글대장경』, 동국역경원, 344~345쪽 참조.
7　송준영,『표현방법으로 본 선시 연구』, 청송출판사, 2001, 7~8쪽.

리는 취할 수도 없고, 진리도 아니고, 진리 아닌 것도 아니기 때문입니다. 모든 깨달은 현인과 성인은 상대의 세계를 빼어난 함이 없는 절대법 가운데 차별이 있기 때문입니다

　　無有定法 如來可說 何以故 如來所說法 皆不可取 不可說 非法 非非法 所以者何 一切聖賢皆以無爲法 而有差別.

— 『금강경』「無得無說分」第7

　　* 여래가 말한 제일반야바라밀은 곧 제일반야바라밀이 아니고 그 이름이 제일반야바라밀이다.

　　如來說 第一般若波羅蜜 卽非第一般若波羅蜜 是名第一般若波羅蜜.

— 『금강경』「依法出生分」第8

　　선시의 백과사전이라 할 수 있는 고려시대의 간행된 수신사 2세 국사인 혜심은 『선문염송』 서문에서 더 한층 선의 특질을 명료하게 천명하고 있다.

　　세존과 가섭 이후에 대대로 이어받아 등불과 등불이 다함이 없이 차례차례 비밀히 전함으로써 바른 전법을 삼으니, 바르게 전하고 비밀히 준 자리는 말로서 표현치 못할 바는 아니나, 말로는 미치지 못하는 바가 있기 때문에 비록 가리켜 보이는 일이 있어도 문자를 세우지 않고 마음으로써 마음을 전할 뿐이었다.

　　그렇거늘 일을 좋아하는 이들이 그 행적을 억지로 기억하여 책에 실어서 지금까지 전하니, 그 거친 자취야 소중히 여길 바가 아니나 흐름을 더듬어 근원을 찾고 끝에 의거하여 근본을 아는 것도 무방하리니, 근원을 얻은 이는 비록 만 갈래

의 다른 말이라도 맞지 않는 일이 없고, 이를 얻지 못 이는 비록 말을 떠나서 간직한다 해도 미혹하지 않는 일이 없으리라.

— 설봉학몽 현토, 『선문염송』, 불서보급사, 1979, 1쪽

이상으로 우리는 선의 사상적 특질과 선이 표현하고자 하는 것은 간택심을 초월한, 불립문자不立文字가 아닌 불리문자不離文字로서의 언어 초월사상을 간략하게나마 읽을 수 있다. 따라서 선문에서는 그 뜻을 드러내기 위하여 문자를 무시하지 않고, 여러 곳의 선원에서는 징徵, 염拈, 대代, 별別, 송頌, 가歌[8] 하여 이치를 드러내어 후대 사람에게 보여주었다. 조사들의 간절 노파심절이 이와 같았고 반면에 이런 언어의 불완전성, 또는 이것으로 인하여 이론적인 선으로 오전됨을 두려워하여 '뭍에 오르면 뗏목을 버리는[捨筏登岸]' 경구나 '고기를 잡으면 그물을 잊는다[得意忘筌]'는 말씀으로 경책하였다.

선은 산스크리트어 Dhyana의 음역이며, 원어의 어미에서 모음을 생략하고 Dhyan만 음사한 말이다. 혹은 원어에 충실히 음사하여 선나禪那라고도 하며, 의미는 정려靜慮, 정사유正思惟, 사유수思惟修로 번역된다. 의역하여 정定이고도 부르며 선자를 합하여 선정禪定이라고도 한다. 통불교적인 입장에서는 계戒·정定·혜慧, 삼학 가운데 정

---

8 徵 : 물음. '이 문제를 어떻게 생각하는가?' 등의 논리.
　拈 : 들추어 냄. 남의 말을 다시 예로 들어 사람들에게 보이는 형식.
　代 : 남의 대답을 대신함. 문답에서 대답이 막힐 경우 '나 같으면 이렇게 대답하지' 하는 등의 형식.
　別 : 남의 말과 다르게 말하는 형식. 누구는 이렇게 말했지만 나라면 이렇게 하겠다는 논리.
　頌 : 게송. 시를 읊는 일.
　歌 : 시가 정해진 운문으로 된데 반하여 불규칙한 긴 노래의 형식.

을 가리킨다. 선은 원래 불교 이전에 인도 고대 각종 고행자인 구도자들이 취하는 명상을 내용으로 하던 것이, 중국으로 전파되면서 선사들에 의하여 본체에 대한 돈오나 자성에 대한 직관적 자각 증득을 본질로 한다. 선사들은 하나같이 제자들에게 명상과 사유로 선의 본질을 파악할 수 없음을 강조해 왔다. 선의 조사인 6조 혜능의 설법에도 잘 드러나 있지만, 이것이 한층 구체화되어 훗날 혜능의 제자들이 형성한 5가 7종 선문의 선화 모두가 이것을 요체로 하고 있음을 보아도 잘 알 수 있다.

이제 열재거사의 게송을 음미해 보자. 3행과 4행 "피해 입은 후손들이 몹시도 가난해서(帶累兒孫貧到骨) / 할미의 옷 빌려 입고 할미에게 세배하네(借婆裙去拜婆年)"를 어떻게 읽느냐가 이 게송의 감상 포인트다.

이 선구를 온전히 읽기 위해 『금강경』 제17 「구경무아분」 경문을 살펴 보는 것이 무엇보다 중요하다.

수보리여, 보살도 또한 이와 같습니다. 만일 '네가 마땅히 헤아릴 수 없는 중생을 멸도한다'는 말을 한다면 곧 보살이라 이름할 수 없습니다. 왜냐하면 수보리여, 실로 법이 있지 아니한 것을 이름하여 보살이라 하기 때문입니다. 그런 까닭에 '부처님께서 일체 법은 나도 없고 남도 없고 중생도 없고 수자壽者도 없다고 말씀한 것입니다.

— 함허득통, 『금강경오가해』 제17 「究竟無我分」

　위의 경문의 깊이에 닿자면 『금강경오가해』의 야보송을 살펴봄이 중요하다.　게송으로 노래한 야보 도천(冶父道川)은 송나라의 선승이다. 『금강경』을 평창하고 송을 달았는데, 후대에 「금강경야보송」이라 하여 선시의 백미로 칭송을 받는다.　모두 열재의 게송 3행, 4행을 같이 노래하고 마지막 행에서는 3행과 4행의 자발광自發光하는 빛을 형상화하고 있다.　그럼 「야보송」을 읽어보자.

소라고 부르면 곧 소요,	喚牛卽牛
말이라 부르면 바로 말이다	呼馬卽馬

노파의 적삼을 빌려서 노파의 문 앞에 걸어둔다	借婆杉子拜婆門
예의의 차림은 이것으로 넘친다	禮數周旋已十分
대 그림자 댓돌을 비질해도 먼지일지 않는다	竹影掃階塵不動
달은 연못을 뚫어도 수면에 흔적 하나 없다	月穿潭底水無痕

　그렇다.　아무리 소라 부르고 말이라 부르고 모든 이름을 부른다 해도 알맞지 않을 뿐, 설사 한 물건이라 해도 곧 맞지 않다.　또 마음이다 진리다 공이다 해도, 마음이 아니고 진리가 아니고 공이 아님이 분명하니 그냥 일물一物이라 해도 일물이 아님이 분명하다.

노호를 아는 것은 허락하지만	只許老胡知
노호와 만나는 것을 허락하지 않는다	不許老胡會

『벽암록』에 있는 이 선게는 우리에게 많은 것을 일깨워준다. '진리를 아는 것은 말할 수 있는 차원이지만 진리 당처와 만난다 할 때는 이미 주객이 분리된 이해 차원으로 떨어진다' 는 것이다. 곧 진리를 영회領會하는 것은, 진리 당처와 계합하는 것은 이미 안다는 차원이 아니므로 이미 알았다는 생각이 들면 그것은 단지 이해한다는 차원일 뿐, 바로 그것이 되었다는 것이 아니다. 그래서 노호老胡를 아는 것은 허락하지만 노호와 영회함은 허락하지 않는다는 표현을 쓸 수밖에 다른 도리가 없다. 여기서 노호는 진리를 말한다. 노호는 늙은 오랑캐, 곧 달마를 가리키며 달마는 선 전등의 28조이며 중국에 선을 전한 인도의 승려다. 그리고 달마는 산스크리트어로 법, 진리로 번역되니 여기에서 달마노승을 만나든 진리에 닿든 그건 스스로 알아서 할 일이다.

이런 까닭에 열재거사는 앞의 게송 3, 4행과 야보의 게송 2연의 1행과 2행은 같이 읽어짐을 우리는 이내 간파할 수 있다. 열재가 노래한 『선문염송』 5칙 「염화미소」에 대한 게송의 "피해 입은 후손들이 몹시도 가난해서(帶累兒孫貧到骨) / 할미의 옷 빌려 입고 할미에게 세배하네(借婆裙去拜婆年)"이나, 야보 도천이 『금강경』의 경문을 노래한 "노파의 적삼을 빌려서 노파의 문 앞에 걸어둔다(借婆杉子拜婆門) / 예의의 차림은 이것으로 넘친다(禮數周旋已十分)"로, 모두 이렇게 표현할 수밖에 없음을 알 수 있다. 이런 수사법이야말로 선시의 적기어법賊機語法이다. 야보는 2연 3행과 4행으로 반상합도反常合道한 무한실상無限實相을 그대로 담담하게 드러내고 있다. 그럼 노호와 영회한 실재 풍광을 보고자 하는가? 바로 이것이다.

대 그림자 댓돌을 빗질해도 먼지 하나일지 않는다   竹影掃階塵不動

달은 연못을 뚫어도 수면에 흔적 하나 없다   月穿潭底水無痕

전제前際와 후제後際가 몰록 절단되는 '꽝' 하는 느낌, 바로 이 적기
상태賊機狀態를 벗어나지 않는다.

이제 『선문염송』에 실려 있는 선시 몇 수를 더 읽어보자. 요체는
마음을 놓고 마음 가는대로 대충 건듯, 건들 읽는 것이 좋다.
　필자의 착어는 그저 적은 것뿐입니다.

한 송이의 꽃을 드신 일이여   拈起一枝花

멋이 제자리에서 흘러 나왔다   風流出當家

만일 마음을 전했다 한다면   若言付心法

천하의 일이 어지러우리   天下事如麻

－ 운문고

착어　**원래 아무 것도 전한 것이 없다**

세존이 꽃을 들 때에   世尊擧花

가섭이 미소하니   迦葉微笑

재앙이 후손에 미칠 줄을   殃及子孫

조상들은 몰랐었네   上祖不了

– 무위자

착어 재앙, 그 재미난 일거리여!

세존과 가섭이 서로 모르면서	世尊迦葉不相知
호랑이 함정을 제 각기 벌렸네	陷虎機關各
바른 안목 묘한 마음 진실한 형상	自施 正眼妙心眞實相
영산회상에 누구에게 전했던가	靈山會裡付他誰

– 무진거사

착어 그래, 원래 있는 것. 괜히 들었다 놓지 말라 천하가 분주해진다.

이것을 간파하면 어디에 가나 어디 있으나 평상심을 이루니 눈 있는 자, 알면 그뿐이다.

알더라도 가능한 한 함구하라. 조사가 그대의 발밑에 한 번 밟힐지라도 당신은 30년 더 참구参究해야 한다.

찾아보기

인명

ㄱ

가섭(마하) 15, 32, 33, 336, 338, 339, 340, 343,
348, 349
간화결의론 76, 331
경봉(정석) 107, 108
경허(성우) 40, 203, 215, 216, 217, 218, 220,
221, 222, 223, 224, 226, 228, 230, 231,
232, 233, 234, 236, 237, 238, 239, 240,
241, 242, 243, 244, 246, 247, 248, 250,
251, 252, 288
고암(상언) 216
고봉(원묘) 55, 56, 57, 121, 329, 330
고은 118
금산원 148
금허(법침) 216
급암(종신) 143, 216
김갑기 65
김준오 100, 120
김지견 284
끄노 125
김춘수 64, 76, 81, 84, 86, 87, 112, 287
김화영 80

ㄴ

나가아르주나(용수) 26, 89
나옹(혜근) 36, 61, 143, 182, 288, 301
남악(회양) 143, 301
남전(보원) 32, 34, 35, 143, 149, 150, 191, 192,
193, 194, 215, 216, 233, 301, 347
남탑(광용) 151

ㄷ

단하(천연) 163, 165, 166
달마 15, 32, 34
대매(법상) 50
대혜(종고) 327
덕산(선감) 174, 183, 184, 185, 186
던컨 128
데리다 15, 90, 125, 129, 258, 259, 260, 261,
262, 263, 265, 266, 267, 268, 276, 277,
279, 280, 290
데카르트 54, 290
도림 184
도신 35, 301
도오(종지) 146
동림총 178
동산(수초) 50, 146
동산(양개) 146

동암(성수) 284, 303

ㄹ

라깡 15, 125, 290
라즈니쉬 261, 265, 266, 267, 268, 276, 278
레비나스 265
루소 290

ㅁ

마조(도일) 143, 191, 278, 301
만경(영안) 51, 52, 53, 110, 120
만공(월면) 307
만송(행수) 186
만암(종헌) 301, 302
무경(고송) 120, 287, 349
무위자 348, 349
무진거사 147, 163, 165, 349
무학(자초) 143, 179
밀암걸 179

ㅂ

방거사 329, 330, 331
백운(경한) 36, 47, 60
백운(수단) 202
범일(통효) 301
법랑 301
베케트 125
보녕수 159, 160, 161
보들레르 69
보명 192, 195, 196, 197, 198, 199, 200, 201,
      215, 233
보적 301
보조(지눌) 76, 323, 324, 326, 331

부대사 120, 286
부산원 169
부운(수좌) 300, 309, 310, 311
부휴(선수) 156

ㅅ

사명(유정) 157
서당(지장) 301
서옹(상순) 3, 36, 37, 46, 47, 110, 120, 135,
      151, 152, 154, 284, 285, 299, 300, 301,
      302, 304, 309, 312, 318, 319, 320
서정주 64, 76, 77, 78, 79, 80, 112
석가(세존) 15, 22, 24, 32, 33, 63, 76, 112, 142,
      158, 237, 301, 335, 336, 338, 340, 341, 342
석옥(청공) 143, 216, 301
선자(덕성) 146, 344
설봉(의존) 38, 183, 184
설봉(학몽) 344
설악(무산, 오현) 4, 37, 215, 216, 217, 218,
      219, 220, 221, 222, 223, 224, 225, 227,
      228, 229, 230, 232, 233
성준(성각) 216
성철(퇴옹) 15, 44, 184, 284, 315, 323, 326, 327
소요(태능) 38, 39, 62, 63, 110, 120, 155, 156,
      157, 286
송준영(월초 · 취현) 3, 5, 14, 16, 27, 37, 44,
      47, 87, 108, 158, 260, 271, 275, 284
송혁 65
수산(성념) 172
스즈끼 298
승찬(삼조) 35, 266
신행 301
쌍계(진감) 301

ㅇ

아인슈타인 26, 43, 128, 214, 332, 333, 334
암두(전활) 183, 184, 185
앙리 미쇼 125
앙산(혜적) 151
야보(도천) 29, 30, 336, 337, 346, 347
약산(유엄) 145, 163
양기(방회) 143, 202, 216, 301
양무제 34
양악(계선) 301
에크하르트 298
연담(유일) 301, 302
열재거사 181, 335, 339, 340, 345, 347
염관(제안) 301
영운(지근) 167, 168, 169, 170, 171, 172, 173
영월(봉율) 216
오규원 64, 86, 87, 93, 94, 96, 97, 98, 99, 100,
    112, 118
오세영 91
오조(법연) 202
올슨 128
용성(진종) 216
용아(거둔) 146
용암(혜연) 216
운거(도응) 146
운문(종고) 348
운암(담성) 146
원조 160, 161
월담(설제) 216
월조(취현, 송준영) 314, 342
위산(영우) 167, 169, 170, 308
유마힐 89
율봉(청고) 216
의상 44
이공좌 252

이규동 72
이기영 276, 284
이만식 15, 257, 258, 260, 263, 270, 272, 280,
    282
이상 64, 65, 69, 70, 71, 72, 73, 74, 76, 87, 112,
    113, 136
이성복 100, 102, 113
이승훈 15, 49, 57, 64, 70, 72, 75, 86, 87, 88, 90,
    92, 112, 117, 118, 120, 121, 122, 123, 124,
    125, 126, 127, 129, 130, 131, 132, 133,
    134, 135, 136, 137
이지관 56
이홍섭 105, 106
임연태 283
임제(의현) 38, 50, 51, 125, 135, 143, 216, 278,
    300, 301

ㅈ

장산천 148
전강(영신) 155, 157
정귀영 72
정현종 118
조산(본적) 146
조정권 100, 101
조주(종심) 50, 107, 135, 174, 175, 176, 177,
    178, 180, 278
조지훈 65
주커프 27, 128
준범 301
지비자 37, 38
지선 301
진각(혜심) 59, 110, 343

ㅊ

채홍철 183
천동(정각) 153
천황(도오) 159, 160
청허(휴정, 서산) 39, 51, 62, 110, 120, 143,
        156, 157
최동호 65
최승호 100, 101, 103, 113
취운(도진) 301

ㅋ

카프카 125
크리슈나무르티 265, 268

ㅌ

탄허(택성) 275
태고(보우) 143, 182, 183, 187
투자(의청) 153

ㅍ

파초(혜청) 151, 153
편양(언기) 157, 216, 301
풍담(의심) 216, 301
프레베르 125
프로이트 15, 125, 322, 310
플라톤 54, 290

ㅎ

한용운(한해, 봉완) 64, 65, 66, 67, 68, 69, 111,
        215, 234
함허(득통) 141, 142, 143, 345

향엄(지한) 50, 305, 308
허당 184
헤겔 290
현사(사비) 28, 29, 32, 34, 143, 167, 168, 169,
        170, 171, 172, 275, 278, 290, 301, 328,
        331, 341, 345
혜가(이조) 35
혜능(육조) 22, 28, 32, 35, 237, 275, 290, 328
혜원 301
호암(체정) 216, 301, 302
홍인(오조) 35
확암(지원) 150, 192, 195, 202, 203, 204, 205,
        206, 207, 208, 209, 210, 211, 212, 214,
        215, 217, 218, 233, 234, 235, 236, 237,
        238, 242, 246, 289
환성(지안) 216, 301, 302
황동규 118
황산덕 26, 120
황지우 100, 104, 113
효봉(학눌) 56, 110, 121, 287
후설 290
휠라이트 120
희철 270

용어

ㄱ

가지산 182
간절노파심절 25, 31, 63, 114, 119, 120, 121,
        151, 185, 216, 233, 260, 279, 296, 297
간화선 272, 283, 331, 332
개방적 형식 89, 109, 129
게(gata) 340
게송 13, 14, 22, 23, 29, 30, 38, 39, 44, 52, 53,

55, 56, 57, 60, 61, 62, 63, 107, 141, 143, 146, 149, 153, 156, 157, 159, 161, 165, 167, 168, 169, 170, 171, 172, 173, 177, 179, 181, 185, 186, 191, 192, 195, 201, 202, 203, 204, 215, 216, 217, 218, 234, 235, 238, 285, 287, 288, 297, 316, 317, 319, 320, 327, 336, 337, 340, 342, 344, 345, 346, 347

격의불교 16, 258, 259, 276, 279, 280, 281
견성성불 22, 31, 268, 275, 341, 342
견우 206, 249
견적 205, 247
경덕전등록 50, 147, 149, 150, 166, 167, 174, 227
경절문 31, 119
경허어록 40, 224
고명 279, 280
고전 선시 14, 59, 86, 87, 88, 101, 103, 110, 114, 291
공(空) 25, 28, 29, 55, 93, 333, 334, 336
공안 15, 29, 31, 50, 91, 119, 135, 151, 153, 155, 172, 175, 178, 180, 183, 184, 185, 186, 191, 215, 305, 309, 338, 340
공역부공 25, 89
곽시쌍부 32, 33, 335, 338
관념론적 절대인식 290
교외별전 22, 31, 268, 341, 342
구산선문 301, 302
구순피선 174, 175, 177, 278
기우귀가 208
끽다거 135, 181, 278

ㄴ

난경 16, 259, 260, 261
날이미지시론 93, 99

낯설기 14, 48, 72, 98, 279
내외명철 162, 213, 327
노고추 300
노파심절 15, 232, 244

ㄷ

다자탑전 분반좌 32, 33, 335, 338
대기 설법 23, 342
도道 146, 262, 269, 336
돈오 27, 119, 208, 216, 222, 323, 325, 328, 345
돈오돈수 89, 280, 328, 331
돈오점수 89, 324, 325, 328, 331
돌여자(돌여인) 38, 46, 47, 120
돌호랑이 56, 121
동사섭 150, 212, 289
덕산방 185
덕산탁발화 186
두두물물 31, 55, 57, 74, 84, 86, 87, 129, 177, 205, 209, 212, 290
듀카 89
득우 207, 227

ㅁ

마삼근 50, 51, 305
만고장공 135
말후구 183, 184, 185, 186
망우존인 203, 209, 241
목우 192, 193, 207
몰이해 15
무(無) 269, 322, 334
무간지옥 41, 299, 305, 321, 322
무공용 115
무분별지 168, 271, 274, 275
무사한인 85, 160, 162

무애 29, 199
무영수 278
무위진인 37, 38, 166, 204, 278
무의미시 112
무자성 26, 28, 47, 56, 57, 64, 78, 84, 86, 88, 89,
        91, 101, 105, 109, 114, 115, 121, 132, 142,
        204, 260, 277
무자화두 179
무지역무득 271, 272, 316
무한실상 14, 39, 40, 41, 45, 54, 55, 56, 57, 61,
        63, 64, 70, 74, 76, 78, 86, 88, 93, 108, 110,
        114, 120, 121, 122, 132, 142, 160, 179,
        181, 193, 286, 287, 297, 336, 347
문수백추 33
미목 196

ㅂ

반본환원 211, 214, 242, 243, 245, 264, 323
반상합도 14, 15, 16, 26, 40, 41, 44, 45, 46, 48,
        49, 50, 53, 55, 62, 63, 64, 67, 70, 72, 73, 76,
        78, 79, 80, 85, 86, 88, 93, 95, 100, 102, 103,
        110, 114, 119, 122, 132, 133, 142, 158,
        257, 258, 259, 280, 286, 288, 291, 297, 347
반야 37, 270, 271, 272, 273, 275, 276, 278, 279,
        281, 316, 317, 318
반야바라밀 27, 30, 114, 133, 316, 328
반야심경 24, 25, 26, 27, 44, 315, 316, 333
반주체적인 표현 95
발견적날이미지시 94, 96, 98
백척간두 323
백척간두진일보 323
법거량 13
법인 136
병치 14, 16, 49, 50, 51, 53, 85, 93, 110, 120,
        123, 286, 291

병치은유 41, 49, 52, 53, 110, 120, 288
본래면목 32, 106, 193, 204, 284, 310
부증불감 101, 124
불리문자 271, 344
불립문자 22, 31, 55, 268, 270, 341, 344
불식 235
불이세계 44, 109, 115, 130
블랙 마운틴파 128
비대립 15, 261

ㅅ

사구게(4구게) 22, 31, 268, 341, 342
사리수하 33
사법계 129
사법인 89, 136
사사무애법계 129
사성제 15, 262, 263
사실적날이미지시 94, 95, 96, 98
사유주체 290
사제 262, 264
삼처전심 15, 32, 335, 338, 341
상구보리 259, 264
상대성이론 26, 128, 332
상망 200
상의성 24, 128
상적상조 162, 213
상즉상입 105, 106
색즉시공 25, 39, 53, 55, 69, 206, 214, 316, 324,
        333, 334
서래밀지 32, 63, 285, 312, 319
선나 257, 344
선리시 61, 289
선문촬요 203
선미 16, 88, 111, 112, 127, 137, 288, 289, 291
선불장 307, 329, 330

선요 56, 329, 331
선취시 59, 289
선화 13, 15, 33, 149, 150, 155, 163, 164, 168,
     169, 175, 177, 178, 181, 193, 194, 226,
     233, 298, 335, 338, 339, 340, 341, 345
세간락 15, 262, 263, 264, 265
세존승좌 34
소립자 43, 128, 333, 334
수고우 193, 194
수사법 14
수시 13, 15, 31, 186, 234, 246
수제 197
수처작주 319
순관 15, 262, 263, 264, 265
순복 198
순역종횡 216
숭승공 164, 165
승묘경계 323, 327
승의제 34
시심마 305
시인부락 112
실상 39, 55, 57, 58, 74, 80, 105, 109, 111, 121,
     128, 130, 169, 219, 261, 264, 270, 280,
     282, 324
실상설 23, 89, 106, 127, 262
실상지 25, 270, 274
실참실수 111, 137, 250, 270, 274, 289, 315
심우 203, 204, 215
심우도 246
심우송 191, 192, 195, 215, 216, 217, 218, 220,
     221, 223, 224, 227, 228, 232, 233, 234,
     235, 243, 244, 245, 246
십상도 215
십우도 195, 196, 200, 201, 202, 203, 204, 213,
     214, 215, 264, 289, 323
십이연기 15, 262, 263

십이처(12처) 310
십팔계(18계) 310, 322
쌍등쌍수 328
쌍차쌍조 157, 261

ㅇ

아뢰야식 310, 322
아방가르드시 19, 76, 87, 110, 113
아욕다라삼막삼보리 273
아원자 332, 333, 334
아이러니 14, 19, 39, 41, 69, 70, 110, 158, 173,
     179, 260
아포리아 259, 260, 261
암두밀계처 183
양자장 43, 333, 334
양자장이론 43, 333, 334
언어유희 19, 41, 288
언어적 현기증 259, 261
A＝A 26, 43, 49, 120
A＝Ā 26, 28, 44, 45, 46, 47, 48, 50, 53, 54, 55,
     58, 61, 62, 63, 64, 66, 67, 68, 73, 74, 75, 76,
     78, 83, 85, 86, 88, 89, 101, 105, 110, 114,
     115, 120, 121, 123, 132, 133, 142, 265
역관 15, 262, 263, 264, 265
역설 14, 23, 45, 65, 66, 67, 69, 103, 110, 119,
     260, 284, 342
연기설 23, 25, 89, 102, 128, 130, 259, 261
열반송 18, 187, 188
열반적정 89, 136
염송 13, 14, 31
염화시중 미소 32, 335, 339, 340
영회 25, 162, 168, 169, 209, 296, 347
오가칠종(5가7종) 15, 32, 345
오도송 18, 20, 57, 119, 167, 168, 171, 182, 183,
     187, 287, 297, 329

오매일여 313, 327

오음(오온) 53

유령성 260, 261

유일무이 213

유일물 259, 278

육경(6경) 310

육근(6근) 248, 310

육상 60, 76, 78

은산철벽 323

의리선 332

의식주체 290

의존성 24

E＝mc² 26, 128

이데아(idea) 290

위앙종 151

이류중행 149, 212, 245

이법계 129

이사무애법계 129

이이일(異而一) 261, 262

인드라망 54, 55, 58, 121, 128

인우구망 203, 204, 210, 242

일귀하처 305

일법계 89

일원상 203, 210, 211, 213

일자설(無字無說) 341

일전어 36

일조풍월 135

일체개고 89, 136

일초직입여래지 41, 205

임운 199

임제종 143, 172, 186, 202, 302

임제할 185

입전수수 63, 150, 212, 213, 214, 244, 245,
    264, 289, 323

ㅈ

자동기술 57, 111, 121

자리이타 150

자발광 89, 115, 117, 162, 171, 199, 203, 211,
    271, 274, 275, 276, 346

자성무생 328

자성본원 76, 153, 162, 165, 168, 169, 171,
    176, 179, 181, 193, 196, 198, 199, 201,
    205, 206, 207, 208, 210, 211, 214

자유연상 14, 110, 112

자타불이 89

장부일대사인연 187

장식 323

적기 15, 16, 23, 26, 27, 28, 29, 30, 31, 34, 36,
    38, 40, 43, 45, 47, 54, 61, 63, 64, 69, 96, 98,
    100, 105, 108, 110, 119, 180, 181, 185,
    202, 216, 233, 260, 261, 278, 279, 303, 336

적기법문 15, 18, 25, 28, 31, 32, 40, 62, 69, 121

적기상태 93, 260, 348

적기수사법 14, 18, 20, 37, 63, 65, 67, 69, 73,
    76, 88, 93, 110, 112, 114, 119, 122, 132,
    286, 337

적기어법 14, 18, 27, 28, 29, 30, 32, 41, 53, 55,
    61, 63, 68, 69, 75, 79, 80, 87, 100, 109, 111,
    113, 119, 120, 121, 132, 142, 286, 297, 347

적멸상 15, 262, 263, 264, 265

적조동시 242, 244, 290

적조쌍류 328

전삼삼후삼삼(前三三後三三) 108

전성전일 173, 213, 289

전위선시 14, 291

절대무 203, 204

절연 14, 51, 61, 102, 110, 119, 124, 286, 297

점오 216

정법안장 33, 339, 340

정전백수자 180, 278
정혜등등 328
정혜쌍수 326
제법무아 89, 136
제행무상 89, 136
조계종 32, 47, 56, 57, 283
조고각하 204, 280
조동종 146, 186, 332
조복보임(調伏保任) 238
존재신학 15, 263, 267
중력장 43, 128, 333, 334
중중무진법계 128
즉비원리 133
직관적날이미지시 94, 99
직관지 271, 272, 276
직지인심 22, 31, 51, 55, 205, 268, 341, 342
진공도식 128
진공묘유 25, 129, 242, 244, 249
진유 202
진흙소 42, 43, 45, 55, 56, 120, 121, 123, 277,
    286
징, 염, 대, 별, 송, 가 296, 344

ㅊ

차별 22, 24, 25, 26, 27, 28, 29, 43, 44, 48, 56,
    67, 77, 106, 109, 133, 142, 343
차연(差延, differance) 90, 129, 262, 263
차조동시 259, 260, 261
착어 13, 14, 29, 30, 31, 38, 146, 147, 158, 161,
    173, 184, 185, 186, 187, 218, 219, 221,
    223, 228, 229, 233, 234, 246, 300, 348, 349
초월은유 14, 18, 45, 48, 49, 50, 51, 52, 53, 54,
    61, 63, 64, 70, 72, 73, 76, 78
초조 34, 196
치환은유 49, 50, 51, 52, 120

ㅋ

코기토 290

ㅌ

통일장 44, 89, 128, 129, 214, 336
통증철견 278
투사시 128

ㅍ

판치생모 278
팔마계(8마계) 323
팔식(8식) 310, 322
패러디 110, 235, 288
패스티쉬 288
평상심시도 278
평창 13, 14, 31, 186, 346
포월 15, 263, 264, 265, 266, 267, 268
프리즈나(prajna) 257, 271, 274, 275, 279, 281
필드 89, 109, 128, 129, 336

ㅎ

함장식 323
향상일로 305
현대 선시 14, 19, 21, 87, 100, 105, 291
현대시학 18
현대언어로 읽는 선시의 세계 14, 37, 44,
    158, 172, 179, 269, 274
화두 15, 19, 31, 50, 135, 180, 304, 305, 327
화엄법계 58, 89, 106, 109, 128, 129, 181, 336
확연무성 34, 323
환대 16, 265, 266, 267, 268
환대의 윤리 265, 267, 268

환유 70, 288

활구선 332

활연대오 182, 183

회감응섭 261

회수 197

흔적 90, 127, 129, 130, 131, 133, 172, 210, 245,
　　259, 261, 276, 277, 278, 279, 280, 307,
　　309, 337, 346, 348

작가─시 / 제목·첫구

ㄱ

경허(성우)─심우8송·人牛俱忘 242

경허(성우)─심우8송·任運歸家 239

경허(성우)─심우8송·尋牛 234

경허(성우)─심우8송·忘牛存人 240

경허(성우)─심우8송·異類中事 244

경허(성우)─심우8송·見跡 236

경허(성우)─심우8송·調伏保任 238

경허(성우)─심우8송·露現全體 237

경허(성우)─심우10송·人牛俱忘 228

경허(성우)─심우10송·垂手入鄽 231

경허(성우)─심우10송·尋牛 217

경허(성우)─심우10송·得牛 221

경허(성우)─심우10송·忘牛存人 226

경허(성우)─심우10송·見牛 220

경허(성우)─심우10송·返本還源 230

경허(성우)─심우10송·騎牛歸家 224

경허(성우)─심우법문·尋牛 247

경허(성우)─심우법문·得牛 250

경허(성우)─심우법문·牧牛 222, 251

경허(성우)─심우법문·見牛 220

경허(성우)─심우법문·見跡 248

경허(성우)─심우법문·騎牛歸家 252

고봉(원묘)─海底泥牛含月走 55

금산원─行履從來異類中 148

김춘수─깡낭 85

김춘수─제6번연가 82

김춘수─칸나 84

ㄴ

나옹(혜근)─打破虛空出骨 61

ㄷ

대홍은─趙州布衫七斤八斤 176

동림총─三甌茶自振家風 178

ㅁ

만경(영안)─徐踔金毛獅子 51

만해(용운)─심우송·견적 236

만해(용운)─심우송·득우 235, 237

만해(용운)─심우송·망우존인 242

만해(용운)─심우송·반본환원 243, 245

만해(용운)─심우송·입전수수 245

무위자─世尊擧花 348

무진거사─世尊迦葉不相知 349

무진거사─雪擁岩扉凍不春 163

무진거사─雲在靑天水在瓶 147

밀암걸─狗子無佛性 179

ㅂ

백운(경한)─尸得一夕夢 60

백운(경한)─石女忽生兒 46

보녕수─得卽得點檢將來 159

보명─심우송·독조 201

보명─심우송·무애 199

보명―심우송·미목 196
보명―심우송·상망 200
보명―심우송·수제 197
보명―심우송·순복 198
보명―심우송·쌍민 201
보명―심우송·임운 199
보명―심우송·초조 196
보명―심우송·회수 197
부산원―不是玄沙定紀綱 169, 170

ㅅ

서옹(상순)―示宋越祖居士 319
서옹(상순)―般若劍兮殺佛祖 46, 317
서정주―고요 79
서정주―내가 돌이 되면 77
서정주―동천 80
설악(오현)―심우송·견우 220
설악(오현)―심우송·견적 218
설악(오현)―심우송·기우귀가 224
설악(오현)―심우송·득우 221
설악(오현)―심우송·망우존인 227
설악(오현)―심우송·목우 223
설악(오현)―심우송·반본환원 230
설악(오현)―심우송·수수입전 232
설악(오현)―심우송·심우 217
설악(오현)―심우송·인우구망 228
소요(태능)―一株無影木 62
소요(태능)―斫來無影樹 155
소요(태능)―火裡紅蓮落古衣 38
소요(태능)―葉脫千峰靜 157
소요당집(逍遙堂集) 63
송준영―파초실 108, 109
수산(성념)―分明歷世三十春 172
숭승공―丹霞木佛火初焚 163

ㅇ

야보(도천)――手擡―手搦 30
야보(도천)―喚牛卽牛 呼馬卽馬 337
야보(도천)―正人邪說法 29
영운(지근)―三十年來尋劍客 167
열재거사―抛他祖父大家筵 335
열재거사―鐵牛千古臥靑坡 181
오규원―발자국 깊이 98
오규원―봄과 길 97
오규원―양지꽃과 은박지 94
오규원―하늘과 돌맹이 96
운문(종고)―拈起一枝花 348
원조―甘勘徹底甘 160
이고(李翺)―錬得身形似鶴形 145
이상―오감도·시제1호 71
이상―오감도·시제11호 74
이성복―남해금산 102
이승훈―다시 흙으로 124
이승훈―또 가을이다 122
이승훈―모두가 예술이다 92
이승훈―비누 88
이승훈―서울에 오는 눈 136
이승훈―시 132
이승훈―이른 봄날 134
이승훈―임제 스님 125
이승훈―천진(天眞) 135, 136
이승훈―학 90
이홍섭―봉평장날 105

ㅈ

장산천―異類中行得自由 148
조정권―頌 101
지비자―自呼自應主人翁 37
진각(혜심)―蝶兒咂去花脣赤 59

ㅊ

천동각-你有則一切有 152
천동각-末後句會也無 186
청허(휴정)-主人夢說客 62
청허(휴정)-泥爲靑石隨 51
청허(휴정)-髮白心非白 39
최승호-물질적 열반의 도시 103

ㅌ

태고(보우)-人生命若水泡空 187
태고(보우)-趙州古佛老 182
투자청-有無今古兩重關 152

ㅎ

한용운-님의 침묵 67
한용운-반비례 68
한용운-차라리 66
함허(득통)-聞說諸方壞佛廟 143
함허(득통)-昔與桓因築鼻空 141
허백(명조)-焰裡寒霜凝結滯 42
혜능(육조)-卽心名慧 卽佛乃定 327
확암(지원)-견우 206
확암(지원)-견적 205
확암(지원)-기우귀가 208
확암(지원)-득우 207
확암(지원)-망우존인 209
확암(지원)-목우 207
확암(지원)-반본환원 211
확암(지원)-심우 204
확암(지원)-인우구망 210
확암(지원)-입전수수 212
황지우-등우량선(等雨量線) 104
효봉(학눌)-海底燕巢鹿抱卵 56

/참고문헌/

ㄱ

가도 가도 서쪽인 당신 106
간화결의론 76
경허어록 40, 224
광등록 338
금강경 22, 23, 24, 26, 27, 28, 30, 114, 133, 142,
        276, 328, 336, 342, 343, 345, 347
금강경오가해 29, 30, 143, 345, 346

ㄴ

나옹화상어록 36
너라는 햇빛 125
능가경(입능가경) 22, 27, 341, 342
능엄경 156
님의 침묵 65, 69, 111

ㄷ

단경지침 326
대방광불화엄경 40
대법천왕문불결의경 338
대품반야경 341, 342
대혜어록 331
돈황본단경 326
동서비교문학저널 15
동천 76, 79, 80

ㅁ

모더니즘시론 70
무문관 338
무의자시집(無衣子詩集) 59

미당 서정주시에 대하여 80

ㅂ

반야심경 24, 25, 26, 27, 44
발가숭이 어록 340
백운화상어록 36
법성게 44
법화경 339
벽암록 35, 174, 186, 209, 339, 340, 347
보림전 338
보조법어 323, 324, 325, 326
본지풍광 184
비가(悲歌) 82
비누 88

ㅅ

사물들 121, 123
사색사화집 287
사집사기(四集私記) 56
서옹연의 임제록 135, 300
선문염송 29, 33, 34, 38, 50, 135, 146, 149, 153,
      161, 164, 165, 166, 167, 168, 170, 175,
      177, 178, 180, 181, 184, 192, 227, 335,
      340, 341, 343, 344, 347, 348
수심결 323, 324, 325
시론(김준오) 100
시론(이승훈) 49
시와세계 81, 94, 99, 283, 284, 291, 299
심신명 319
심우송 150, 191, 192, 195, 215, 216, 217, 218,
      220, 221, 223, 224, 227, 228, 232, 233,
      234, 235, 243, 244, 245, 246
십현담 63

ㅇ

아함경 24, 338, 342
양자론 26
어느 날 흐린 주점에 앉아있을 거다 44
언하대오 157
열반경 44, 202, 338, 339
오등회원 166, 338
원돈성불론 76, 331
월간 현대시 87
유석질의론 143
유식론 168, 322
유심 65, 111
육조단경 275, 327, 328
이상문학전집 72, 73, 75
이상시문학상수상작품집 93
인생 87, 88, 117, 118, 126, 136, 137
인연경 23, 24, 25, 78
인왕경 34, 338
임제록 300, 319

ㅈ

잡아함경 23, 25, 55, 78, 342
전법정종기 339
조당집 164, 166
조주록 135, 194
조지훈전집 65
종용록 184, 186, 340
중론(송) 26, 120, 262
지월록 338

ㅊ

청허당집(清虛堂集) 62
춤추는 물리 27, 128

취현반야심경강론 27, 47

ㅋ

카프라 43, 128, 333, 335

ㅌ

태고집 187

ㅍ

표주 벽암록 319

ㅎ

한용운시전집(韓龍雲詩全集) 65
허백당집(虛白堂集) 42
현대문학 118
현대물리학과 동양사상 43, 128, 333, 335
현사록 171
현정론 143
환상이라는 이름의 역 124
효봉어록 56

/문헌/

『경덕전등록』11권「복주영운지근선사」
     167
『경덕전등록』권8「남전보원장」 149
『경덕전등록』제10「조주관음원종심선사」
     174
『경덕전등록』제14권「약산유엄선사」 147

『벽암록』45칙「조주만법귀일」 174
『벽암록』제1칙「달마확연무성」 35
『본지풍광』제1칙「덕산탁발」 184
『선문염송』206칙「養牛」 192
『선문염송』21칙「木佛」 164
『선문염송』351칙「快活」 161
『선문염송』408칙「萬法」 175
『선문염송』411칙「끽다」 177
『선문염송』417칙「佛性」 178
『선문염송』421칙「栢樹」 180
『선문염송』590칙「桃花」 167
『선문염송』668칙「탁발」 184
『선문염송』7권, 246칙「順世」 149
『선문염송』9권 335칙「雲在」 227
『선문염송』제100칙「법인」 35
『선문염송』제112칙「황매」 35
『선문염송』제1권 11칙「저자」 34
『선문염송』제1권 3칙「다자탑전 분좌」 33
『선문염송』제1권 5칙「염화미소」 340
『선문염송』제1권 6칙「세존승좌」 34
『선문염송』제1권 8칙「승의」 34
『선문염송』제2권 37칙「쌍부」 33
『선문염송』제5「염화미소」 335
『종용록』55칙「설봉반두」 184
『현대물리학과 동양사상』 43
『현대시』 118
『현사록』 171
『현정론』 143
『환상이라는 이름의 역』 124
『효봉어록』 56